THE SCAFFOLD EFFECT

Raising Resilient,
Self-Reliant,
and Secure Kids
in an Age of Anxiety

爱的脚手架

培养
情绪健康、
勇敢独立的
孩子

[美] 哈罗德·S. 科普维奇 (Harold S. Koplewicz) 著

刘宛妮 译

机械工业出版社
CHINA MACHINE PRESS

图书在版编目（CIP）数据

爱的脚手架：培养情绪健康、勇敢独立的孩子 /（美）哈罗德·S. 科普维奇（Harold S.Koplewicz）著；刘宛妮译 . —北京：机械工业出版社，2023.6

书名原文：The Scaffold Effect: Raising Resilient, Self-Reliant, and Secure Kids in an Age of Anxiety

ISBN 978-7-111-73434-5

I. ①爱⋯　II. ①哈⋯ ②刘⋯　III. ①家庭教育 – 教育心理学　IV. ① G780

中国国家版本馆 CIP 数据核字（2023）第 133445 号

机械工业出版社（北京市百万庄大街 22 号　邮政编码 100037）
策划编辑：胡晓阳　　　　　　责任编辑：胡晓阳
责任校对：龚思文　　卢志坚　责任印制：郜　敏
三河市宏达印刷有限公司印刷
2023 年 9 月第 1 版第 1 次印刷
170mm×230mm · 16 印张 · 1 插页 · 218 千字
标准书号：ISBN 978-7-111-73434-5
定价：79.00 元

电话服务　　　　　　　　网络服务
客服电话：010-88361066　机　工　官　网：www.cmpbook.com
　　　　　010-88379833　机　工　官　博：weibo.com/cmp1952
　　　　　010-68326294　金　书　网：www.golden-book.com
封底无防伪标均为盗版　机工教育服务网：www.cmpedu.com

献给约书亚、亚当和萨姆。
我人生中最大的快乐就是做父亲。
我教给我的三个儿子不少东西，
但他们教会我更多。

THE SCAFFOLD EFFECT

赞　誉

哈罗德·S.科普维奇以高超的手段综合了依恋科学、医学实践和他作为父亲的亲身经历，权威而热情地带领我们走完脚手架教养法的全程，从孩子的童年早期到关键的青春期，再到我们自己育儿旅程的尽头——那时我们就要拆除脚手架，看着孩子以善良、坚强、富有安全感的面貌，走向更广阔的世界。

——丹尼尔·J. 西格尔（Daniel J. Siegel），医学博士

《纽约时报》畅销书《去情绪化管教》(*No-Drama Discipline*) 作者

我们的时代充满了恐惧与不确定性，各种育儿建议莫衷一是。幸运的是我们拥有哈罗德·S. 科普维奇的权威指引。科普维奇博士是一位真正了不起的儿童精神病学家，他把广博的知识、智慧与经验，都浓缩在了一个可操作的行动计划之中。《爱的脚手架》既易读又经典——它是天赐的礼物。

——爱德华·M. 哈洛韦尔（Edward M. Hallowell）

《纽约时报》畅销书《分心不是我的错》(*Driven to Distraction*) 作者

科普维奇博士在本书中完成的工作彰显其才华横溢：他既汇集了最优秀的科学研究，又探究了最具智慧的临床意见（包括他自己的）；然后把所有丰富的内容以可读性极强、代入感极高的方式编排和讲述出来，既实用又有趣。他以独特的写作风格，将个人逸事与专业洞见交织起来，拒绝拾人牙慧，带我们开拓视野，并向广大父母传达出这样一条令人大大安心的信息：如果我们照顾好自己，孩子是会过得不错的。

——朱迪思·沃纳（Judith Warner）

《纽约时报》畅销书《完美的疯狂》（*Perfect Madness*）作者

科普维奇博士拥有几十年的临床专业经验，还将全美国最具说服力的关于儿童与精神健康的研究组织在一起，写就了这本既具有实践意义又引人入胜的实用指南。健康的成年人不是"自然而然"地成长起来的。父母为孩子打牢安全和自信的坚实基础，孩子才会成长为健康的成人。科普维奇博士循序渐进地向我们介绍了打好这一基础的方法与步骤。

——玛德琳·莱文（Madeline Levine）博士

《纽约时报》畅销书《反脆弱养育》（*The Price of Privilege*）作者

《爱的脚手架》全书充满了理解与共情——对孩子、对家长，都是如此。哈罗德·S.科普维奇将科学、临床经验和家庭经验结合起来，创作了一本既具有实践指导意义又充满关怀的书，其中的坚定、和善与鼓舞，样样都恰到好处。

——佩里·克拉斯（Perri Klass），医学博士

纽约大学新闻学与儿科学教授，《生逢其时》（*A Good Time to Be Born*）作者

这部充满关怀、妙趣横生、富有智慧而又接地气的教养指南，是给全世界父母的一份礼物。哈罗德·S.科普维奇给了我们一套工具，让我们能够为孩子建设起强韧、安全的支撑，然后以充分的信任放手，让长大的孩子去面对他们

自己的命运。

——凯瑟琳·斯坦纳 – 阿黛尔（Catherine Steiner-Adair），教育学博士

《断网大行动》（*The Big Disconnect*）作者

　　脚手架教养，就是将知识、自信与共情的火炬传递给你的孩子，从而让他们不惧怕尝试，越来越敢于自己做决定。《爱的脚手架》对于广大父母和孩子来说，真的是一份礼物。作为一个神经科学家、阅读障碍专家、一个母亲和祖母，我爱这本书。

——萨莉·施威茨（Sally Shaywitz），医学博士

耶鲁大学阅读障碍与创造力研究中心教授

《战胜阅读障碍（第 2 版）》（*Overcoming Dyslexia, 2nd Edition*）作者

　　市面上的育儿建议总是像钟摆一样摆来摆去，每几年为一个周期，从一个极端摇摆到另一个极端。《爱的脚手架》则提供了一个稳定、合理且可靠的基本立场。支持孩子成长，并最终独立、离开我们的最佳方式——脚手架教养法，其有效性经久不衰，并在本书中得到了许多生动事例的印证。这本书是能够经受住时代考验的。

——温迪·莫戈尔（Wendy Mogel）

《纽约时报》畅销书《膝盖擦伤的祝福》（*The Blessing of a Skinned Knee*）作者

译者序
以爱之名，搭建脚手架

"脚手架"理论最初被提出，是为了帮助孩子更好地学习知识。教育者在孩子学习的过程中扮演脚手架架设者的角色，用知识与方法，辅助孩子向上搭建知识大楼。父母或教师提供必要的支持，有方向性地引导孩子学习，逐渐培养他们自主学习的能力。然而在您眼前的这本书中，脚手架的应用范围已被拓展到了孩子的行为塑造、人格发展和心理健康领域。本书的宗旨，就是帮助为人父母的读者及其他教育者更好地规范孩子的行为，让他们更好地成长。

从为了教育与学习知识，到帮助孩子发展与成长为健全的人，脚手架理论的应用场景发生了不小的改变。在教室里，教师的教学目标就写在教案里："这节课要学会乘法""此题的正确率要提高到 80%"，教育脚手架的搭建有着具体又清晰的目标。一个知识点，孩子学会了就是学会了，没有学会就想办法重新搭建脚手架去学。其结果也是容易观测的，孩子有没有掌握知识，可以通过有效的考核方式来检测。

但是在家里，在丰富多彩的生活中，父母教育孩子的目标又是什么呢？今天我引导孩子做一个有礼貌的人，明天他是否会因此而无法拒绝他人的无理要求？他在行为上表现出了我想要的样子，但我如何知道他在内心里是否认同我的观念？这些问题，是无法像学校里的教学和考试一样，能可视化地找到答案的。更何况作为父母的我们，在自己的人格发展方面很可能尚且遗留着许多历史难题，为孩子制订一个成长发展的"学习计划"，何尝不是家长的一种自大。辅助人格成长的脚手架的搭建，其方向何在，或者是否应该有一个预设的方向呢？这个困难的问题需要每位读者慢慢思考。当下我们阅读本书，将会获得一系列经过研究验证的实操方法。

作者科普维奇博士撰写此书的目的，是为寻找科学教养方法的广大父母和教育者，提供一套以前沿研究为理论基础、以临床实践为经验保障的，科学有效的教育策略。让情绪健康、勇敢独立的孩子不止存在于"别人家"。

"人类的任何行为，要么有内部奖赏，要么有外部强化物与之相关联。"作者在书中说道。我们可以把这句话当作整本书的一个核心。教育涉及两方——教育者和被教育者，即您和孩子。所以这句话也要从两方面来理解：孩子在被教育的过程中需要一些奖赏，来强化那些好的行为；您在教育的过程中也需要一些奖赏，来让自己享受教育本身。

首先是孩子的奖赏。教养这件事，在"术"的方面很大程度上是行为主义的。行为主义最经典的案例，也就是"巴甫洛夫的狗"了。每次摇铃后就给狗食物；久而久之，即使没有食物，听到铃响，狗也会分泌唾液。在一件让狗愉悦的事（吃东西），和一件比较中性的事（铃铛响）之间，构建起条件反射。如果将这样的原理借鉴到育儿领域，当孩子表现得对他人有礼貌时，我们就给他一点小奖赏，这样久而久之，他会自然地乐于表现得有礼貌。正如作者在书中说的，对青春期的孩子来说，对他人礼貌可能并不重要。所以即便我们自己认为这是一件在道德伦理上多么天经地义的事情，在孩子那里，这也只是跟"铃铛响"一样的中性事件罢了。这时，单纯的晓之以理对孩子来说可能起不到太大的作用。在这本书里您将学习到，有时候价值观是要通过行为训练来塑造的。

其次是您自己的奖赏。有人说，孩子是国家的资产和家庭的负债。教育孩子的确是一件艰苦卓绝的事情。那么为了在这场长期的修行中保持积极的状态，作为家长的我们，就也十分需要奖赏。这点我想不必多说，没有人想成为一个拿孩子没有办法、还整日觉得孩子亏欠自己的父亲或母亲吧！孩子的好行为本身对我们来讲就是一种奖赏，在下午独自享用一块小蛋糕也可以为辛苦的自己充能。在教育中，我们作为大人，总要先照顾好自己，才能发挥出更多的光和热给孩子。

在奖赏自己时，请量体裁衣，让自己回归到生活的简单美好；在奖赏孩子时，有一点要格外注意，那就是孩子们毕竟不是实验用的小动物，他们也有自己的认识和判断，他们也在逐渐成长为和我们一样的大人。

这就让我们回到了最初的那个问题：作为父母，我们对孩子的成长应该抱有怎样的目标或期待？这个问题不会有一个标准答案，因为每个人都是不同的，每个家庭都是不同的，这个世界也正因这些不同而精彩纷呈。但是，思考这个问题时的心态，应当有其原则。无论我们如何想象和规划孩子的未来，我们的出发点都应该是爱与尊重。

我们使用各种巧妙的、科学的教育方法来规范孩子的行为，培养孩子的习惯；这些行为层面上的教育本身是没有善恶之分的。也就是说，就这些方法本身而言，它们可以培养好的习惯，也可以培养坏的习惯；可以塑造好的行为，也可以塑造坏的行为。在教育中，好与坏的评判标准掌握在我们手中，教育者的责任不可谓不重大。因此，我们不得不常常反躬自问：我是出于怎么样的用心，才这样去引导孩子的？我有没有尊重孩子的意志，有没有在对孩子的爱里掺杂我自己的执念?

要做到这一点很难,但教育者本身确实有责任先教育好自己。我们中国的古话说得好,要先"正心""诚意",才能"齐家"。教育不仅是对孩子负责,更应该是对自己、对亲子关系的负责。

在这样的前提下,相信本书能够为广大的父母、抚养人、教育者提供非常新鲜且实用的教育方法。让孩子们踩着爱的脚手架,去探索他们自己的广阔天地吧!

受时间所限,译文如有不周或纰缪之处,请广大读者给予指正。

刘宛妮

于复旦北苑

2023 年 5 月 18 日

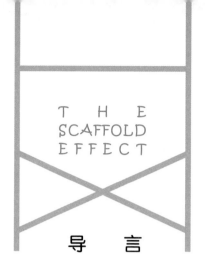

THE
SCAFFOLD
EFFECT

导　言

最近有家长来找我咨询，因为他们 6 岁的儿子亨利，才上小学一年级，就被班级除名了。在一节阅读课上，感到受挫的他开始向一位同学扔铅笔，并发出像大猩猩一样的吼声。老师很生气，学校的管理者通知家长：亨利必须得到专业人士的评估，才能回到班级上课。

从外表来看，亨利十分可爱。他的父母是典型的美国人长相，既漂亮又高挑，握手也很有力。不难看出，对于儿子的突然爆发和被开除，他们既紧张又尴尬。学校怀疑他有注意缺陷多动障碍（attention deficit hyperactivity disorder，ADHD）、焦虑症或行为问题。"学校的反应是不是过火了？"亨利的父亲问道。

这正是我们要研究的事情。

和亨利聊了几分钟后，我发现他的口语表达能力非常强。他一开始有点不好意思，但说到暑期运动时，他就双眼放光了。最后他揭开了自己在课上变得烦躁的原因：旁边的小孩嘲笑他写字慢，还说他"真蠢"。我拿出一本书给他读，很明显他不会解码，也就是说他不能在字母和特定读音之间建立关联。亨利承认他比别的学生慢，那句"真蠢"击中了他的自尊。

我们很快发现亨利有一定程度的阅读障碍（同他的母亲和外祖父一样），而不是行为问题。两年后的今天，我依然不知道为什么亨利的老师没能发现他有阅读障碍，我只能说，亨利需要的是评估学业强弱项的专业测验，而且要重点检测他的阅读能力，然后弥补他的不足。阅读障碍是可以治疗的。这个聪明的孩子可以在帮助下学会阅读。

这次咨询结束时，亨利的父母有了解决问题的具体计划，亨利的自我感觉也好了许多。我们商讨得出的策略核心是支持（在治疗上和情感上），不仅要教会他如何处理现实中的问题，也要让他和他的父母更好地接纳问题。离开时，亨利拥抱了我，问我什么时候会再见面。

距首次咨询已经过去了几个月。亨利参加了一个多感官强化阅读项目，而且专业测验显示，他的情况符合加长测验时间的条件。在学习阅读方法的同时，他也学着接受自己的阅读障碍：它不是一种耻辱，而是他这个人的一部分。阅读对他而言一定更费时间，但他会做出必要的调整。再过几年，当他申请大学、参加 SAT 考试时，也将有权加长测验时间，加上届时他已经接受了十年的时间管理训练，还具备了克服挑战的自信心，这些都将为他提供支持。在某种程度上，他会比没有阅读障碍的同龄人更善于应对困难。

亨利父母的任务是引导他接纳自己的问题，理解自己的需要，并告诉他如何应对。实际上，他们会训练他从非常小的年纪开始做大人。有了父母的引导，亨利将会把不足或弱点变成长处。我见过太多这样的事情发生，数不胜数。回过头来忆起往事，全家人会把亨利被同学嘲笑"真蠢"的坏日子，看作闪亮的一天。

然而，如果亨利的父母坚持说什么问题都没有（许多人愤怒、尴尬、防备时都会这样），选择以转校或责备老师的方式应对该事件，亨利的问题只会越来越严重，他的人生轨迹也会不同于今日。阅读障碍如果不加干预，可能会导致自残、自杀和反社会行为。70% 的未成年犯都有阅读障碍。

如果亨利的父母反应过度，走向另一个极端，把亨利当作扶不起的阿斗，认为他解决不了自己的问题，他们对他造成的伤害会同样严重。他的父母对所发生的事感到不满，但他们将自己的不满放在了一边，为儿子寻求帮助，从而避免了许多可能出现在亨利身上和整个家庭中的严重问题。

我之所以专攻儿童和青少年精神病学，就是因为这可以防患于未然，在一个人人生的早期，将痛苦最小化。我能治疗 6 个月大的孩子，显著改善他的功能和行为，遏止不健康模式的形成。为经受痛苦的儿童和家庭提供早期、有效的关爱，也是我于 2009 年建立儿童心理研究所（the Child Mind Institute）的初衷。我坚信我们需要一个单独的非营利机构，专门研究儿童的精神健康，以应对公众的健康危机。根据儿童心理研究所的儿童精神健康报告（Children's Mental Health Report），美国有 1700 万 18 岁以下的儿童被诊断有精神障碍。这意味着每 5 个孩子中就有 1 个患有精神疾病的孩子，比患哮喘、花生过敏、糖尿病和癌症的孩子的总和还要多。但他们之中 2/3 的孩子，由于信息错误和污名化的问题，没有机会得到帮助。这将导致更高的辍学、物质滥用和自杀念头及行为的风险。

在儿童心理研究所的纽约和旧金山湾区临床中心，我们的临床医师团队每天与需要帮助的儿童及其家长交流。我们改变了来自 48 个州、44 个国家的超过 1 万名年轻人的人生。我们也一直在寻求和创造更多帮助有需要的儿童的途径。我们的学校和社区项目覆盖了全美超过 10 万名儿童。我们的互动网站 childmind. org，每个月为超过 200 万名访问者带去解答和希望。我们的前沿开放科学研究项目，致力于寻找精神障碍的生物指标，这将为诊断与治疗带来革命性的改变。我们与成千上万的科学研究者免费分享我们的数据，这有助于加快科研发现的进展。儿童心理研究所的愿景是创造一个没有儿童受苦的未来，而我们应对儿童精神健康危机的方式，就是掀起一场打破研究、医学和社区项目壁垒的运动。

我们最重要的同盟依然是孩子的父母。在大量的关爱工作中以及各种各样的患者身上，我们注意到父母们的一些明显的共同关切与担忧。他们都担心自己犯了错误，会伤害孩子。他们担心自己为孩子做得太多了，或者做得不够。他们想知道，自己该不该对孩子严厉一些，是不是不够强势。不管他们来儿童心理研究所的原因是什么，背后都有同一个担忧：他们的孩子长大后能否独立？我们每天都会看到的新数据和研究显示，很多大学毕业生回家啃老，父母要一直给他们经济支持，给到他们二十多岁、三十多岁（及以后）。许多父母告诉我，他们很担心自己的孩子独自面对挑战的能力。"万一我出了什么事，不能为孩子确保一切周全了呢？"他们问道。

我理解为人父母的恐惧和烦恼。在孩子出生之前，他们曾幻想培养一个未来的总统、一个神经外科医生，或者一个艺术家。对养育孩子抱有美丽的憧憬，想象一家人的拥抱，坐在前排为孩子感到骄傲的时刻，朋友圈晒出的美妙旅行；都是再正常不过的。预想总是充满欢乐，问题永远像是意外。

无论孩子有没有精神障碍，事实都是如此。有太多事刺激着现代父母在养育孩子这方面的忧虑，从社交媒体霸凌、网络上的危险挑战，到大学入学日渐增大的压力和日渐激烈的竞争——即使是具备一切优势能够进入大学的学生也不乏压力与竞争。你听说了各种育儿方式，直升机式、扫雪机式、看门人式，还有虎妈式。[○]哪种是正确的？要做权威型父母还是放任型父母？或许应该取两者中间？

○ 直升机式、扫雪机式、看门人式、虎妈式育儿，为美国社会中出现的四种典型的育儿方式。采用这些育儿方式的父母则会被称作直升机父母、扫雪机父母、看门人父母、虎妈虎爸。直升机式育儿，是指父母出于焦虑，一直守在孩子身边，监视其一举一动的育儿方式；扫雪机式育儿，是指父母为孩子清除一切障碍，试图让孩子只成功、不失败的育儿方式；看门人式育儿是指父母替孩子解决问题的育儿方式；虎妈式育儿则是指以高标准、严要求，让孩子高强度地努力来取得成功的育儿方式。可参考第 7 章中作者对这些育儿方式的具体解释。——译者注

在寻求培养情绪健康、勇敢独立的孩子的方法时，父母有时会不得要领。他们在谷歌上提问，立刻就会得到大量信息，但这些信息未必真实，未必可行，也未必跟得上最新的研究。儿童心理研究所的临床医师们每天都要给父母辟谣。我并不责怪使用谷歌的人，他们可能求知若渴，所以使用了最便捷的工具。然而这样的工具缺乏保障，它们未必得到了来自训练有素的专家的证实和认可。母婴博主的言论也不一定有科学依据。孩子和父母亟须为他们带来力量的策略，而且是经过研究验证的，被证实能在日常生活中培养年轻人的能力和适应力，并且防止焦虑和抑郁的策略。

来向我们咨询的家庭总是会提出相同的担忧和问题，即如何养育孩子才能使他们成为独立的成年人，因此我和我们的临床医师团队共同起草并创作了一些适用于每个家庭、每个年龄段、每个发展阶段的孩子的养育指南。

这可不是个小任务！

但，还是要说，还有谁比我们更适合做这件事呢？我和儿童心理研究所的临床医师们，加起来有几百年与家庭合作的工作经验。我和一个小组的同事共同商讨了本书中教养策略的核心构想。这些同事有着相当广博和深入的知识，他们的知识不仅来自无与伦比、多种多样的临床经验，最重要的是还来自他们自己为人父母的经验。下面是他们的名字及介绍。

- 大卫·安德森（David Anderson），临床心理学博士，美国国家项目与外联部高级主任，儿童青少年 ADHD 治疗专家。
- 杰里·布勃里克（Jerry Bubrick），临床与学校心理学博士，焦虑障碍中心高级临床心理医师，强迫障碍服务部主任。
- 蕾切尔·巴斯曼（Rachel Busman），心理学博士，焦虑障碍中心高级主任，选择性缄默症服务部主任。
- 马修·M. 克鲁格（Matthew M. Cruger），临床心理学博士，学习与发展中心高级主任。

- 吉尔·埃马努埃莱（Jill Emanuele），临床心理学博士，情绪障碍中心高级主任。
- 杰米·M. 霍华德（Jamie M. Howard），临床心理学博士，焦虑障碍中心高级临床心理医师，中心创伤与恢复服务部主任。
- 斯蒂芬妮·李（Stephanie Lee），心理学博士，ADHD与行为障碍中心高级主任。
- 保尔·米特拉尼（Paul Mitrani），医学博士、哲学博士，纽约市临床主任，儿童青少年精神病专家。
- 马克·赖内克（Mark Reinecke），临床心理学博士，旧金山湾区临床主任，高级临床心理医师。

我们教给父母的这些策略，都是以科学研究、我们这些临床从业者的第一手经验和我们作为父母的个人教养经验为基础的，目的是培养孩子亲社会、积极主动的行为，帮助孩子应对眼前的问题，预防未来的问题，学会自我修复，发展出强大、独立的性格，从而在面对困难时不再依赖父母。

越早开始把这些策略教给孩子，孩子就会成长得越好。

我们的宗旨是，好的教养**不是**拯救孩子，而是要教会他们如何使用应对工具，并鼓励他们根据具体情况选择正确的工具，让他们能够自己茁壮成长，大步跨越无法避免的挫折。孩子不可能总是事事成功，但他们应该努力，父母也应该告诉他们如何努力。好的教养还包括，在孩子遭遇失败时予以支持，帮助他们成长而不要伤害他们。要引导孩子自己做选择，哪怕做了错的选择，否则他们就学不会如何做出更明智的选择。不要做放任型或控制型的父母。

那么要做什么样的父母呢？

在哲学和实践层面上，养育适应力强、自我支持、能够应对压力并从错误中学习的孩子，最佳的方法就是我们所说的"脚手架教养法"。父母是孩子的脚手架，为他们的成长提供结构与支持。父母的职责是保护与引导，但他们不会阻碍学习和冒险。

架设脚手架的工作从你把一个婴儿带回家的那一刻就开始了，你需要为他创设一个提供支持的环境。脚手架教养法的训练部分从 4 岁或 5 岁开始，这个时期孩子开始有社交活动，也开始面对挑战。通过支持和鼓励来实施的脚手架教养，会贯穿儿童时期、青少年时期，一直延续到成年早期。正如你将看到的，在每一章中，我都分别写了儿童（4 ～ 12 岁）和青少年（13 ～ 19 岁）教养的具体指南。你可以根据孩子的成长需求调整脚手架，但是基本宗旨始终不变。脚手架的存在是为了提供结构和支持，而不是控制和拯救。

由于我们在临床实践中与成千上万的孩子打过交道，关于脚手架如何在与你的家庭类似的家庭中发挥作用，我有大量实例可参考。本书中的故事都是真实的，但我在人物名字和身份细节上做了改动，以保护所提到的家庭的隐私。无论你的孩子是否被诊断有某种障碍，我相信你一定会在这本书里提到的家庭中找到你们的共同之处，并从那些人们的经验中获得有用的思考。

脚手架教养法在今天比以往更重要。现在，即使是最健康的、有着最可靠父母的孩子，也面临着比过去几代人更大的压力。父母工作的时间变长了，网络几乎成了孩子的实际照料者。多代同堂的家庭和关系紧密的社区所构成的"村子"正在迅速瓦解，很多甚至早已消失。随之出现的诸多有缺陷的教养方式就像是为了**加剧**孩子的焦虑、依赖性和无能而存在的。成为过度放任型和权威型的父母并不能解决问题。要想鼓励孩子向更高处攀登，尝试新事物，在错误中成长，脚手架教养法是最有效的方式之一，你需要提供坚不可摧的支持。这种教养方式对于儿童心理研究所的来访家庭有效，对你的家庭也会有效。

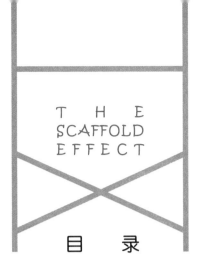

THE
SCAFFOLD
EFFECT

目　录

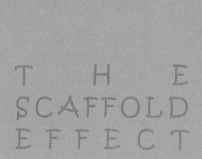

T H E
SCAFFOLD
EFFECT

第 1 章

重新定义脚手架

父母的支持与引导

1976 年，美国心理学家杰罗姆·布鲁纳（Jerome Bruner）首次用"脚手架"一词喻指儿童教学的最佳方式。他的理论是有关合作学习的，理论的内容是：以某种数学技巧的学习为例，父母或教师必须引导孩子，然后，当孩子已经熟练掌握该技巧时，父母或教师就不再指导这项任务，而是趁热打铁开始下一项任务。

我们继承了布鲁纳博士脚手架理论的核心思想，即一位权威人士引导儿童走向独立，并在此基础上加以拓展，将脚手架重新定义为父母提供的支持与引导，但不再局限于教学情境之中，还包括情绪、社交、行为层面的支持和引导。

父母脚手架的比喻是可视的、直观的、简明的。可以这样想：你的孩子是一座"建筑"。而你，作为父母，是建筑物周围的脚手架。你作为脚手架的目的，是提供支持和结构，而不是以任何具体的取向和方法禁锢孩子的成长。

每座有效的脚手架，既有竖直的柱子，也有水平的横板——二者结合才能保证整个构造的安全。脚手架的增高和建筑的建造同步。脚手架在最初的几"层"可以更宽一些，提供坚实的基础，为积蓄力量和成长留出余地。随着建筑越建越高，脚手架就不再那么重要了。如果建筑上的某一部分掉落了，脚手架要接住掉落的碎片，并迅速进行修补。

最终，建筑落成，可以独自矗立，那么父母提供的脚手架就可以拆除了。可以一节一节地逐步拆除，因为可能整栋建筑的所有部分并非同时建好。而且，若有需要，脚手架的一部分可以再度架设起来。

脚手架的支柱

作为父母，你的一切决策和努力都在你的脚手架的三大支柱框架之内：**结构、支持和鼓励**。凭借这三大支柱，你将激发孩子的自信、自尊和应对困难的技巧，让他们成长为能够为自己提供支持、鼓励和结构的成年人。你为孩子搭建脚手架，是为了他最终能够搭建自己的脚手架。

结构包括日常规划、沟通模式、家庭规范、思维方式——你的脚手架的全部潜在基础设施。对儿童的安全感而言，可预测的家庭日常规划是至关重要的，无论他们表面上看起来喜不喜欢这些规划。例如上床睡觉的时间、做作业的时间，还有家人之间增强情感联结的小仪式，像星期日一起吃早午餐，星期五晚上一起看电影。这些安排规定了打破规则有何限制和后果，并让孩子得到了父母的亲近和关注。在孩子小的时候建立起一个结构清晰的家庭环境，你便成了孩子的榜样，让他们从你的身上习得稳定性——一个成功的成年人必不可少的品质，此外还将在你和孩子之间建立起安全的联结，随着他们长大成人，这联结将越发牢固。

支持需要情绪上的共情和认同。孩子的感受需要被倾听和承认，而不是评判和忽视。如果父母告诉孩子"没什么好哭的"，这就否认了孩子的情绪，而且会让他们从根本上怀疑自己。他们的感受没有错。感受就是感受。被教育去说出自己的情绪、和父母一起开放地谈论情绪的孩子，将学会如何处理难过的感受，这将帮助他们在遭到拒绝和失败打击时振作起来。他们面临焦虑、抑郁等心理问题的可能性更低；如果他们没有接受好的情绪教育，这些问题可能就会在他们成年后找上门来，对他们的亲密关系和职业生涯产生负面的影响。提供支持，还意味着在必要时加以干预。如果孩子需要家庭教师或治疗师，那么不要等到情况恶化到不可收拾时才向专业人士求助。最后，提供支持还意味着给予指导。孩子可能在多种技能的学习中都需要帮助——从备考到交朋友。你作为脚手架的角色就是要成为孩子的教练和导师，但不要大包大揽，替孩子去完成。你可以找老师来教孩子数学，但你不该把生活技能和价值观的传授工作也交给别人。直接来自父母的支持才是最强有力的。

鼓励就是温柔地推动孩子去尝试新事物和冒险。当孩子失败时（这是不可避免的），和他们好好谈谈"为什么"，这种鼓励会使他们在未来更加勇敢。哪里出了差错，哪里可以改善，这些知识会成为他们的武装，让孩子充满干劲地重新骑上自行车，重返舞台，或重回田野。如果你不鼓励孩子面对失败迎难而上的话，那就是在教他们变得怯懦和依赖。

在这个过程中，你需要成为孩子的榜样，教他们积极地行动，给他们反馈和纠正，激发他们的竞争意识。成为榜样不会让孩子更依赖你，反而会鼓励他们变得更加独立。在我们的病人群体中，我们看到过许多本可以避免的痛苦和煎熬，如果父母专注于这三大支柱的话。

脚手架的横板

教养脚手架的横板，是**耐心、温暖、觉察、冷静和监督**。你就站在这些横板上支持孩子，直到他们成长为令你感到骄傲的成年人。我在自己的家中运用这些横板，也把它们教给成千上万的父母，获得了很大的成功。

耐心。保持情绪稳定，哪怕你不得不把同一样东西翻来覆去教很多遍。

温暖。做个共情、爱和善良的榜样。即使是在给孩子立规矩的时候，也表现出你的爱和同情。温暖的父母能够培养出独立的孩子，这看起来可能有悖直觉，但它已经得到了科学研究证实。

觉察。与孩子的情绪和实践层面的需求和动机保持步调一致，也不要忽视你自己的。

冷静。保持冷静。无论你多么气愤，无论养育孩子有多么困难，都要保持冷静。

监督。密切关注孩子的状况，确保你提供的支持对他们来讲是有益处的。

脚手架的架设策略

对于一座真正的建筑脚手架而言，起到支撑作用的网格的架设是需要特定的建构策略的。在育儿领域，有十条策略能够让你在使用那些模板技巧时以最好的方式提供结构、支持和鼓励。如果你采用这些策略，你将会把孩子培养成强大的、有竞争力的成年人。后面的章节将详细介绍这些策略的原理和具体实施方法，但这里先提纲挈领地提供一个简介。

确保脚手架自身安全且稳固——父母先建立好自己的安全感。自我关照是脚手架教养法的一个核心技能。如果你的脚手架不够安全，它就接不住孩子的"大楼"崩塌时坠落的碎片。它就不够稳定，不能引导这座"大楼"向上成长。如果脚手架摇摇晃晃，一次危机就足以将整个建筑体（脚手架和大楼）夷为平地。

绘制育儿新蓝图——升级教养风格和目标。建筑学中的蓝图是一种技术图纸，是一个建筑体的设计计划。我们的大脑就是行为的蓝图，这蓝图是几百万年进化的结果。但是大脑蓝图中的有些部分已经过时了，对于现代生活而言已经不怎么合理了。要架设一座适合于当代养育的脚手架，你就必须将老旧过时的蓝图废弃，并带着开放的计划绘制一张新的，不要让它那么封闭，留下大量可供补充的余地和成长的空间。

夯实脚手架基础——建立坚实的亲子关系。亲子关系是你建起脚手架的基础，是地基。如果地基是由情绪支持、积极强化、清晰的讯息和一贯的规范浇筑出的坚实基础，孩子就会在这个坚实基础之上，充满安全感地成长。但如果浇筑地基的是劣质的原料，如情感的疏远、消极的强化、模糊的讯息和变动不定的规矩，那么孩子就要在不安全的地基上挣扎着成长。

保持脚手架稳定——在生活的动荡时刻带领孩子掌控情绪。就算你已经建立好自己的安全感，绘制了美丽的蓝图，并浇筑了坚实的地基，但生活中总有一些时刻，会让你的脚手架、孩子的成长建设，被不由你控制的外界情况所动摇。在这些不幸的、无法预测的情况中，如果脚手架不稳定的话，孩子就容易受到伤害，并暴露在他们尚未学会面对的情绪和经验之中。但如果你拧紧脚手架的螺丝钉，加固脚手架，你就可以引导孩子度过混乱无措的时光，让他们从此变得自信、安全、富有安全感，为下次应对挑战做好准备。

和孩子待在同一"楼层"——冷静、倾听、与孩子坦诚沟通。想象一下：站在一楼，试图同楼顶的人讲话。不容易吧。楼顶的人会不得不"居高临下"地与你交谈，或者对你喊话。他或许会因为太麻烦而根本不讲话了。距离使本来简单、坦诚的沟通变得不可能。现在想象孩子在大楼里，而你的脚手架和他在同一楼层。你们可以在很近的距离内直接交谈，看着彼此的眼睛，高效地交流。要想为你们的沟通交流创造并维持开放的条件，就把你的脚手架保持在和孩子的大楼相同的高度。诚实、纯粹地待在这个"楼层"上。

为成长赋能——鼓励尝试、允许失败、总结经验。随着孩子学习到新的技能，他的大楼会越盖越高，越盖越雄伟。学习意味着尝试，有时也意味着失败，孩子的这座建筑是一个不断添加新的区块和部分的过程。当大楼上有瓦砾坠落时，脚手架永远会接住它们；脚手架还会帮忙为新增的部分收集材料、选择工具。有些孩子的大楼径直向上延展，像摩天大楼那样。其他的可能向外扩展，例如成为一座自由蔓延开去的平房。孩子的建筑风格并不取决于你。教养的脚手架应当适应孩子成长的形状。如果你试图限制或控制他们的成长，他们的成长就会受到阻碍。

积蓄力量——帮助孩子建立充满勇气、自信和韧性的内在力量。孩子的建筑在成长，你的脚手架也在一同成长，你们之间保持着亲近但分明的距离。为了加强巩固这令人难忘的成长，你可以帮助孩子安装一些"钢柱"，比如勇气、自信、适应力和韧性。有了这样的内在力量，他就拥有了一座能够抵御狂风暴雨和艰难险阻的堡垒。你可以通过引导和支持来强化他内心的钢柱，还可以现身说法，告诉他遭遇考验、必须坚强之时最有用的是哪些工具。

保证"建筑"合规——制订切合实际的惩罚机制。你的脚手架教养法不该妨碍孩子的成长，也不该限制他们的建筑发展成它想要发展成的形状。然而，这座建筑需要符合安全标准。父母就像施工现场的总承包商一样，需要负责孩子发展的品质把控，确保他们的成长能够"达标"。所以你要制订规矩，并针对不好的行为设定一定的后果。如果你对孩子放任自流，这座建筑住起来就会有安全隐患。

"建筑"有其风格——让孩子成为自己的主人。孩子的建筑风格，可能并不符合你的口味。但你的个人偏好并不重要。重要的是孩子的建筑稳定结实，而你的脚手架一直在那里提供结构，并接住坠落的碎片。如果你试图将他的豪华公寓改造成光怪陆离的维多利亚风格，或者试图欺骗自己相信他的建筑总有一天会奇迹般地变成你梦想中的大楼，那么你的脚手架将不适合这座建筑，也不适于为其提供必要的支持。你要接受他的建筑现有的样子，即使对你而言它看起来很奇怪。当它落成时，要住在里面的人是他，而不是你。

检查、修复并尽量减少裂缝——直面问题，遵守家庭规则和价值观。随着建筑逐渐增高，施工团队要查找裂缝。不是所有裂缝都很明显。有些裂缝的填补是出于美观的考虑，稍作修补即可。一些裂缝更大一些，需要特别注意。在寻找裂缝的同时，你也要留意脚手架的损坏。对于施工而言，保证脚手架随时处于维修得当的状态，和维护建筑本身一样重要。

我明白在现代生活的种种压力之下养育孩子有多么困难。我知道你可能非常紧张，生怕不经意间做错什么事，伤害到孩子。带着孩子一起生活本身就充满压力，也会给你带来焦虑，让你时时怀疑自己做的是不是正确。如果再加上精神健康或行为上的障碍，这一切将变得更加困难。

使用了上述脚手架策略，你的种种忧心也许就可以告一段落了。它们就是你在寻找的解决方法：引导孩子渡过困难和挫折，缓解紧张的家庭关系，终结乱发脾气、摔门而去、晚餐尬聊等现象。

如果你记住了支柱（结构、支持和鼓励），钉牢了横板（耐心、温暖、觉察、冷静和监督），你就会成为更好的父母，特别是在面临困难的时候。如果你运用了上述那些策略，你将养育出充满能量、好奇心旺盛、能力高强的孩子，他们将成长为最好的自己。你还将在你们之间建立起坚固的纽带，让你们一起平稳地度过青春期，并在孩子长大成人后关系更加紧密。这是我们每个人都向往的，无论是对孩子而言，还是为了我们自己。

T H E
SCAFFOLD
EFFECT

2

第 2 章

确保脚手架自身安全且稳固
父母先建立好自己的安全感

教养的脚手架，是孩子这座"建筑"外部的结构和支持。在成长早期，这座建筑还没有一个结实的框架。幸运的是，父母牢固的脚手架，在它周围保护着它不至倒塌。

现在，如果脚手架本身不够安全，它就不具备充分的力量和稳定性去引导建筑向上成长。如果脚手架质量太差，那么一次危机就足以将整个建筑体（脚手架和大楼）夷为平地。

首先确保你的脚手架安全和强力，这是至关重要的。唯其如此，才能保证你有效地养育孩子。

当 40 岁的莉萨带着她 10 岁的儿子马克斯来进行每周一次的治疗时，她问我是否可以先单独和我聊上几分钟。这样的要求并不少见，所以我带莉萨进入我的办公室，而马克斯在接待区稍作等候。

莉萨坐下，把她重重的背包放在地上，然后开始摇头。"我闯祸了，"她说，"很严重。"

"怎么了？"

故事从周末讲起。"四年级的每个孩子都被要求在家里做一个鲁布·戈德堡机械，然后周一带到学校。你知道那个机械，就是一个动作触发下一个，然后再下一个……我周六早上才听说这项作业。我给另一位妈妈打电话抱怨这项晴天霹雳般的作业，可是她说她和她儿子在过去的几周时间里一直在做这项作业。我问马克斯为什么没早点告诉我，他只是耸了耸肩。"

莉萨全职从事金融工作，工作压力很大。马克斯的父亲那个周末刚好出差，所以莉萨只好一个人帮助儿子完成作业。"我不擅长搞机械类的东西，马克斯也不擅长，他可能就是因为不擅长所以才逃避这件事的。"她说，"我发现这个鲁布·戈德堡机械是一项学期作业，而且占到了总成绩的1/4。他班上一些同学的父母是工程师，他们发给我他们做的机械的照片，里面有火车轨道、滑轮，还有吊篮。我都要哭了。我们家只有乒乓球、透明胶带和旧积木。那一周我工作得很痛苦，本打算在周末好好放松一下。这件事对我而言犹如当头一棒。我感到无助，我生气了。"

我以为莉萨要说她把自己的怒气撒在了儿子头上，这种失误每个做父母的偶尔都会犯。"我要是吼了马克斯就好了！"莉萨说，"我做的事比这更烂。我查到了教这节课的老师的电话号码，在家里，当着马克斯的面，打电话给老师并对她大喊了一通！"

这确实是件坏事。

"我是说，那个老师为什么要给小孩子布置那么复杂的作业？"莉萨问道。

"一看就知道，那些学生都不是自己完成的。这作业不如说就是留给家长的。有些家长有别的事情要做，没时间在垃圾堆里翻找卷纸芯。我问那个老师'留这个作业的目的，是要让大家都觉得自己很傻吗'，我对着她大发脾气。与此同时，马克斯央求我挂断电话。他特别尴尬。我骂完之后，那个老师说，'从来没有人这样对我说过话'。"

我只能说："哇。"

"是啊。"

如果莉萨那一周的工作没有那么辛苦，或者她丈夫在家，可以帮马克斯做手工，她或许就会从容地面对突如其来的挑战，并把帮马克斯做作业视作与孩子加深情感联结的机会了。她或许还会乐在其中。可实际上，她的烦躁、不安和愤怒汇聚成了一股足以压垮她的力量，结果她把这一切发泄给了一个无辜的旁观者。

"每个父母都有过这种经历。"我向她保证，"只是这次轮到你了。"

在我几十年的职业生涯中，我观察到父母身上的压力不断增大。当今的父母所面临的压力空前的大。压力来自方方面面——经济方面、技术方面、个人方面、组织方面。疲惫和分心并不是你的错，但是作为父母，你有责任化解自己的压力。如果你的育儿脚手架摇摇晃晃，一阵风（在这个例子里则是一项突如其来的科学作业）就能吹倒，那么你将无法提供必要的结构、支持和鼓励，来让孩子从你身上学习至关重要的应对技能，例如情绪控制和心理弹性。

照顾自己就是照顾孩子

现在，你忽然发现，本来就无穷无尽的任务清单上，又要加上一项自我关照。你内心可能发出了悲鸣。

自我关照不仅应该被写在清单上，而且应该被写在第一条。

我们坦诚一点：在这里听我讲话的更多是母亲，而父亲比较少。在育儿这件事上，当今的父亲比他们的父亲和祖父做得多，但还是比他们自己的伴侣做得少。美国没有其他第一世界国家的产假政策。在瑞典，孩子出生后，父母双方都可以休 18 个月的假。在日本，假期的长度是 1 年。然而在美国，母亲只有 12 周的无薪假期（父亲也可以休无薪假期，但前提是他们的雇主提供这个保障；往往一对夫妻负担不起这样双双放弃薪资的假期）。政府似乎传递出了这样的讯息：如果一名母亲想要上班工作，她的工作难度将会加倍。除了要应付"第二份工"之外，母亲们还面临着另外一项额外的压力，那就是要相信自己能够应付得了。她们当然会感到疲惫和焦虑啊！可是她们感到愧疚，因为她们在"应当"花更多时间陪伴孩子的时候"自私"地追求着职业上的满足。这种愧疚感只会让养育孩子变得更加困难。

"自我关照被忽视的程度已经到达了匪夷所思的地步，但它对于育儿而言又是如此重要，因为**如果你不在意自己的幸福，你就不可能成为好的父母**。"我们儿童心理研究所的自我关照专家吉尔·埃马努埃莱这样说道，"就像每次坐飞机时的航班通知一样，你要先戴上自己的氧气面罩，然后再照顾孩子。如果你东奔西走、筋疲力尽、超负荷、太操心，你就没办法关注孩子。随着时间的推移，你的压力会越来越大，迟早有一天，你要么向外爆发，要么内伤累累，你将后悔不已。"

莉萨离开房间后，她的儿子马克斯进来和我聊，他说他妈妈跟老师说话的方式让他感到尴尬。他很害怕，不知道到了星期一要如何面对老师，但他更担心的是他妈妈，他为她感到忧虑。"她当时特别生气，"他告诉我，"你真该看看她那时候的表情。我不想告诉她有那项作业，就是因为我需要帮助，可是她真的很累。我知道告诉了她只会让她心情更差。"

你日复一日地经受着生活的消耗，可能并没有时间和余地来和孩子的情绪波动保持同步，但不要搞错了：他们一定会和你保持同步，特别是在他们进入青春期前，要依靠你来维持生存的时候。他们观察着、倾听着、吸收着你释放出的每一个信号，有些你自己甚至都没有感觉到。除此之外，就算一个孩子用整整 1 个小时的时间向医生倾诉他对他爸爸工作狂般的日程的担忧，这对他自己的问题治疗并没有任何帮助。在治疗室外，如果孩子因为害怕惹你生气或增加你的负担而不敢告诉你一项重要的作业或个人问题，那么孩子就是缺乏支持的，他在独自面对他的担忧。

想要为孩子提供情绪支持，就要承认自己的情绪需要，练习自我关照，从而加强这种照顾自己的意识。通过对你的观察，孩子会习得情绪修复的价值。我们都希望孩子懂得如何放松，不是吗？我还没见过哪个父母希望自己的孩子长大后在遭受挫折时糟糕地对待自己还有周围的人。

如何为自己建起脚手架

为孩子建起脚手架，你要提供结构、支持和鼓励。

为自己建起脚手架，步骤是相同的：

可行的结构。诚然，你想给孩子最好的一切，让他们拥有充实忙碌的生活，但如果你的生活被一项又一项的行程推着走，永远在迟到的边缘，永远在担心如果哪个环节出了一点差错，全家的计划都会被打乱，那么你所安排的生活是没有可持续性的。哪怕可能会感到不安，但还是设法制订一个具有可行性的时间表吧，要把亲子之间高质量的情感沟通时间算进来，也为你自己留出休息的时间。

为你自己的幸福提供支持。要评估你是否为自己提供了足够的支持和关怀，就问问自己："我会这样对我的孩子吗？"你为孩子报了运动和健身班，但你自己留出时间锻炼了吗？你保证孩子每天吃 5 种蔬菜、睡眠充足，那为什么不以同样的标准要求自己呢？如果你看到孩子因为作业而感到焦躁，你会建议他休息一会儿，而不是逼他写到崩溃。如果孩子在学业上、身体上或情绪上遇到困难，你会向专家求助。那么当你自己生病或遇到困难的时候呢？你是否无视了这一切，不断地在逼自己呢？

当你无视或忽略自己的感受时，你就是在为孩子示范无价值感。他们接受了这种无价值感，等他们长大了，就会做和你一样的事。关照自己就是尊重自己，是自尊、自爱、自我效能感。支持自己，需要帮助的时候就求助，吃好睡好，锻炼身体。

鼓励自己努力。让自己安下心来，告诉自己你是一个好妈妈或好爸爸，哪怕你和孩子都不"完美"（不管你认为什么是完美）。许多父母觉得自己是不合格的父母，所以我会说，如果你生孩子的气，十次中有九次是因为你感到自己作为父母是失败的。挫败感不是一种健康、轻松的情绪，也不该被带回家，无论是为了你自己还是孩子好。养育孩子时，有时候你的确会犯错。那么恭喜你了，你是个常人。你要承认并接受一件事：那就是我们都会犯错。这样你就会更冷静地对待自己的错误，并鼓励自己下次努力做得更好。

自我关照清单

建起一座强悍、稳定的脚手架所必需的材料：

- 锻炼
- 睡眠
- 绿色食品
- 爱
- 在自然中漫步
- 与朋友外出玩耍
- 独处的时间

- 创意时间
- 浪漫时刻
- 欢笑
- 音乐
- 爱好
- 志愿活动
- 冥想

让自己喘口气

如今的社会对为人父母的人非常苛刻，哪怕是（有时尤其是）对那些最为努力的父母。母职羞辱，即人们会因为母亲出于育儿考虑的选择而霸凌或批评她们，包括母乳亲喂（或不亲喂）、给孩子吃糖、返回工作岗位、选择全职在家，这是许多不必要的不安全感和伤感的来源。当了父母的人总是担心，如果他们没有做到同辈的父母所做的一切，孩子就会落后于人。

由于社会带来的羞耻感，你蹒跚学步的孩子的生活可能会比你还忙。如果你犹豫要不要给孩子报宝贝瑜伽班，可能就会感到幼儿园的其他妈妈投来了质疑的目光。有一位神经紧张的妈妈对我说："如果我家茉莉不从幼儿园开始学中文的话，以后再学就太晚了。"这位母亲的工作难度很高，她还以这种过度的焦虑养育着三个孩子。与此同时，她已经几年没体检过了。"为我的孩子们做我能做的一切，是我的首要任务，"她说，"如果我把自己放在第一位，或者卸下责任去休息，那我就不是个好妈妈了。"

当我听到父母说"孩子是最重要的"时，我总是想问："这意味着什么呢？"这种观念是老生常谈，是他们认为他们应该说的话。我们不必向这种泛泛而谈的结论看齐，而是要仔细想想，此时此刻，我们的家庭**真正**需要的是什么。如果你穷得揭不开锅，那么最重要的是找份工作。如果房子着火了，给孩子报空手道班的事就可以先放放。

几年前，一对年轻的夫妻带着一个学步期的自闭症幼儿来到我的办公室，为怀念约会时光而泪流满面、忏悔不已。我劝说他们请家人每周帮忙照看孩子一晚，或雇用一位受过特殊教育训练的保姆。

那位母亲说："保姆太贵了，我们请不起。"

"不请你也受不起。"我说。

每周要有一个晚上，把婚姻放在最重要的位置。如果这对夫妇没有这个约会的机会，养育自闭症儿童的压力最终会让他们的关系不堪重负，甚至可能导致分居或离婚，家庭一分为二，养育孩子的成本问题雪上加霜。如果他们分开了，他们的情绪和经济生活会更加困难。为了孩子，如果他们不好好经营自己的婚姻关系，这样的生活他们真的负担不起。

如果你感到筋疲力尽，那么最重要的就是休息和充电。你肩负的责任固然会给你带来种种限制，但你要在此范围内调整你的时间安排，把休息时间也算在安排之内。我们生活中的 24/7 工作文化可能已经让我们相信，休息时间根本不存在。如果你只示范了"超级忙碌"的生活方式，那孩子就会把成年生活和成功与不堪重负和毫不快乐画上等号。要让他看到，成功意味着每天花 5 分钟、10 分钟或 20 分钟的时间来冥想或安静地阅读，在后院坐坐、凝望夜空、散步，或其他刻意的、远离屏幕的按下暂停键的时光，让你在现代生活的狂轰滥炸之下得以稍作停顿和喘息。要让孩子知道，不插电的时光对你的精神福祉而言非常重要，每个人都值得保有远离世界、亲近自我的时刻。

亲近自我意味着什么？并不难。只需回想你这一天的经历、感受和想法。仔细琢磨你头脑中正在上演的念头，什么让你开心，什么让你烦恼。理想状况下，孩子会看到你的反思，看到你表达自己的想法，看到你努力调整自己。当孩子观察到你的这些做法，他也会学着自己这样做。人生在世，要应对各种状况，坐一坐、想一想，做一些评估，是很有效的办法。如果所有父母和孩子都能每天一起坐下来，盯着墙壁看 5 分钟，他们一定会感到更亲密、更踏实。

你有权利休息。你一定要好好接受这个观念。偶尔放空一下，把自己放在第一位，是完全没问题的。

第一步：选定一种你所需要的休息方式。15 分钟的独处？散步或跑步 1 小时？一整天？一整个周末？

第二步：不论你选定了哪种方式，为它找到后勤保障。教养脚手架不是你的监狱。它是为了支持而存在的，你可以支持你自己。

12 岁及以下孩子父母的脚手架自我关照法

身体上的休息。年幼的孩子对你的时间和精力的需求特别大。"我走神了 1 分钟"这种言语对父母而言简直是噩梦。难怪你感到一刻也不能休息，甚至会觉得连眼睛也不能转一转。

不过婴儿和学步幼儿的父母是**有权**偶尔休息一下的。问题只在于找到援助力量。你要在哪里找到 5 分钟只坐着、什么都不做的时间呢？

当孩子睡着了，或者在自己的小床里安静地玩耍时，不要再急于"为少数几件事操心"，反过来照顾一下自己吧。哪怕只是在床上躺一下，或者坐下来做 5 分钟的深呼吸，都足以让你为接下来 1 个小时的忙碌养精蓄锐。

无论你的孩子多大，你都可以告诉他你需要休息。给孩子树立一个自我觉察、重视修复与放松的榜样，这样你就能教会他如何去发现自己的情绪负担，以及如何去应对它们。

青少年父母的脚手架自我关照法

情绪上的休息。青春期的孩子就不会消耗你那么多的体力了，但他们可能会在情绪上让父母感到耗竭。如果你家的青少年在学业或人际关系上遇到困难，你就会感受到一股持续的痛苦。你的快乐程度总是和家里最不快乐的孩子保持一致。那么你如何才能脱离与青春期孩子相关的精神痛苦，获得休息呢？"我教这些父母问自己一些问题，'此时此刻，正在发生什么事？**此刻**一切都还好吗'。"埃马努埃莱博士如是说。"你的孩子可能没有想象中那么开心，但就在此刻，他是安全的、被照顾的、吃饱穿暖的、不痛苦的。这样，此时你就可以在观念上休息一下了。"焦虑就是提前了的恐惧，是对即将发生之事的惧怕，例如"我儿子会没有朋友、孤独终老的"。试着让自己回到当下，对自己说，"此时此刻没有发生不好的事。接下来的 5 分钟，世界不会毁灭"。在这样想的时候，你的情绪冲击就会得到缓解。

可是自由不是免费的，你的休息有赖于现实条件。在一个由双亲组成的家庭中，安排休息时间会更容易一些。如果你能够负担得起请保姆或参加宿营，或者周围有人可以留宿孩子，那就再好不过了。向家人、邻居和朋友（你的"村民们"）寻求支援，给他们相应的酬谢。

这件事没有现成的应用程序

帕梅拉是 10 岁的比利的母亲。当她儿子的治疗师说到自我关照的话题时，她笑了。"我没那个时间。"她说道，接着马上一一列举了她要为她的老板、丈夫、孩子、狗和房子做的每一件事。她花费了 15 分钟的治疗时间来列完这份清单。

医生建议帕梅拉拿出手机看看她的屏幕使用时间。她有点犹豫，但还是照做了。医生问："你昨天花了多少时间刷手机？"

"真令人尴尬。"她说。

"超过 1 小时了？"

"我刷它是为了放松。这是我放空大脑的方式。"

医生让这个解释在沉默中停留了一会儿，为了放空大脑而往其中塞入网络上的东西，我们的医生抓住了这个充满讽刺意味的事实。"看电视的情况呢？"医生问道。

帕梅拉承认，结束了疲惫的一天后，她会一屁股坐进沙发，电视一看就是几小时。"孩子看起电视来也是这样。"她说。

如果你累到除了看电视、刷手机之外什么都不想做，孩子也会学着你的样子逃避现实，通过分心的方式让自己无暇应对不好的感受，例如无聊和疲惫。手机和屏幕侵占了本可用于自我反省的时间。如果读到这里你感到当头棒喝，那么你可以立刻花两秒钟时间反省一下，问问自己是不是故意将电子设备用作了一种逃避的途径，因为你不想承认或静观自己的感受。

如果答案是肯定的，那你绝不是个例。用手机和电视麻痹自己、转移注意力，正在成为美国人的消遣方式。瘫坐在屏幕前或许看起来是一种放松，但实际上是在向大脑输送更多刺激使之越发疲惫，而且会带来情绪上的副作用。在德国的一项研究中，[⊖]研究者发现沉溺于电视会带来压力，因为人们会由于拖延和浪费时间而产生负罪感。

另外，当你成了一个能够放下手机的榜样时，孩子可能也会有样学样。没错，哪怕是在餐馆里，在漫长的自驾游途中。在公元 2000 年之前，孩子们会在晚餐时与父母聊天。乘车外出时，他们会凝望窗外的风景，聊天，或听收音机。没有屏幕的时代的好处是，父母和孩子有机会学习（或不断练习）如何去做白日梦，去反思，去想些新点子，去彼此互动。没有无孔不入的分心之物，人们能够学着去应对自己的情绪，去表达自己的感受，去和他人产生联结。

治疗师叫帕梅拉查看她的手机使用时间，并不是为了让她尴尬。重点在于让她意识到她可以自由支配的时间其实都用在了哪里，让她开始监督自己并承认，实际上她是有时间坐下来冥想或散步的，只要不再刷手机，甚至可以和孩子一起做些创造性的事情，和他们一起玩耍。

查看一下你自己的屏幕使用时间吧，保证你会吓一跳。鼓励自己每天减少 5 分钟使用手机的时间。这几分钟时间，或许就是幸福与倦怠之间的差异。

倦怠：不再只是工作狂的专利

父母倦怠是真实存在的，而且颇为普遍。类似职业倦怠，父母倦怠的表现包括你想做的太多，感受到持续的负荷和极端的压力，提不起热情和精神去做任何事，更别说用爱、关注和引导去为孩子搭建脚手架了。这种倦怠的后果是毁灭性的：在家里和孩子、伴侣关系紧张，抑郁，物质滥用，

⊖　Reinecke, L., Hartmann, T., and Eden, A. "The Guilty Couch Potato: The Role of Ego Depletion in Reducing Recovery Through Media Use." *Journal of Communication*, 2014.

焦虑。比利时研究者的一项研究显示，父母倦怠还与父母忽视、父母暴力、逃避意念（关于逃跑的幻想）有关。你越是感到倦怠，你就越会忽视孩子，然后压力又会增加，继而忽视进一步加剧，进入恶性循环。

妈妈们和爸爸们怀着好的出发点，努力成为完美的父母，结果耗竭了自己，变成了与他们想成为的父母完全相反的样子。不久前，比利时天主教鲁汶大学（Université Catholique de Louvain）的研究者莫伊拉·米科拉伊扎克（Moïra Mikolajczak）与心理科学学会（Association of Psychological Science）探讨了她的发现，她说："研究结果的讽刺意味让我们有些吃惊。如果你太想做正确的事情，最后你可能就做了错误的事情。过大的压力可能会导致父母倦怠，其后果对父母和孩子而言都可能是毁灭性的。"[⊖]

该研究的被试有数千人，其中有说英语的，也有说法语的。为了检验他们是否经历着上述现象，研究者们给他们做了一份题为"父母倦怠清单"[⊖]（the Parental Burnout Inventory）的问卷调查，要求他们对清单上的 22 种陈述进行反馈并打分，从"非常同意"到"非常不同意"。该调查包括三大板块。

在**情绪耗竭**板块，他们要打分的陈述包括，"作为孩子的父母，我现在处于幸存模式""早上起床，意识到这又是要面对孩子的一天时，我在开始行动前就感到疲倦不堪了""扮演父母的角色这件事已经将我完全拖垮了"，以及"为了扮演好父母的角色，我用尽了我的全部资源"。

情绪距离板块的陈述包括，"我已经不能向我的孩子表达爱意了""有时候我觉得我是一台没有感情的育儿机器""孩子跟我说话的时候我并不会听"，以及"我只是在最低限度地为孩子付出而已"。

⊖　Mikolajczak, Moïra, Gross, James J., and Roskam, Isabelle. "Parental Burnout: What Is It, and Why Does It Matter?" *Clinical Psychological Science*, August 2019.

⊖　Roskam, Isabelle, Raes, Marie-Emilie, and Mikolajczak, Moïra. "Exhausted Parents: Development and Preliminary Validation of the Parental Burnout Inventory." *Frontiers of Psychology*, February 2017.

个人成就感板块的陈述有，"我通常可以理解我孩子的感受""我能有效地帮孩子解决问题""作为父母，我认为我对孩子有积极的影响""我通常能够为孩子创造一个放松的环境"，以及"作为父母，我做了很多有价值的事情"。

父母倦怠，依严重程度可分为"正常""问题""障碍"三种（见表 2-1）。

表 2-1 你在经历父母倦怠吗

正　常	问　题	障　碍
你的孩子做了讨厌的事情时，你会生气、恼火，但你可以控制住自己的情绪	你很容易被你的孩子惹怒，而且会对他们大喊大叫，事后又很后悔	作为父母，你毫无来由地感到愤怒和不满，并会因此在言语和肢体上虐待你的孩子
多数情况下，你对自己的育儿技能感到自信	你觉得自己的育儿技能还可以，但不算很好	一天中有几次，你会这样想：**我不是个好的父母**；你对有关育儿的任何事都提不起兴趣
你感到和孩子亲近，很喜欢与他们共度时光，即使他们有时会难以管束	你有时觉得和孩子挺亲近，但频率没有那么高，有时你只是在走过场	你非常疲惫，并因要为孩子所做的一切而感到愤怒；看着你的孩子时，你不再感受到曾经的那份亲近

可以想象哪些"非常同意"的回答意味着倦怠。当然，倦怠症状的严重程度和波动情况有不同的等级。一些父母可能在星期日晚上对情绪耗竭或情绪距离的那些陈述感到非常同意，但能量在星期三有所恢复，整个人就阳光了许多。或者他们在育儿成就的问卷上写下积极的回答之后，倦怠感和冷漠感便有所减轻。该研究的被试中，只有一少部分在父母忽视、暴力和逃避意念等方面存在高风险。米科拉伊扎克及其团队发现，12 人中有

1 人，也就是大约 8% 的被试，正在经历父母倦怠。根据他们的文献综述，保守估计全美国的父母倦怠比例为 5%。也就是说，有 350 万名美国父母正处于倦怠状态。

"在目前的文化环境下，为人父母的压力非常大，"米科拉伊扎克表示，"但完美父母是不存在的，试图成为完美父母会导致倦怠。我们的研究显示，任何能够帮助父母充电、避免倦怠的事情，对孩子都有好处。"

这支比利时团队在一项后续研究中与斯坦福大学（Stanford University）的一些科学家合作，设计了一套新的问卷，让被试对有关工作与家庭生活的平衡问题的陈述做出同意或不同意的回答。⊖问题包括"调和家庭生活与职业生活，对我而言很容易""虽然我肩负着育儿的责任，但我也能够轻松地为自己安排一些属于我个人的时间"等。研究者得出的结论是，享有应对倦怠的资源的父母，是受到了相应的保护的。

父母倦怠的风险因素包括完美主义、过度承诺、作为父母的不安全感和无力感、作为全职监护人的孤立感等，而我们都是这些因素的易感人群。通过自我脚手架的建立——时间结构合理可行，适当休息，寻求伴侣和专业人士的支持，肯定自己的努力而不苛责结果，你就可以避免倦怠，享受当下，情绪稳定，内心强大，从而能够为孩子建起脚手架。

未能建设好自我脚手架的表现

- 把孩子打扮得漂漂亮亮，自己却穿得像个着火的垃圾桶。
- 给孩子吃的东西比给自己吃的好。
- 放弃自己每年例行的体检，或在生病时没时间去看医生。
- 睡眠不足，靠咖啡吊着精神。
- 对你自己的精神健康问题视而不见。

⊖　Mikolajczak, Moïra, and Roskam, Isabelle. "A Theoretical and Clinical Framework for Parental Burnout: The Balance Between Risk and Resources." *Frontiers in Psychology*, June 2018.

勿急他人之难

埃马努埃莱博士曾有一名患者，一名13岁的女孩，就叫她萨拉吧。她把她不友爱、成绩差、没争取到学校戏剧中的角色等问题全部归咎于她的妈妈。她的口头语是"全都怪她"。

她的母亲，叫她丽贝卡好了，放弃了律政生涯，选择在家全职照顾这个晚年得来的女儿。在一次全家共同参与的治疗中，萨拉差点就要用手指着她的妈妈说"我控诉"了。

"你说得对，"丽贝卡表示赞同，"我把你的时间安排得太满了，也有些揠苗助长了。我应该早点为你请数学家教，也该多陪你为戏剧试演彩排几次。"

看到事情发展成这个样子，埃马努埃莱博士叫丽贝卡来进行一次单独的约谈，告诉她她和萨拉都需要为自己的行动和行为负责。丽贝卡似乎认为，作为母亲，她有义务为萨拉的问题自责，接受萨拉的攻击性行为，并为萨拉的不悦而感到愧疚，而这些全都比放弃职业生涯的后悔来得重要，即使所有的放弃只换来了一个此时此刻毫无感恩之心的孩子。

如果你放任你的孩子、伴侣、父母、朋友乃至互联网朝你的脚手架扔砖块的话，那么脚手架肯定会变得脆弱。

当丽贝卡全盘接受萨拉的指责时，她就被那些指责击垮了。为了解决这个问题，埃马努埃莱博士训练她这样说："萨拉，你有责任完成你的作业。如果你没能完成，那么这是你的错。"随着丽贝卡不再为女儿的种种问题揽责，她感受到了作为母亲的力量，也体会到了自己有能力通过脚手架来引导孩子为自己负责。

埃马努埃莱博士说："自我关照的一个部分是，不要替他人收拾烂摊子。"

指责和侮辱，当你把它们全揽在自己身上时，才是最具杀伤力的。在世界范围内的"年度完美父母"竞赛中，我们全是输家。没有人是完美的，我们也无须力求完美。要记得脚手架的鼓励原则，提醒自己看到我们为家庭所付出的努力。成为你孩子的榜样，掌控自己的感受、行动和行为，让他们看到为自己负责的、自豪的、有责任感的你，并鼓励他们像你一样做。

加强自我关照

如果你身患重病，遭遇精神健康危机，经济状况恶化，或在经历痛苦的离婚，你会发现建立自我脚手架格外困难。当上述情况发生时，你必须放弃任何"我能行"之类的念头。你要做的是召集你的家人和朋友，寻求尽量多的帮助。

我常说，育儿是一场马拉松，但感觉上却像短跑。就算你不堪重负、日夜不停地狂奔，还是要做长远的打算。如果一位身患疾病的母亲一边接受治疗一边让渡一些母亲的责任，那么她做得很对，因为她的这种做法能够为她和孩子的生活提供持续的保障。

我们有一名患者，就叫他雅各布吧。青春期的他因焦虑障碍来向我们求助。他的家庭环境就好像是八点档的设定。他的父亲惨死于车祸，留下了经济状况捉襟见肘的母子三人——母亲、雅各布和他的妹妹。为了维持生计，他们的母亲做了两份工作。随后，她被诊断患上了乳腺癌。

然而，这位母亲依然每天花大量时间拼命工作，只在周末或工作间隙接受乳腺治疗。雅各布接过了照顾妹妹的任务，两个孩子因母亲的健康状况和家庭的生存现状而惶惶不可终日。在治疗中，雅各布谈得最多的就是他对母亲的思念，以及母亲在他成长中的缺席所带来的漂泊无依的感受。他说，"哪怕她在，她也还是不在"。真是让人心碎。他已经失去了父亲，他需要和唯一的母亲建立起情感上和身体上的联结，可是母亲却在与可能致命的病魔做斗争。

对雅各布来说，表达感受非常重要。他的治疗师就此训练他，教他对妈妈说："你不必做这么多工作。你需要慢下来。"他妈妈陷入了一种"我得不断给予、给予、给予"的模式，但雅各布非常勇敢地说了出来："我们所需要的给予是你和我们待在一起。把你的能量放在我们身上吧。"没有明说但暗示出的部分是："趁你还能这样做的时候。"

他的妈妈承认了自己的回避行为，即不间断的工作让她不必去思考自己的现状。在朋友和家人的支持下，她适当减少了工作时间，花更多的时间陪伴孩子，这大大安慰了孩子们的心。一位女性亲戚前来帮忙做家务、开车和购物。孩子们的学校发起众筹，帮助他们缓解开销压力。休息得多了，妈妈对治疗的态度也有所缓和。一家三口花了很多时间窝在妈妈的床上看电视和聊天，这让他们之间的联结重新紧密了起来，也缓解了雅各布的焦虑。

这位母亲的困境是一个极端的例子，但是任何父母一旦忽视自我关照，就会间接地伤害到孩子。一定要记得练习自我关照，即使是在非常困难的时期，在你觉得只有忽略自己的感受才能照顾好孩子的时候。

有其父母，必有其子女

从基因上来讲，精神障碍的确具有遗传性。一位焦虑的父亲可能会发现他的孩子因焦虑而需要帮助，但他自己则不为自己的焦虑寻求帮助，因为他自信能够"应付得了"。这种信念为孩子提供了回避和缺乏自我觉知的示范。在治疗中我常常看到，焦虑的孩子非常关注他的父亲或母亲亟待处理的焦虑状态，而忽略了他自己的焦虑，这对治疗是不利的。

如果父母双方中有一个人焦虑，而另一个不焦虑，孩子的到来会加剧焦虑方的焦虑症状，如果孩子也有焦虑障碍的话，父母中焦虑方的焦虑症状只会变得更为严重。焦虑的妈妈和不焦虑的爸爸（一个理解孩子的问题，而另一个固执地认为"长大了就没事了"）之间缺乏沟通，造成父母间关系紧张，从而也会在不知不觉间对孩子造成影响。

没有焦虑障碍的父母往往倾向于不去和亲友谈起孩子的焦虑。我建议父母和孩子分享自己小时候的焦虑经历。开诚布公地就焦虑的现实展开交流，是你和孩子练习自我关照的方式之一。结实的脚手架不是搭建在压抑的情绪之上的。外面的世界对精神健康的污名说法已经很多了。在家里，我们就要对焦虑进行去污名化。以家人的身份，一起讨论孩子的焦虑、孤独症和抑郁吧。

对于一些父母来说，仅仅在家讨论他们自己和孩子的精神健康问题是不够的。加入团体可以在一定程度上缓解大家相似的压力。自我关照的方式也可以包括寻求团体支持，在团体中发发牢骚，说说养育一个饱受焦虑困扰的孩子有多么困难。从其他父母那里获得同感的反馈，可以帮助缓解你自己的焦虑。

所有感受

莉萨，也就是我在本章开头提到的那位因学校作业而对儿子马克斯的老师大发脾气的母亲，在我们的谈话中承认了一件事，而她本人对此大为震惊："我其实是在生马克斯的气。他到最后一刻才让我知道，而且这已经不是他第一次拿事情突袭我了。有时候我儿子真的是……真的是个……是个……大混球！"

每个做父母的人都有过这样的时刻。总是有父母给我讲述他们怒气失控并向他人大发脾气的经历，但当我问他们"你是在生你孩子的气吗"的时候，他们总是害怕承认。我认为，承认孩子激怒了你没有任何不对。如果他做了错事，你的确该生气，但你应该**用冷静的语气**对孩子说："你这样做我真的很生气……"，然后具体说明是什么行为或行动惹怒了你。

我觉得父母偶尔认为自己的孩子是混球，没什么大不了。当然了，除了对自己的伴侣和治疗师之外，父母不应该把这个想法说出来。私下里，你可以承认这种矛盾心理的存在，有时候你就是不想跟孩子待在一起，你也不是每时每刻都享受和他们待在一起的时光。他们是会惹你生气的，他们是会讨人厌的。只要承认，你就会得到解脱，不再因这些完全合理的感受而感到愧疚。在治疗中，我特别乐于听到父母们讲："你知道吗，我爱我的孩子，但是老天哪，她为啥就是不睡觉？没人比她更不爱睡觉了！我要疯了！"

自我关照的基础是自我觉知。你一般不会想到要问一问："等等，我现在过得怎么样？"如果你的孩子很小、生活混乱，就更是如此。反思一下，你会发现，做父母和你想象的并不一样，你的孩子可能是个小混蛋，他也可能觉得你是个混蛋。这些感受显得特别沉重、特别恐怖，所以人们会逃避。他们会去忙别的事情，避免想到这些，但是只要他们承认和接受这些想法，他们就会感觉舒服一些。

于是，在承认了她是对儿子生气而迁怒于老师这件事之后，莉萨长舒了一口气，说："真相水落石出了。"

"感觉好多了吧。"我说。

的确如此，而且向老师道歉后莉萨感觉更好了。

几周后，学校开了家长会。所有鲁布·戈德堡机械都被展出了。据莉萨说，马克斯的是全班最差的——虽然他很可能是仅有的几名主要靠自己完成这项作业的学生之一！莉萨承认这些事实时心中没有任何纠结和后悔。这份作业可能摇摇欲坠，但莉萨的脚手架则结实多了。

"但是我看着我们用纸板和透明胶做成的糟烂作业时，我很骄傲，因为虽然发生了各种事情，但我们解决了问题，"莉萨说，"这件事让我们明白一个行动如何引发一个又一个别的行动。我和马克斯都汲取了教训，虽然学习的过程出乎意料。如果遭遇倦怠，你就会大发脾气，而这会引发愧疚和悔恨。我记住了。现在，我会努力避免倦怠，这样我和马克斯就能共同成长了。"

钉牢横板

自我关照，意味着利用脚手架横板，让自己在为人父母一事上感到更强、更好。

耐心

▫ 不要像催命一样逼迫自己和孩子在生活中前进，慢下来。制订一份可持续的时间表。或许可以取消一些事。适当休息、放松、恢复状态，每天 5 分钟也会创造奇迹。

温暖

▫ 原谅自己是一个不完美的人，你为自己和家人所做的一切，使你值得沐浴在自爱和自我鼓励之中。

觉察

▫ 每天都反思一下，问问自己："我头脑中在想些什么？是什么事让我紧张？有什么感受或想法是我正在经历却没有承认的？有哪些因素让我不能好好关注自己？我要做些什么才能让自己感觉好一些或更适应现状？"

监督

▫ 每天查看一下你的手机使用情况，不要让屏幕使用时间侵占你独处、约会、亲近自然、发挥创造力或自我反思的时间。

3

第 3 章

绘制育儿新蓝图
升级教养风格和目标

　　建筑学中的蓝图是一种技术图纸，是一个建筑体的设计计划。它显示了墙壁、门窗、水电系统的位置。任何建筑项目都是由蓝图开始的。没有蓝图，建筑是不可能建起来的。如果要进入一座没有一幅好的蓝图而建起的楼房，多数人都会变得非常警惕。

　　第 1 章的"脚手架的架设策略"中已经提到，我们的大脑就是我们行为的蓝图，它是经由几百万年的进化历程绘制而成的。但是，这幅蓝图中的一些部分已经过时了，对于现代生活并没有什么意义。我们住在别墅或公寓中，而我们的大脑蓝图是为远古的洞穴生活绘制的，洞穴的坚硬墙壁将我们的情绪封闭了起来。

　　要为当今的父母建起一座脚手架，我们必须废弃老旧过时的蓝图，并绘制一幅新蓝图。这幅新蓝图所包含的计划是现代的、开放的，它不那么封闭，有充足的空间以供增补。

克莱尔养育她的"人形龙卷风"儿子丹尼尔时遇到了困难。这个 7 岁的小男孩，只要进入一个房间 5 分钟，就会打碎或弄洒某样东西。克莱尔养成了跟在儿子后面的习惯，警告他慢一点、小心点。如果他闯了大祸，她就对他大喊大叫，然后叫他面壁思过，有时他也同意这样做。"他打碎东西和疯跑好像就是为了气我。"她这样说道。她只看到了他造成的破坏，只记住了他的不服管教。"我儿子就爱让我难受，我也已经濒临崩溃了。我已经受够了为他的坏行为到处跟人道歉。我最怕的事情是他会一直这样下去。"

虽然克莱尔自己还没有意识到，但她的教养风格源于两种遗传而来的本能。这两种本能都是我们人类大脑的"出厂设置"，它们对于人类物种的延续而言曾是必需的，但是对于我们如今养育独立、自信的孩子的目标而言，就没什么效果了。

这两种需要重大更新升级的本能是消极追踪和确认偏误。

消极追踪，也就是只注意到"出错"的事情。 警觉地扫视四周，提防危险的习惯，长久以来保障了我们物种的生存和延续，同时也维持着社会关系的紧密团结。但不幸的是，对于积极行为的塑造和亲密联结的形成而言，只关注消极面的习惯是无效的。只看到消极的一面，对于好行为的培养并没有益处。如果你总是紧盯着孩子不该做的事，你并不是在教他们该做什么。例如，克莱尔如激光聚焦一般关注着丹尼尔的问题行为，于是她就看不到他儿子身上的优点了。

确认偏误，也就是相信你永远是"对"的。 我们有一种使用（并扭曲）信息来确认自己观点的倾向，这种倾向会导致对"坏"孩子"一语成谶"，并且让那些艰难地为了达到父母过高期望而努力的"好"孩子感到焦虑。有确认偏误的父母容易给他们的孩子贴上标签，例如"明星""捣蛋鬼"，然后紧抓住这些标签不放，就算孩子出现了相反的表现他们也视而不见。丹尼尔只有 7 岁，而克莱尔已经确定，她会在余生中一直受他折磨。

要建立一座强有力的脚手架，培养孩子的自信，增强亲子间的情感联结，父母就得扔掉弊病百出的旧蓝图，绘制一幅有成长余地并能避免焦虑的新蓝图。

只注意到出错的事情

我们在所有教养行为训练之初都会介绍一些核心概念，消极追踪就是其中之一。在人类早期，我们处于一种追求生命存续的文化，今天不知道明天的食物在哪里。那时，父母的思维容量只够在孩子有危险或对别人构成危险时注意到他们。然而这样的程序设定，对于现代亲子关系的培养是不利的。

讲授这门课程时，我给听课的各位父母看了一张照片，上面约有 20 名孩子在操场上活动。这些父母无一例外地注意到了挖鼻屎的孩子、哭闹的孩子和正准备打人的孩子。他们没有看到那些友好地相互分享的孩子、独自开心玩耍的孩子和邀请小朋友一起玩耍的孩子。

于是，父母经常会问，难道应该只关注积极的方面，而假装不好的行为没有发生吗？不是的。结实的脚手架并非建立于棉花糖和白日梦之上。新的蓝图是要去注意到**全部**行为，包括消极的和积极的，而不只是消极的。"文献表明，如果把**更高比例**的注意力用于关注孩子的积极行为（与你现在抓住不放的消极行为刚好相反），你就会看到更多你希望看到的东西。"儿童心理研究所的临床心理学家大卫·安德森（David Anderson）这样说道，"举例来说，最近有位母亲找到我们，说'我女儿总是用手抓饭吃'。作为一位认真负责的母亲，她告诉女儿不要这样做。我叫她改变一下方法，首先想一想消极行为的反面，也就是好好用餐具吃饭，然后追踪一下她女儿这样做的频率有多高。"

在克莱尔的案例中，她可以想一想丹尼尔弄洒东西的反面是什么，那就是喝完一杯果汁，一滴都没有洒。一旦你在脑海中想着这些相反的行为，你就可以转换思路去关注它们，并且在孩子做出这些积极行为时予以表扬。降低孩子一夜起来无数次时你的怒气值，提高他乖乖睡觉时你的欣赏值。

在实际操作中，可以维持表扬和批评之间的比例大约为 3∶1。如果你已经习惯只关注消极方面，这个比例就很难达到，但是为了长期受益，咬咬牙还是很值得的。"亲子关系是基础，行为管理建立于亲子关系之上。当孩子取得成功时，请表扬他，减少对消极行为的责备和关注。亲子关系将会更加强韧和温暖，长此以往你也将看到真正的行为改变。"安德森博士说。

超量学习，何时都不晚

在你的旧有习惯和本能反应如此根深蒂固的情况下，究竟要怎样绘制新蓝图，以保障上述 3∶1 的比例呢？

方法是**超量学习**。类似于篮球运动员反复练习三分投篮，练习几千次。在比赛中，我方运动员在对方运动员的防守之下投篮时，技术可能由于压力有所波动，但投进的概率还是更大，因为曾经超量练习过。

在你着手绘制新蓝图的前两三个月，你要以**高于** 3∶1 的练习比例超量学习以表扬积极行为代替批评消极行为的方法。这需要思维训练，但对于疲于奔命的父母来讲，思维训练的要求似乎太高了。不过如果你能拿出一点时间照做，那么你就会发现孩子的行为改变了。如果行为的改变保持了几个月，那就说明你找到了完美的发力点。就算你的新技能随着时间的推移而有所波动（这很有可能），你对新策略的运用也比以前消极偏激的老蓝图时期好多了。

超量学习的美妙之处在于，在你练习新技能（关注各种行为，并努力针对其中好的行为提出表扬）的同时，孩子也在改善他的行为。你们都在为你们之间的关系和彼此理解的方式绘制新的蓝图。"父母告诉我，超量学习强迫他们把这项技能保持住。他们中甚至有一些会在脑海中听见我对他们说，'相反的积极行为是什么'，还有'孩子努力了，表扬他'。"安德森博士说。

请超量表扬孩子吧，无论你自己觉得那些赞美听起来多么言不由衷。如果你的孩子不再用手抓东西吃了，一点点尴尬又算得了什么呢？有位母亲告诉我，为了避免尴尬，她会在表扬的话前面加上一个"哥们儿"。"不知道怎么回事，加上这个称呼，表扬就没那么难以说出口了。我会说，'哥们儿，谢谢你没有让零食从碗里掉出来啊。哥们儿，谢谢你对妹妹这么有礼貌啊'。"她说，"在别的语境下，说'哥们儿'这个词挺尴尬的。但是在这个情况下，它能帮我表达赞赏。"

对你有用就行，哥们儿。

追踪一切

用两周的时间玩个小游戏，假装你的孩子是你的实验对象，而你是实验室里拿着文件夹板的科学家。选择某一项问题行为来研究，并开始收集数据。因为孩子睡觉的问题常常困扰各位父母，所以我们就拿它来举例吧。每天晚上都数一数孩子下床了几次，并记录每次都因为什么下床。记录下你的反应，也要记下他**没有**下床的夜晚。

父母总是容易记住每周孩子打破就寝规则的两天，尤其是在因此引发了长达一小时的"谁应该听谁的"的争吵的情况下。他们会忘记孩子乖乖上床睡觉的三晚，或者稍作抱怨但还是很快就躺下睡了的两晚。

如果数据显示多数时候孩子的表现都很好，那么到了睡觉时间你可能就会放松下来了，而不是进入让所有人剑拔弩张的三级戒备状态。有了数据，你就可以在你的夹板笔记或平板电脑上看到：有两天晚上孩子没有好好睡觉，你训斥了他一次，另一次则控制住了自己的情绪。下周，你就可以努力减少"失控"的次数。在孩子迅速睡下的两晚中，他先在床上看了会儿书。下周，你就应该超量表达你多么喜欢你的孩子读书。

如果你追踪你自己和孩子，并利用这些数据学习哪些做法管用，哪些不管用，难缠的夜晚将变少，频率也会降低，时长也将减少。实实在在的证据将告诉你，让你失控的原因不一定是你的孩子。于是你会开始思考更好的应对方式。无论数据收集的对象是上床时间、玩乐时间还是家庭作业，它都能够让你和孩子关注到哪些情况进行得顺利，哪些不顺利，以及如何利用该信息造福大家。

在家里不要这样做

贬低你的孩子。

消极偏见的一个产物是，认为羞辱或嘲讽孩子能够有效地教导他该做什么。这完全错误。近期加拿大一项针对 1400 名 13～15 岁青少年的研究发现：在家里被阴阳怪气的父母霸凌的孩子，更有可能在学校被同学霸凌。[⊖]父母对孩子的嘲讽，会造成孩子对怒气产生两种错误的反应——勃然大怒、充满敌意和对他人的嘲讽过于宽容。勃然大怒、充满敌意的孩子显然不容易交到朋友。因为习惯父母的嘲讽而对同龄人的嘲讽过于宽容，对于孩子的交友而言也不是好事。

我记得，在我的儿子小时候，我曾在一场棒球赛上看到，一位父亲站在场边大声辱骂他儿子的运动能力。每当他的儿子跑向一垒的时候，这位父亲都会叫喊："你只能跑这么快吗？快点！"当他儿子被换下场时，他无情地嘲笑他。这样的嘲讽持续了整场比赛，旁观者看着都很难受。那位父亲心里可

⊖ Dickson, D. J., Laursen, B., V des, O., et al. "Derisive Parenting Fosters Dysregulated Anger in Adolescent Children and Subsequent Difficulties with Peers." *Journal of Youth and Adolescence*, 2019.

能认为，他的做法会激励他的儿子更努力地比赛。然而研究表明，父母的冷嘲热讽对孩子自我概念的形成有害。[一]自我认知的扭曲会导致长期的抑郁和焦虑。预防青少年焦虑和抑郁最简单的方法，就是**不要**在家里给他们罪受。

羞辱法会强化消极行为，虽然有些父母似乎认为它强化的是积极行为。最近我看到一则新闻，说的是一位父亲发布了他儿子因被发现在车上欺负别人受罚而在 1 周内跑步上学的视频。这位父亲因为儿子羞辱、霸凌同龄人而羞辱、霸凌儿子，这是一个负反馈的恶性循环。

为了善良的目的，永远不要采用残忍的手段，而要使用善良的手段。用温暖培育孩子的自信。

孩子也有消极偏见

如果你给一群青春期的孩子看一张 20 位父母待在一间房间里的照片，并要求他们指出自己看到了什么，他们会无一例外地指出向孩子大喊大叫的父亲、沮丧地甩着手的母亲。他们未必会注意到耐心帮儿子做作业的母亲，或者以尊重的态度听女儿倾吐烦恼的父亲。每个人的大脑中生来就有一幅识别攻击性、伤害性行为的蓝图，但如果你总是对消极行为有所反应，孩子就会在与你的互动中强化其消极偏见。如果孩子想要获得关注，他就会做一些他知道你一定会关注的事情，即做坏事。不断触碰你的警戒线的青少年，其实是在设法吸引你的注意。如果最后你们之间爆发了一场恶战，那他正好就不用做作业了。

在治疗和讲座中，当我们指出这一动态系统时，房间就会变得非常安静。

○ Storch, Eric A., et al. "The Measure and Impact of Childhood Teasing in a Sample of Young Adults." *Journal of Anxiety Disorders*, 2004.

有一个 13 岁的男孩特别讨厌做作业，我将称他为斯蒂芬。他父亲迈克尔告诉治疗师，每天晚上，父子俩都会因为作业大战一场。迈克尔会在晚饭后叫斯蒂芬坐下，打开书本，开始写作业。斯蒂芬则会拿起零食，又去卫生间，然后上网"查找"些什么东西，与此同时他父亲的火气逐渐上升。最后迈克尔忍无可忍，就会骂斯蒂芬拖延。斯蒂芬则以迈克尔使他分心、不是个好父亲、故意捣乱为由反击。这些都只是开始。

父子俩被困在这个模式里，因为他们都在使用消极的蓝图。不仅如此，孩子作业也没怎么写。

如果青春期的孩子通过挑战你的底线来获取你的注意，那么你就不能报之以注意。不能给他逃避写作业的机会，如果他总在逃避，那就尤其不能给他机会。如果一个青春期的孩子恰好就在他该写作业的时候对你说了挑衅的话，别上当。你可以这样说："你这样对我说话是不对的，但我很高兴你的作业已经做完一半了。"

新蓝图多久会见成效

问：如果你于今天丢掉消极偏见蓝图，你孩子的行为多久后会改变？

答：**3 个月**。

我希望这个时间可以更短一些，但是对于一种新的行为的确立和常规化来说，是存在时间上的延迟的，但你仍然可以在此过程中看到一些令人振奋的信号：

- 到了第 2 周，你已经逐渐跨越了抗拒转换消极偏见的阶段。
- 第 4 周，通过超量学习，你对正确行为提出表扬的比例已经提高到一定程度，并能够反映在孩子的行为上。
- 第 6 周，在目标行为方面，孩子会有持续性的进步。

- 第 8 周，你已经习惯孩子做出的积极行为多于消极行为了。（此时，我们患者的父母就会开始询问咨询师："你还有什么别的秘诀传授给我吗？"）
- 第 12 周，新的行为（包括你的和孩子的行为）已经建立起来并巩固完成了。

有严重临床障碍的孩子，可能需要 4 ～ 5 个月的时间去改掉坏习惯。对于非常典型的孩子，则可能 8 周就完成了。但如果你坚持这一策略足够久，并看到了改变，那么这项改变基本上是会保持住的。根据研究和我的个人经验，此类干预的持续性是稳定的。用 3 个月的时间巩固积极的强化，孩子的好行为在 6 个月、1 年、3 年后会依旧显著。到达 3 个月的里程碑之前，你可能会感到路漫漫其修远兮。然而一旦你完成并巩固了这项改变，无偏见的追踪和好的行为就会成为新的常规。

为孩子搭建相反行为的脚手架

结构。引导自己的头脑去关注孩子的一切，而不是只关注消极的方面。只有当你能够看见他行为的整体性时，你才会更好地理解需要改变的是什么。

支持。为孩子提供改变行为所需的一切信息，说出你对他好行为的欣赏，将对好行为的表扬和对坏行为的批评之间的比例保持在 3 ∶ 1 及以上。

鼓励。如何鼓励孩子，就如何鼓励自己。要根除发自本能的行为，就需要大量的思维训练，为自己付出的努力叫好吧。

时刻"正确"判断你的孩子

我和我的妻子琳达有 3 个儿子，每个孩子之间相差 2 岁半，长得都挺像，也都是在同一栋房子里养大的，读一样的学校。然而他们个性迥异，有着不同的气质和不同的优缺点。

乔舒亚，我们的长子，从 7 岁起就是一个能言善辩的聪明孩子。他二年级时有一次我们开车出门办事，在车上收听了美国国家公共电台的一档有关社会焦虑的节目。到家停车时他说："别熄火，我想听完这个节目。"

于是我们把车停在路边，坐在车里听完了节目。然后他说："爸爸，你没有真正理解他们在说什么。你和亚当（我们的二儿子）和别人说话的时候，都是不假思索地说。而妈妈和我，我们都要先想好了再说话。"

他在这么小的年纪就有了如此程度的自我觉知，这让我感到骄傲。而且他说的完全正确。乔舒亚和他母亲都是那种人，走进一间房间时就会想，要和我讲话的人是谁？而亚当和我走进一间房间时，我们扫视人群，心里想的是，我要和谁讲话。

那天，乔舒亚让我了解到了他是什么样的人。我倾听他、相信他，从而为他搭建起了脚手架。我没有像很多父母面临孩子提出的某种焦虑时一样说："放松下来，做自己，没事的。"如果真的要给孩子做自己的自由，那么作为父母就不该忽略他的焦虑。随着孩子认识到自己是什么样的人，父母的脚手架也相应地在孩子的建筑周围逐渐成形。脚手架不会根据父母对孩子的认识而对建筑加以限制或挤压。

确认偏误通常是在政治语境下被提到，有关意识形态回音室、人们生活在"透明罩子"之中等。你所相信的事物被你的脸书推送、新闻客户端和生活区域里的 500 个人确认。你对孩子可能也采取了"透明罩子"式的思维方式。你可能下意识地就为孩子绘制了蓝图，基于诸如他 2 岁时的人格、你的人格、你想让他成为怎样的人等因素。这幅幻想的蓝图一旦趋于干涸，修改或重绘将会异常困难。每当我听见像克莱尔这样的父母说"丹尼尔是个捣蛋鬼"的时候，我的脑海中就会警惕起来。克莱尔认为她对她儿子的判断是百分之百正确的，而她的这种自以为"正确"的信念是无可动摇的。无论丹尼尔做什么，克莱尔都会将其"纳入"到她既有的观点之中，从而获得确认。

我已经数不清有多少次，父母带着孩子来做评估，他们说："我不知道发生了什么。莉莉一直是个开心的孩子啊。"并不是说莉莉从来没开心过。或许当她还在学步时，她很开心。但是她在长大，她的大脑已经发生了变化。不同的激素被激活，生活不断前进。如果一个孩子的焦虑或抑郁已经严重到了让他来见我，那么他显然不是**一直**开心的。可是，当父母看到孩子真实的样子与自己幻想的版本之间有如此巨大的差异时，他们真的非常痛苦。

确认偏误是一个危险的教养盲区。如果你总是认为你对孩子的判断是"正确"的，那么你可能就会错误地处理那些需要建立脚手架来处理的问题。如果你坚持认为孩子不是他自己所说的那样（"放松就好了，你会好起来的"），亲子关系也会因此遭到破坏。如果你不倾听，不从你的透明罩子里出来，你就是在告诉孩子不要向你寻求帮助。

相信当下

打个比方，假如你的孩子连续两次数学考试不及格，而在接下来的两次数学考试中，如果他都考到了 A，这是否足以改变你的观点，让你不再认为他数学不好呢？

可能并不会，虽然按理来说你的观点应该改变了。首先，你的大脑蓝图让你预测和寻找问题（消极偏见），然后你搜寻信息以确认该消极印象。观点一旦形成，再要去改变它就需要大量的反面证据。人性如此，当任何人试图做些不同的事或成为不同的人时，我们都要经历一段艰难的时期去重新解读他们的行为方式。

如果你已经认为"我家小孩数学很差"，你就会对数学这个学科感到焦虑，并预测孩子会学不好。即使孩子考好了，你可能还是无法放下你的焦虑。因为一次考试失利，就为一个数学还不错的孩子请一个昂贵的家教，这是脚手架过度建设的一个例子。换句话说，父母做得太多了，而此时本来什么都不做就可以促进孩子的成长，培养孩子的力量。

有一个男孩，我将称他为维克托，他上初中时不认真学习，并且毫不讳言他对学校和老师们的鄙视。他的父母仅仅是在早上把他弄出家门都很困难，要生拉硬拽才能把他塞上公交车，而他还会故意错过公交车。家里为了让他能按时上学，花了不少钱在网约车上。

不知为何，维克托顺利地从初中毕业了。然后到了高中，事情发生了突变。在新老师的启发下，维克托开始用心学习，并且想要按时上学。开始积极参与后，他交到了朋友，并感受到了良性的同辈压力——要好好学习，加入社团。除此之外，他有了强烈的成就动机，并向自己施压。

维克托的父母花了很长时间去相信他改变了。在他高一这一年，他们还是每天早上对他大喊大叫，叫他不要迟到。他们好像并没有发现，他一次都没有错过公交车了。每晚他们也依然就作业的事对他唠唠叨叨，尽管他已经成了一个有内在动力去主动完成作业的学生。到了高二，他们承认了他表现良好，但他们还是整天担心他会从对学业成就的"蜜月期"滑落回以前的状态。维克托的妈妈认为他这两年假装好好学习是为了从他们那里"得到些什么"，而不是他真的改过自新了。他们总是觉得他会再次变回那个他们"了解"的孩子。

这个孩子战胜了他的父母的主观偏见（也就是他会永远是个懒惰的人），毕业时是班里的前几名，进入了顶尖的大学，找到了很好的工作，成了一个独立的成年人。但不幸的是，直到10年后的今天，他的父母依然担心他会变回原样，造成灾难性的后果。

维克托的父母不信任他，但他保持住了他的成功。要知道，他是个非常少见的个例。对于大多数家庭来说，**要想看到长期保持的改变，父母必须信任孩子**，这样才能强化好的改变，而不是固执地认为成功皆为侥幸。我们都有经验，成功并非一步登天。路上会有蜿蜒、停滞和后退，但如果孩子（和大人）感受到身边的人信任他们、支持他们，他们就会更快地恢复元气，重回赛道。

在家里这样做

表现出你的信任。

父母在发现改变的好苗头时，总是唯恐其不长久。这种担忧是很自然的，但是它又反映出缺乏基本信任，这对家庭关系而言并不健康。

信任需要时间。我明白，一路走来，你可能已经经历了太多破裂的承诺和破碎的希望。但作为父母，你对孩子的职责是，面对当下的他。想要保持住积极的势头，你能做的最明智的事就是去鼓励和支持他当下的好行为。倒退的可能性确实存在，当它发生的时候你可能还要好好应付。然而同时，你要充分地处在当下，对你眼前所见的状况做出反应。即使你不相信这改变是真的，你也要表现出相信的样子。

一名物质滥用的青春期少女的父亲对女儿的治疗师说："我为什么要努力？她骗了我这么多次。她说她会改，我们也都为此祈祷，但结果都是骗人的。"他没法让自己相信。

毫无疑问：人就是很难搞。人是复杂的，儿童和青少年并不总是会去做父母认为对他们有益的事，但如果孩子有机会去做，他们还是很可能会改变的。鼓励孩子不断努力，支持他，给他所需的资源，让他知道即使他失败了，你依然爱他。

一语成谶

如果一个孩子总是被说成是一个捣蛋鬼、坏学生、懒虫，最后他可能就会觉得，"我可能真的不行"。

　　我的专业是研究儿童和青少年 ADHD。即使这是一种根源于大脑的精神健康障碍，这些孩子还是从小就被告知，他们的问题不是生物层面上的，只是他们还不够努力。如果他们到了小学高年级还没有接受治疗，这些孩子就会开始相信他们确实懒惰、难搞，不是学习的料，并根据这些自我认知做出相应的行为。

　　偏见在孩子身上成了谶语。即使患有 ADHD 的孩子接受了有效的治疗（使他们能够集中注意的多种支持，可能包括导师、治疗师和药物治疗），而且他们的父母和老师看到并承认了治疗所带来的进步，孩子也还是会说，"我太拖延了""我太懒了"。有点可悲，外在和内在的偏见都很难克服。

　　偏见会影响你如何对待孩子，好的方面和坏的方面都是如此。这个现象叫作皮格马利翁效应（the Pygmalion effect），早在 1964 年就被哈佛大学（Harvard University）的罗伯特·罗森塔尔（Robert Rosenthal）教授证实了。他以旧金山的小学生及其教师为对象，做了一个神奇的实验。[⊖]他创作了一项假的智商测验，盖上哈佛大学的印章，通知各位老师这项测验能够预测学业成就，并让 18 个班级的学生做了这项测验。他完全随机地选取了 20% 的学生，告诉老师这些学生的智商会"爆棚"。在接下来的 2 年中，罗森塔尔博士追踪了该批学生的真实智商。与未被预言的 80% 相比，"爆棚生"的得分遥遥领先。罗森塔尔博士对此的解释是，老师在被选中的孩子身上花费了更多时间，给予了他们更多的关注和鼓励，这些都转化成了智商的提高。期望变成了现实。

　　要进一步证实这一点，你只需回忆一下自己的过去。你的父母和老师对于你曾有哪些信念，是你整个童年、青少年乃至到了成年时期都一直坚信不疑的？如果你没有背负他们的期待，你的人生会有怎样的不同？

　　记住，坚实的父母脚手架蓝图是一个"敞开式的计划"，向各种可能

　　⊖　Rosenthal, R., and Jacobson, L. *Pygmalion in the Classroom.* Holt, Rinehart and Winston, 1968.

性敞开，向新的信息敞开，向探索与发现敞开。它的设计兼顾灵活与力量，用最佳的方式支持孩子成为最好的自己。

克莱尔，"人形龙卷风"丹尼尔的母亲，在与孩子共处的每一分钟里都在观察他，等待他搞破坏。追踪到了消极的行为，她便感到心满意足，于是她错过了积极行为，并确信她的儿子永远不可能表现得"好"。克莱尔向儿子表达了这个观点，还整天在家人和朋友面前叫他"捣蛋鬼"。她简直像在向自己的社交圈寻求帮助，以进一步确认她的偏见，并且在他们见到丹尼尔的时候加强这一偏见。

为青少年设计敞开式脚手架计划

结构。在你的人生计划中，让自己成为孩子的情感支柱，这样，当他告诉你他是怎样的人以及他需要什么时，你才能够真正地倾听。

支持。接受孩子当下的样子，不要把你的期望强加给他，进而以适合此时此地的方式，用温暖和积极强化给予他支持。

鼓励。期望铸就现实，不要告诉孩子他做不成什么事。鼓励他尽最大努力，失败了也要继续前进。

在我解释了消极追踪和确认偏误正在破坏丹尼尔的积极行为改变后，克莱尔大惊失色。她的过度警觉和批评成了成真的谶语。出于对关注的需要，丹尼尔活成了他妈妈期望的样子。

在向克莱尔介绍欣赏积极行为的概念和追踪目标行为技巧的同时，我还建议她带丹尼尔做一下 ADHD 评估。"他的行为可能不是他自己的错。"我说。她从来没有想过，她家的问题儿童、捣蛋鬼丹尼尔，可能并不是为了试探她的耐心而故意捣乱的。她同意对他进行评估。

不是很意外地，我们诊断丹尼尔为重度 ADHD。像多数父母一样，听到这个诊断，克莱尔心情很复杂。一方面，医学专家判断她的孩子为不"正常"，这让她松了一口气；另一方面，她对供选择的治疗方案有所怀疑。从她在学校听说的和在新闻里看到的信息来看，美国小孩普遍会被医生过度处置，变成毫无活力的孩子。过度诊断[⊖]和过度用药[⊜]，在儿童心理学及精神病学领域都是被激烈争论的话题。但是这类讨论并不意味着有症状的孩子是在装病，或只需要"冷静下来"。

在丹尼尔的案例中，我所列出的治疗计划中明确包含了兴奋剂用药。对此，克莱尔提出要考虑一下。"我听过一些关于利他林（Ritalin）和阿德拉（Adderall）[⊜]的不好的信息。我要先自己查一查。"她说。

孩子捣蛋的严重程度，依孩子表现可分为"正常""问题""障碍"三种（见表 3-1）。

表 3-1　是捣蛋鬼还是 ADHD

正 常	问 题	障 碍
你的孩子很活跃，喜欢到处跑、爬上爬下和玩耍，但是当你告诉他该离开游乐场或换下一项安静的活动时，他也能够做到	你的孩子非常活跃，而且与其他任何活动相比，他更喜欢到处跑和爬上爬下。到了该离开游乐场的时候，他闹着不愿离开，过后还会继续生会儿气	你的孩子总犯无心的错误 他很容易分心 当有人面对面对他讲话时，他似乎并没有在听 遵照指示做事对他而言有困难 组织整理对他而言有困难 他回避或不喜欢持续地做事

⊖ Merten, Eva Charlotte, et al. "Overdiagnosis of Mental Disorders in Children and Adolescents (in the Developing World)." *Child and Adolescent Psychiatry and Mental Health*, 2017.

⊜ Sultan, Ryan S., et al. "National Patterns of Commonly Prescribed Psychotropic Medications to Young People." *Journal of Child and Adolescent Psychopharmacology*, 2018.

⊜ 利他林、阿德拉均为兴奋药。——译者注

（续）

正　常	问　题	障　碍
你的孩子好奇心旺盛，会问很多问题。他能够注意听你的回答	一顿时间比较长的晚餐对你的孩子来说有点难以坚持，或者他难以在大人讲话时注意倾听	他讲话过多，打断别人，或不假思索地回答别人
你的孩子在读书或玩拼图时能够在一段时间内专心致志，随后他可能感到厌烦，想做其他事	对于他不感兴趣的任何活动，他都没有耐心	他过度地跑动和攀爬 安静地玩对他而言有困难 他极其缺乏耐心 他总是一副"忙个不停"或"上了发条"的样子
你的孩子能够按照指示做事，能够看管好自己的东西	你的孩子难以在课堂上集中注意力，在感到无聊时还会破坏课堂	他健忘，总是丢东西 他坐不住，小动作很多或抖腿 待在同一个地方，或等待轮到他，对他而言有困难

虽然我认为谨慎考虑确有必要，但克莱尔对于给她儿子采取药物治疗的反感，恰恰体现了确认偏误在数字时代一个不可避免的方面：用谷歌和其他搜索引擎去强化那些对育儿选择有影响的偏见。

搜索偏差

从神经生物学的角度来讲，当你发现某个事物强化了你的世界观时，你大脑的奖赏中心就会发生一次多巴胺激增。得到这种确认的感觉很好，想要寻求更多次也是很自然的事情。然而如果不加约束，这种寻求会发展到类似上瘾的程度，难以改变。互联网上充斥着会强化你原来就相信的事物的东西，它们给你好的感觉，那么为什么还要去看其他的观点，让自己受到挑战呢？就连人们在搜索引擎中输入问题的方式都已经给出了答案，例如，"ADHD 是虚构出来的吗""疫苗会导致自闭症吗"。没有人会输入，"有关疫苗和自闭症之间的因果关系，最可靠的、有理论支撑的信息是什么"。

儿童和青少年精神病学与心理学领域中一个主要的难关，就是说服各位父母去关注科学证据，而不要听信来源不可靠的信息。疫苗与自闭症就是一个备受关注的领域。另一个领域是处方药的副作用，也就是"黑框警告"。父母可能听朋友或朋友的朋友讲过，或者听过一个故事，或者读过一篇文章，说到自杀的念头与抗抑郁药物之间有某种关联。我每天都会对父母讲起搜索偏差和信息误传。某项研究上了头条，父母就会开始担心对孩子的精神健康问题进行药物治疗是否会有问题，不管这个故事的可靠性如何，是如何被报道的。

不久前，大量媒体广泛地报道了一项研究，该研究称每五名患有抑郁症的被试中就有一名在使用抗抑郁药物进行治疗的情况下依然产生了自杀的念头。[○]我们的一些抑郁症病人的父母读到了该研究的标题，然后吓坏了。一名自身患有焦虑症的母亲说："我不敢治疗我的儿子了，因为可能发生不好的事。"这只是一项研究，一项有争议的研究。事实是，其他研究显示，当医生减少处方药物的用量时，自杀率上升了。[○]从我们的观点来看，父母应当害怕的是，如果他们不治疗他们的孩子，将会发生不好的事。

父母对用药或治疗的抗拒（很多父母惧怕治疗甚于孩子的障碍本身）源自社会对精神健康问题的污名化。他们可能在孩子或他们自己所接受过的

○ Madsen, T., B schøn, H. N., Uher, R., et al. "Trajectories of Suicidal Ideation During 12 Weeks of Escitalopram or Nortriptyline Antidepressant Treatment Among 811 Patients with Major Depressive Disorder." *The Journal of Clinical Psychiatry*, 2019.

○ Cuffe, Steven P. "Suicide and SSRI Medications in Children and Adolescents: An Update." *American Academy of Child and Adolescent Psychology*, 2007.

干预中获得过不好的体验。他们中有许多人不会使用健康关爱系统，无法获得所需的资源和关注。在儿童心理研究所，我们的任务是教育（在一些情况下是再教育）父母，让他们了解治疗的目标。信息误传会加剧我们所治疗的焦虑和其他障碍。证据显示，药物干预对焦虑或抑郁的孩子有好处。我们密切监督病人，观察是否出现副作用，以及他的情况是否有所改善，并与父母和教育者一起协同合作。

"我最终决定治疗丹尼尔的 ADHD，因为我意识到我并不了解我的儿子，"克莱尔说，"我知道出了什么问题，但我不了解他这个人。这么多年来我一直以消极的方式看待他，我也知道我们之间的关系大有可改善之处，所以我已经准备好试试新方法了。"丹尼尔于 1 年前开始接受治疗，现在已经可以按照年级水平阅读，安静地坐在课堂上，而且不会故意惹麻烦了。"当他打翻东西的时候，我也不再叫嚷了。我帮他清理干净，并表扬他的努力，"她说，"然后我们就继续聊天，或继续做刚才在做的事。他是个特别好的孩子，我为他感到骄傲。现在，我迫不及待地想要看到他的人生如何展开。"

发现的奇迹

童年是一个充满奇迹的时期，在这个时期，孩子会相信，也应该相信，一切皆有可能。育儿的奇迹在于，看着这个由你创造的小人儿，问一问："他是谁？"

现在，我已经当了祖父，所以我知道，奇迹永不停歇。我看着我的孙子，心想："他真是个漂亮的男孩。"（是的，另一个男孩！）他很漂亮，我这个观点在路人叫住他的父母说出同样的话时得到了印证。

现在，我们的朋友们也开始有孙子孙女了，他们也会告诉我他们的孙子孙女有多漂亮，路人也会向他们赞叹这孩子多么可爱。他们给我看照片时，我会做出积极的反应，但有时候我真正在想的是："这个孩子长得并不漂亮，他长得有点搞笑。"这些刚当祖父母的人，和我一样，完全被自己的孩子所创造的奇迹震慑住了。过一段时间他们才能发现，这些一度把他们迷得神魂颠倒的小家伙，好像并不适合出演纸尿裤广告。

祖父母和父母在孩子婴儿时期所陷入的那种迷恋，我不会去打破。不过一旦这种迷恋散去了，我们就需要开始逐步客观地去了解孩子的优缺点了。

我妻子和我不知道我们的孙子是个什么样的人。他是会像他的妈妈、他的爸爸、他的祖父祖母，还是上述所有人都不像？此刻，他只有 15 磅[⊖]重。他还有很多年才会长大，随着他，还有我们，揭开了他是谁的谜底，他终将渐渐向我们揭开他自己的真实样子。在他建立起他的自我的同时，我们也都会建起我们的脚手架，支持他，帮助他，引导他，同时惊叹于他的奇迹。

钉牢横板

绘制育儿新蓝图时，记得用上你的横板。

耐心

▫ 在你开始对相反行为进行积极强化后，可能需要 3 个月的时间才能确立起新的行为。但请坚持住。行为的变化一旦到来，就将成为新的常规。

温暖

▫ 不要嘲笑孩子。停下来，完全停下来。请成为孩子能够依靠的人，给予他善意与关怀。

觉察

▫ 听听自己说了什么，然后问一问："我是否只看到了出错的部分，或

⊖　1 磅 = 0.4536 千克。

者只顾让自己保持正确了？"如果答案是肯定的，请承认你的蓝图是带有偏见的，并努力重新绘制它。

冷静

▣ 愤怒和攻击性将父母和孩子锁定在消极的模式之中。如果你感到自己的血压在升高，请意识到，接下来不会发生积极的事情。

监督

▣ 追踪你孩子的一切行为，消极的和积极的，然后看看他的睡觉时间或做作业的习惯等，是不是真如你所认为的那么差。

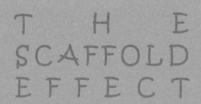

T H E
SCAFFOLD
EFFECT

4

第 4 章

夯实脚手架基础

建立坚实的亲子关系

亲子关系是你构建脚手架的基础，是它的地基。如果地基是由情绪支持、积极强化、清晰的讯息和一贯的规范等混凝土材料浇筑而成的，孩子就会在这坚实的基础之上充满安全感地成长。然而如果浇筑地基的是劣质的材料，如情感的疏远、消极的强化、模糊的讯息和变动不定的规矩，那么孩子就要在不稳定、不安全的地基之上挣扎着成长。

42 岁的斯泰西是某公司的一名职业女性，她很担心 11 岁的女儿玛雅的体重问题。儿童期肥胖是个严重的问题，每五个 6～9 岁的美国孩子里就有一个肥胖儿童。[一]

[一] Hales, C. M., Carroll, M. D., Fryar, C. D., and Ogden, C. L. "Prevalence of Obesity Among Adults and Youth: United States, 2015–2016." *NCHS Data Brief*, 2017.

在女孩中，肥胖与抑郁之间有着显著的关系。[一]我很理解斯泰西的担忧，但玛雅并不肥胖。她确实有些赘肉，但还远远没有达到肥胖的程度。

"我查了好多资料，也为此耗费了好多财力物力，"斯泰西说，"玛雅吃沙拉，每天上秤称体重，并保证至少 5000 步的运动量，但我知道她在朋友家偷偷吃东西，半夜也起来吃零食。她在有意地破坏我的努力，这让我感到非常气愤。我全都是为了她好，结果她却跟我对着干。"

我问她："你和玛雅谈过她的感受吗？"

"这重要吗？如果让她自己选，她会比现在再重 20 磅。"

我相信斯泰西是为了女儿好。她说她很担心玛雅的健康状况，以及她会在学校遭到嘲笑。可是，在努力减少玛雅的痛苦和尴尬的同时，斯泰西同时也在每一次称重和进餐时增加着玛雅的痛苦和尴尬。她认为她对女儿的健康时刻保持警觉就能让女儿开心，但玛雅大概已经苦不堪言。

从表面上看，斯泰西似乎在用脚手架的方法对待她的女儿。她提供了指导和资源，监督着玛雅的进步，并设计了时间表和日常规划等结构。"我每天都鼓励她，"她说，"我告诉她，'你可以的''你一定能做到'，但她只会朝我翻白眼。"

斯泰西希望我能够解释玛雅过度进食背后的心理学原理，并教她一些策略来解决她女儿的问题。可是真正的问题，是她们的亲子关系。这位母亲试图在沙地之上构建脚手架。虽然她和她的女儿每天都在互动，但她们之间没有丝毫联结。

打好地基

每一段亲子关系都是独一无二的，但不变的是，按照父母管理训练（Parent Management Training，PMT）课程所提出的一系列概念去做，亲

[一]　Sutaria, S., Devakumar, D., Y uda, S. S., et al. "Is Obesity Associated with Depression in Children? Systematic Review and Meta-Analysis." *Archives of Disease in Childhood*, 2019.

子关系就能得到改善。该课程在 20 世纪 60 年代由一批儿童心理学先驱研发，包括康斯坦斯·汉弗（Constance Hanf）和杰拉尔德·帕特森（Gerald Patterson）。注意，这里的用词不是"儿童管理"，而是"父母管理"，所以该课程的内容是，为了改善你和孩子之间的关系，你要如何改变自己的行为。下列每一项概念都要以脚手架的三大支柱为基准：结构、支持和鼓励。

在场。 这一项比较容易理解，但并不容易做到，因为现代生活总是向我们提出种种要求。当你的身体和孩子共处一室时，请让你的精神也和他待在一起吧。不要查邮件，也不要想和老板的谈话。如果你发现你在和孩子一起玩，或听他讲述一天的经历时，眼神变得呆滞了，就要把这种状态赶走，重新投入到当时当地，专注于你在做的事、你陪伴的人。

情绪支持。 时刻保持包容的姿态，准备好为孩子提供情绪上的支持和指引。如果孩子足够信任你，能够与你分享他的感受，那么请你给予他专注的关心，承认他的情绪，允许他发泄。表扬他有表达自己的能力，永远不要对他说他的感受是"不好的"或"错误的"。孩子们会对真挚的态度有所回应。理想情况下，当你承认并探索你孩子的情绪时，你就是真实可信的。如果做不到，就假装，直到你能够做到。即使你是新手，或已经不知道如何敞开心扉谈论自己的感受，孩子还是会更希望你真诚地努力一把，而不是懒得一试。

情绪调节。 把愤怒当作育儿工具，是没用的。用这样的方法教育出来的孩子，你不发脾气他就不会听你讲话。一个颇为经典的例子是，你叫孩子吃饭，用平静的语气叫了十次他都装作没听见，而只有你大吼大叫、威胁他如果不立刻坐在餐桌旁，就要把所有玩具都扔进垃圾堆时，他才有反应。并不是说你永远不应该生气，那不现实。如果你生气了，那就表现出来。你也是人嘛。不过要注意，随着时间的推移，愤怒的效用会递减。最终，它就一点用都没有了。

依恋仪式。 在治疗中，我们可以通过问一个问题来快速获悉孩子对父母的依恋状况："你和爸爸会一起做什么呀？"如果他说"我们每周日一起在餐厅吃早餐"，或者"我们一起看蒙提·派森[⊖]的电影"，我们就知道他至少有一项依恋仪式，一件他们固定会一起做的、"他们之间"的事。如果孩子说"没有一起做什么。他整天都在工作，周末就去打高尔夫"，那么这个亲子间的关系就需要注意了。对于青少年来说，他们正从家庭中脱离出来，花更多时间和朋友待在一起，这时你就需要设计一份小而精的清单，保证你们依然有依恋仪式。

不做评判的高质量时间。我们也称之为"特殊时间"，它是用来练习技能以及巩固观念的，让孩子跟随你的指引，你也给予他积极关注。无论你们一起做什么，不要说他"做错了"，也不要替他完成他的艺术作品或拼图。这些都属于评判。就像依恋仪式一样，特殊时间也需要固定下来，持续进行。你不能前一天表现得对他很感兴趣，后一天又对他熟视无睹，不然你所做的一切就会显得很机械、很做作，尤其是在青少年眼中。

这些技术能够帮助老师维持十几个孩子的秩序，并让他们友好地一起玩耍。[⊖]它们也将对你有帮助。事实上，这些 PMT 概念的要旨在于，父母要全身心地陪伴孩子，和孩子共度美好的时光。这看起来很简单，但当许多爸爸妈妈直面现实，反思自己平时如何与孩子互动时，他们发现他们真的不够在场、不够包容、不够冷静、不够友善。如果你感到压力很大，把和孩子共处视作需要努力完成的义务，育儿往往会让人觉得"苦尽甘不来"。然而只要你稍作努力，转换视角，把目光对准积极关爱和孩子的回应，突然之间，家里就不再有愤怒、沮丧、唠叨和战争，而会有更多笑声与和谐了。

⊖ 蒙提·派森（Monty Python）是英国六人喜剧团体，有"喜剧界的披头士"之称。——译者注

⊖ Perle, J. G. "Teacher-Provided Positive Attending to Improve Student Behavior." *TEACHING Exceptional Children*, 2016.

积极强化的魔法

用真诚、具体的语言，将积极的关注引向值得欣赏的行为，这叫作"标签化表扬"。用语言表达出你所珍视和赞美的事物，就会帮到孩子。

近年来，有关过度表扬的言论有所回潮，认为总是说"真棒""太好了"会让孩子（或大人）对表扬"上瘾"。其中的逻辑是，每一句表扬都给孩子的大脑带来一次多巴胺的奖励，长此以往，他就会上瘾。孩子行为的动机就是为了获得表扬，而不是为了完成任务本身，也不是为了获得成就感。除非他每次都能做到最好，否则一个对表扬上瘾的人，会找不到理由去做任何事。

我赞同这一点，在孩子的头脑中塞满空虚的赞美和在他们的胃里塞满垃圾食品的性质是一样的。另外，**有意义**的表扬是纯粹的情绪营养，毕竟孩子从出生开始，就一直依赖他们的父母和监护人来证明和确认他们所做的事是正确的，是好的。当他们完成了一个新的、有点可怕又需要认真努力的事项（例如学会走路，交到朋友，读懂文字），他们想要与人分享这份喜悦，也想要从你那里获得认可的掌声。我认识的很多中年人都还在渴求父母的肯定。这就和压抑情绪，结果到了成年阶段依然因情绪遭受痛苦，是一样的。

以下是一些表扬指南。

一定要真诚。孩子比任何大人都能更敏锐地觉察到虚假。如果他感受到你说的话中有任何虚假，表扬就失去了全部价值，而且即使以后你说真话，孩子也不会相信你了。

语言要非常具体。只说一句模糊的"做得好"所引起的反响，就不如"我一叫你你就来吃饭了，做得好""你今天对你弟弟非常好，就连他到处扔你的玩具你也没生气"和"太谢谢你帮我洗碗啦"来得深远。说清楚你所乐见的是什么事情，这样孩子就会**明确**地了解是什么让你高兴了。

表扬行为，而非成果。这至关重要。表扬积极行为，对你的脚手架和孩子的自尊而言，都是基础。假设一个有天赋的孩子，在没有学习的情况下就在微积分考试中拿到了 A。如果你说"做得好！你胜利了"，那么你就是在告诉他，他的懒散和侥幸是很棒的。得 A 是好事，但如果不是努力得来的，就不值得表扬。

另外，可能一个孩子花了很多时间学习，结果只拿到了 C。不是每个孩子都是轻松拿到 A 或 B 的学生，而一个投入了大量时间的努力才得到 C 的孩子，是值得大赞特赞的。你应该说："你这么努力准备考试，做得真棒！"

我们都知道，人生在世，想要成功，真正需要的技能是坚持和适应力。余弦计算和整数小数？并没有那么重要。（火箭科学家们，对不住。）表扬努力，而非成绩。如果没有努力，那就不要赞扬。

每当孩子表现出坚韧不拔、善于表达、妥协让步或刻苦努力行为，请告诉他你看到了，并为此感到无比开心。这样做的结果就是，孩子会将你所表扬的积极行为发扬光大。你会提升他们的自尊，并使你们之间的联结变得更加强韧。以标签化表扬为基础，建立起结实的育儿脚手架吧。

至于不具体的表扬，在足球场边大喊"干得漂亮"倒也不会对孩子造成任何伤害。不过要知道，除了让你周围的其他父母感到吵闹之外，你的叫喊不会产生多大的作用。

还有一点很重要，那就是要用标签化表扬来肯定孩子的感受。比如，孩子向你倾诉了一个霸凌事件，那么就说"做得好，你告诉了我这件事，并分享了你难过的心情"，这样他就会从倾诉中得到安慰。如果他能够准确说出自己的感受，并与人谈论自己的感受，那么他将能有效地应对这个世界。如果你采取另一条路线，单刀直入地盘问他到底发生了什么事（任何父母的第一直觉都是如此），他会感到焦虑和羞愧，沟通之门也会轰然关闭。

如果你想让孩子改善某种行为或提高某项技能，那么你可以在一段时间内将你的标签化表扬集中在一两件事上，以示强调。当他养成了这项行为习惯时，就换成清单上的下一项。

拿成年人来说，如果你的老板对你工作中的某个具体的方面表达了赞赏，你就会从此动力十足地在那个方面继续做得很好。如果老板对该方面提出了严厉的批评，你可能就没有动力再去做那项任务了。你可能会将它推给他人，或找借口逃避，但就是不会努力去提高了。

批评也可以被包装成积极的形态

给予积极强化，并**不意味着你不可以批评孩子**。当他做了你不喜欢的事，你得指出来。**脚手架教养法意味着给予孩子纠正性反馈**，但不要以当头棒喝的方式。类似轻推的感觉会比较好。

就行为给出反馈，而不要针对孩子。和标签化表扬一样，纠正性反馈也应当尽量具体。你不应该让孩子从言语中去分析和推测任何东西。清楚地说明你不赞同的是什么，并且要明确地让他知道，这批评并非对他性格的否定。例如"我爱你，但你戏弄妹妹这件事我不喜欢"。

邀请孩子加入推出结论的过程。假设孩子带着考得很差的成绩回到了家。对此你并不意外，因为虽然你叫他好好学习，但他没有，而是打了电子游戏。你可以就孩子对这次成绩的感受，以及他认为是什么原因使他取得不理想的成绩，同他展开谈话。无论他想出什么借口，你都向着"如何"和"为何"的方向引导你们的对话。给他机会自己找出问题所在，当他成功找到时，请表扬他。如果他被问住了，你可以说说你观察到的情况，例如"我发现你花了很长的时间在电脑上，但我没看到你花多少时间学习"。客观冷静地说出你所观察到的事实。你并不是在责难他说谎、搪塞，你只是在陈述事实。然后，以温暖且权威的口吻，对他说："我知道，以你的能力，你能做到更好。"

给出清晰的指导。精确而言，你希望孩子怎么做？说得越具体越好，不要让孩子留有困惑。反馈意见不是下达命令，你也不是教官，但你是权威人物，孩子期望从你那里得到指导。在一个案例中，孩子长期抗拒就寝安排，他的父母对此的反馈是先发制人地指导他的行为，比如，"时间到了，该睡觉了。换上睡衣吧，选本书，上床。我 5 分钟后过来"。对于大孩子来讲，父母检查的招数可能不那么有效，可以这样对他说："你可以去参加聚会，但请在午夜前回家。如果有什么原因让你不能按时回来，一定要在 11:45 之前打电话或发消息告诉我们。"

不厌其烦地引导。纠正性反馈一定要包含引导。用积极的方式对行为加以批评是很好的，但如果想要引起孩子行为改变的话，你也需要清楚地说出来。例如，对不学习、只玩游戏的孩子，你要解释，他怎么做才能改变自己的行为以取得更好的结果，比如，"还记得上次我们说过你玩游戏、不学习的事吗？这次呢，我想看到你用功学习"。主动帮他学习，可以拿学习资料上的知识来对他进行口头测验。

抓住孩子表现好的时刻

有些父母可能觉得他们只是就每一种行为和期望对孩子加以批评、指示和引导。可能有点枯燥，但总比不这么做强！

儿童心理研究所焦虑障碍中心的高级主任蕾切尔·巴斯曼（Rachel Busman）有个 9 岁的儿子，她会给予他一大堆反馈，"但孩子就是这样学习的，"她说，"如果你观察到孩子的一种行为，你觉得这种行为多多益善，那就说出来。只要我儿子做了我乐见的事情，我就会说，'谢谢你把外套挂起来'或'你这么乖地准备好睡觉，我真是太高兴了'。当我看到我不喜欢的行为，我也会指出来。'睡觉的时间是 8:30，我不喜欢看到你 8:45 还没上床'，但我从未说过他坏或淘气。那样说没有帮助，特别是对焦虑或敏感的孩子来说，他们会陷入这样的想法'你太坏了！你不喜欢我'。"

破译孩子对你反馈的反应，于你是一次学习的机会。"如果孩子说'你不喜欢我'，父母需要接着他的话说，并重申一次自己的反馈，即他们爱他，但不喜欢那种行为，"巴斯曼博士说，"'你讨厌我'这句台词可能是孩子试图从该次谈话中金蝉脱壳的小伎俩，或是想把它转变为一次权力斗争。不要上当，专注于纠正行为。简明扼要地说出你的指示。如果可能的话，将其浓缩成一两句话。想一想要点，不要长篇大论。"滔滔不绝或唠唠叨叨，并不会让孩子听话。如果你能够冷静地将你的反馈和指示传达给你的孩子，只说一次就可以了。你可能需要不厌其烦地重复，记得言语要简洁、冷静。

抓住孩子纠正行为的时刻，给予标签化表扬，赞美他很好地消化了你的反馈。你可以说："你努力学习，并叫我考你，我太高兴了。""你准时上床了，我真高兴。""我叫你你就来了，真是谢谢你啦。"

在表扬孩子后，问问他们对你的育儿方式的反馈，比如"按我说的做，感觉如何"，这样他们就可以表达并确定他们对整个过程的感受是好还是不好。他们说的可能并不会中你的下怀，但重要的是，他们有机会表达感受，你也肯定了他们的感受，比如你说："我很高兴你告诉我你对严格的就寝时间感到烦恼。我理解了，但我们现在要坚持同样的睡觉时间。"无论他们说什么，作为父母的你，都依然有权威性，可以继续设定规则和指示，并引导孩子。

他们不听话不是针对你。 如果孩子总是改不掉你一直努力纠正的行为，不要觉得他是故意在无视你，或者这背后有什么隐藏的信息、秘密的敌意。那不是针对你的。只是孩子比较健忘，分散了注意力，或没有认识到任务的重要性，即使你已经（冷静地、简洁地、不断地）解释过许多次了。

你问我对孩子总是不听话的错误反应是什么？大发雷霆，比如像这样说："我跟你说了八百遍了！把你的脏盘子放进洗碗槽！"

你可以用"我是认真的"的眼神交流，以及虽然冷静但极为严肃的语气，来向孩子传达你的不满，并获得他们的注意。可以说类似这样的话："对于要一遍一遍地叫你把盘子放进洗碗槽这件事，我很不高兴。你没有按我说的做，这让我心情很不好。"父母确实很不悦的时候，孩子们会察觉，也会理解不好的行为引起了消极的反应，即使是对最爱他们的人也是一样。

过滤语言，保持积极。说出你想看到的，而不要说你不想看到的。请说"我想看到你学习"，而不是"不要浪费时间打游戏"，"我想看到你管好自己的手"，而不是"别打人"。说太多"不要"可能会变成羞辱，而羞辱不会成为动力。

如果孩子总是不断重复某种行为，父母或许可以找找看是否有什么因素成了纠正行为的阻碍。如果孩子的年龄在 7 岁及以上（到了这个年龄他们就具备解释的能力了），父母就可以问问孩子发生了什么事，为什么他们没有按你的指示去做。

"我儿子和我最近一段时间都在睡觉时间这件事上一直重复同样的对话，8：30 关灯这件事我已经说烦了，他大概也听烦了，"巴斯曼博士说，"我已经说得非常清楚了，但是每天晚上，他还是不睡。我问他为什么，他说，'妈妈，你根本不听我说话。现在我做作业需要更长的时间，所以在熄灯前只剩 10 分钟的阅读时间了。以前是有 20 分钟的'。我对他说，他提出了一个很有意思的观点，并表扬了他很好地表达出了自己的想法。"

那么，他为自己争取到额外 10 分钟的阅读时间了吗？

"我儿子的论证有理有据，但 10 分钟可能会变成 15 分钟，这样我们就又回到同样的对话之中了，"她说，"有时候，说'不'是必须的。我告诉他，'我明白你的意思，但熄灯时间就是 8：30。很难，很烦，但这就是我的决定。我爱你，晚安'。"

你没有理由不能同孩子沟通、倾听他的意见，并进行以上民主协商。然而最终你掌握着权威。尽你所能倾听并肯定他的感受。然后做出你的决定，坚持你的决定，直到下一次协商的契机来临。

用脚手架法让儿童听话

结构。建立起一个反馈的习惯，你看到什么，就说什么。不要先攒起一份纠正清单，再在睡前一股脑儿地说给孩子听。你表达的方式应当是连贯一致并富有成效的：简洁、清晰、冷静。允许孩子为了自己的立场与你谈判协商，但最终要遵守你的决定。

支持。不厌其烦地给予引导，这样有了你的反馈，孩子才知道要怎样做。给他们自由去自我纠正，从而为他们汲取经验教训的能力提供支持。承认他们的感受，从而肯定他们的感受。你不必赞同他们给你的反馈，但你一定要听取他们的反馈。

鼓励。说"谢谢"是一种简单而深刻的鼓励方式，它能让孩子保持住好的行为，并不断尝试和调整。

不是贿赂，是行为合约

关系也有它的心情，就像人一样。有时候，关系充满喜悦。有时候，它又问题重重。亲子关系的心情会随着你们的互动和干预而变化。当小孩长成青少年时，大部分时间里，关系的心情可以用阴沉、凶恶来形容。当你坐在餐桌前，面对着一个面部表情难以维持平静、聊天时除了沉默就是说你的问题"无聊"且"愚蠢"的青少年时，"抓住他们表现好的时刻"原则可能就不奏效了。你可以苍白地表扬他一下，比如说"谢谢你出席晚餐，并且愿意给我们讲你学过的东西"。或者你可以试试另一种方法：如果他一整周都在晚餐时对你彬彬有礼地讲话，周末时就多奖励他5元的零花钱。

当我提议这样做时，父母往往会说："我要贿赂我的孩子吗？疯了不成！"

我们来换个说法。贿赂是后摄的。如果孩子没有做到他该做的事，而你给他钱叫他不要重犯，那么这是贿赂。我不建议你这样做。我推荐的做法是：你提前界定好一种情境并设定一个小奖赏或小额的金钱，以确保你乐见的行为能够发生。这种鼓励孩子遵守家规、保持好行为的脚手架策略，叫作**行为合约**。

举例来说，你带你青春期的孩子去养老院看望他年迈的祖父母，这件事他可能不太情愿做。在你们离家之前，说好合约的条款、你想看到的行为和最终的奖赏，例如，"我希望你跟爷爷说说你的学业和活动，和你见到的人握握手，努力微笑，并在我们待在那里的期间保持耐心。如果你能做到的话，我会给你10元钱"。如果孩子做到了合约内容，他就会得到这些钱。如果做不到，就没有钱。

他会学到，坚守承诺的结果是他会为此感到开心。未来的奖赏，无论是一顿美餐、一个小玩具、额外半小时的电视时间，还是现金，都有另一个名称：**外部强化物**。对孩子来说（对大人也是一样），外部强化物提供了一个坚持到底的动力刺激。如果老板告诉你，提升你工作的某个方面，你就可以升职或拿到奖金，老板就是在用外部强化物来激励你。未来奖赏的承诺会激发勤奋努力的工作和好的行为。

我们的大脑天生就会寻求奖赏。只要我们让自己尝到了一点点小甜头，我们就会整天想着它。对于一些人来说，一天辛苦工作的奖赏可能是在酒吧待1个小时喝点东西，做一次SPA，上一节瑜伽课，或者购物。这在心理上能够很有效地激励你自己，对于孩子也是一样，把好的行为与好东西联系在一起，也能够激励到他们。

尽管如此，奖赏本身要与努力相匹配。小的努力得到小的奖赏，可能只是口头表扬。大的努力得到大的奖赏，具体的奖赏视家庭文化而定。在一些家庭中，合适的奖赏是给一个成绩从 C 进步到 B 或从 B 进步到 A 的孩子 50 元钱。对于其他家庭而言，这些钱可能就太多了。

不要再认为孩子应该只为了做正确的事而做正确的事，也就是所谓的**内部动机**。你可能不愿意操纵外部因素以促使孩子去做一些他本该乐于去做的事，因为那是能够让他健康、提升他的技能、使他更加独立的事情。然而你想要他做的事，对他而言优先级未必有那么高。青少年可能会有内部动机，但只是对于那些他们自己在乎的事情，例如额外的特权。各位爸爸妈妈，很遗憾地告诉大家，你们想要自己孩子做到的事，例如对他人有礼貌，对他而言可能并不重要。

试着回想一下你自己 15 岁时的情景，每时每刻都无比窘迫，还不得不对你父母饭局上的那些满口蠢话的客人赔笑不迭。大人会忘记做小孩有多难，你要控制住自己的冲动，"好好表现"，做你根本不愿意做的事。通过采用行为合约的方法，提供额外的外部强化物，你就能帮助孩子去做那些他们最终会乐于去做的事，到那时，他们的内部动机就会占据主导，他们会发自内心地去做。经过时间的灌溉，当这个过程终于发生的时候，你就可以相应地减少该部分的奖赏，并用外部强化物的手段去鼓励他们学会其他新的技能或形成新的行为习惯了。

听起来像是交易，但我们更愿意称之为机能。人类的任何行为，要么有内部奖赏，要么有外部强化物与之相关联。不要和人类本性对着干，而是要找到利用交易性的部分去帮助你更好地育儿的方式。

那么对你所有这些高超的教养技巧和相应的努力的奖赏是什么呢？与孩子建立起美妙的关系？培养出独立的成年子女？赞美？ 20 元钱？

如果你指望孩子说"谢谢"，那你可能需要等一阵子了。是的，你换了 1000 个纸尿裤，花了巨额财产给他们添置衣食，供他们上课。要不是为了你家那个只有为了手机不被没收和拿到零花钱才会对你有礼貌的、愁眉苦脸的青春期少男或少女，在过去的 15 年间，你可能每年都会去毛伊岛度假。不过你要知道，对于 18 岁以下的孩子来说，懂得因你为他们所付出的牺牲而表达感激之情，才是稀罕事。孩子们会感到感激的两个主要阶段，一是他们长大后开始独立生活时，二是他们自己有了孩子时。所以在他们上大学之前，你只会间歇性地从他们那里得到真诚的赞美。就把他们的积极行为本身当作你的奖赏吧，即便如此，你也是稳赚不赔。

用脚手架法让青少年听话

　　结构。建立起一个为好行为订立合约的习惯。以外部强化物为开端，最终他们能学会那些技能，并把它们转化为他们自己的内部奖赏。

　　支持。将好的行为与奖赏联系起来，这样，你就可以支持孩子去养成他原本不愿意学习的技能。

　　鼓励。如果他们不对你说谢谢，也请包容他们还不懂吧。青少年的大脑还没成熟到让他们对你感恩戴德。

当他们就是不听话的时候

"几年前，迪伦 5 岁的时候，我们去购物，我拒绝给他买玩具。他发起脾气，其骇人程度惊动了商场的保安，在保安的帮助下我才把他从地上弄起来，并带他走出那栋楼。"7 岁的迪伦的妈妈埃米说道。她是来做评估的。"他在车里一路嚷着回了家，我开着车，差点出了事故。下一次他跟我去购物并拿起一个玩具时，我就买给他了。我知道这样不对，但我实在是怕他再次发作。从那以后，迪伦就抓住了我的命脉，我说什么他都不听了。如果我叫他把外套挂起来或者把玩具整理好，他就把东西扔得满屋都是。我已经习惯了跟在他屁股后面捡东西，因为这总比和他大战一场来得容易。有几次我实在气得不行，因为他摔坏了他妹妹的玩具，动机貌似只是泄愤。没天理了，我没法不按他的意志行事！如果不按他的要求做晚餐，他要么拒绝吃饭，要么就把食物扔在地上。说实话，有时候我恨我儿子。你要是问他，他可能会说他也恨我。"

埃米用"违抗""对立"这样的字眼来描述迪伦。她的直觉很准确。我们诊断这个孩子患有对立违抗性障碍（oppositional defiant disorder, ODD），大约有 3% 的孩子有同样的障碍，其中，在青春期前男孩的数量比女孩多，到了青春期及以后，男孩跟女孩一样多。[⊖]

有违抗性行为问题的孩子的父母被推向了纵容的极端，他们期望通过让渡更大的掌控权换取孩子的倾听，但纵容的策略只会强化坏的行为。在埃米经历了那次惊动了保安的噩梦之后，她似乎发现，她和迪伦陷入了一种糟糕的模式，总是以他的咆哮开始，以她的投降结束。每次她吼回去或屈服时，他们的行为模式就又被加深了一些。在此过程中，迪伦有了经验，他知道要得到想要的东西，最好的办法就是撒泼打滚。

ODD 的一个标志性特征，就是会对整个家庭造成非常大的破坏。每一个家庭成员都会被波及。埃米提到了他儿子对妹妹的泄愤行为。我猜想，迪伦是不满妹妹分走了父母的时间和关注，并把他的感受表现成了愤怒。不能责备埃米，虽然她也是这种局面的共同促成者。也不能责备迪伦。经过多次试验，他学会了用违抗性行为获得想要的东西，但他并不是有意为之。

孩子不听话，依严重程度可分为"正常""问题""障碍"三种（见表 4-1）。

⊖　American Psychiatric Association. *Diagnostic and Statistical Manual of Mental Disorders*. American Psychiatric Publishing, 2013.

表 4-1　是不是 ODD

正常	问题	障碍
孩子有时会顶嘴，但是会依照权威人物的决定行事	孩子用愤怒或带有攻击性的语气顶嘴，但最终还是会按照权威人物说的去做	孩子异常地生气和易怒；孩子经常发脾气；他很容易感到厌烦　他与权威人物争吵
孩子会以健康的方式对规则加以检验，但多数时候还是会遵守规则	孩子有时会打破规则。如果他正视自己行动的后果，他会从错误中汲取教训	他拒绝遵守规则
孩子可能会讨人厌，但并不是故意的	孩子觉得捣乱很有趣	他故意惹恼他人；他把错误归咎于他人；他有报复心理
孩子发脾气的时长为几分钟	孩子发脾气的时长能够达到 10 分钟	孩子表现出的这些症状已经持续了至少 6 个月

为了下诊断，我们的治疗师问埃米，迪伦在学校是否也像在家一样难相处。"并不是，"埃米说，"他是会被别的孩子讨厌，他也在学校发过几次脾气。不过就程度而言，比对我发脾气的时候差远了。"

这很说明问题。有 ODD 的孩子可能对他们了解的人表现出更强的反抗性，部分原因是他们已经驾轻就熟。在学校，他对环境的掌控度总体来讲比较低，反抗和违抗可能达不到和在家里一样明显的效果。

虽然对于父母来讲，孩子只对他们态度恶劣，可能很伤人，但这也是一

个积极的信号，说明孩子是能够改变的。即使是被诊断有 ODD⊖或 ADHD⊖
（或二者都有，这两种障碍往往共同存在）等行为障碍的孩子，对本章前文
中介绍的父母管理训练策略（例如积极强化，情绪支持，清晰表达出对孩子
行为的期望）也有良好的反应。

我们对埃米和迪伦的干预采用了行为矫正（对亲子双方）与药物治疗相
结合的方式。对这个家庭非常有效的一个策略是，埃米无视坏的行为，表
扬好的行为。当迪伦把他的晚餐扔到地上时，她没有大声叫嚷要他收拾干
净，也没有为他重新准备晚餐。她把打翻的食物留在原地，什么也没说。
当迪伦发现事情并没有按他期待的发展并开始吃东西时，她对此提出了表
扬："谢谢你吃了我做的饭。"如果她拒绝给他买玩具或食物，而他在公共场
合大发雷霆，她就会以最快的速度把他转移到私人空间，让他把脾气发完。
不过她并没有吼叫，也没有请求他停下来。当他不再哭闹时，她说："谢谢
你冷静下来。这是一项很好的能力。"

经过几个月的治疗，加上积极强化的神奇魔法，迪伦的症状稳定地得到缓
解。最重要的是，母亲和孩子能够重新书写他们之间的关系，有时依然面临挑
战，但也会共度美好时光；他们在新的、坚实的地基之上，建立起新的联结。

黄金法则

斯泰西，就是那个担心女儿玛雅体重的妈妈，终于意识到她们所有的
亲子时光都充满了评判，谁也不会说那是"高质量"时间。她不是在纠正
她女儿的行为，她是在企图控制。她们的每次谈话，说的都是玛雅如何失

⊖ Brestan, E. V., and Eyberg, S. M. "Effective Psychosocial Treatments of Conduct-Disordered
Children and Adolescents: 29 Years, 82 Studies, and 5,272 Kids." *Journal of Clinical Child
Psychology*, 1998.

⊖ Evans, Steven W., Owens, Julie Sarno, Wymbs, Brian T., and Ray, A. Raisa. "Evidence-Based
Psychosocial Treatments for Children and Adolescents with Attention Deficit/ Hyperactivity
Disorder." *Journal of Clinical Child & Adolescent Psychology*, 2017.

败。她们之间唯一的仪式，就是斯泰西逼玛雅上秤和计算碳水化合物的量。至于情绪支持，斯泰西从未问过玛雅感受如何，她也没有表达出因女儿不听话而感受到的愤怒和失望。

如果被问到"如果你的孩子不按你说的去做的话，你会不会体罚她"，斯泰西可能会觉得受到了冒犯。然而根据密歇根大学安娜堡分校（University of Michigan in Ann Arbor）的心理学家们 2011 年的一项研究，当一个人感受到强烈的社会拒绝时（在该研究中是浪漫关系的分手，但任何让人感到自己被拒绝的情况都算），这种情况会激活和身体疼痛一样的大脑区域。情绪上的痛苦真的很"痛"。[⊖]我并不是说斯泰西的批评和对女儿感受的忽视与朝她肚子打一拳是一样的，但是对于玛雅来说，二者的感觉是一样的。

想要为女儿构建起脚手架，斯泰西需要管理自己的行为，用玛雅想要被对待的方式去对待她，给予她爱、关怀和善意。一开始，抓住玛雅表现好的时刻，对于斯泰西而言并不是件自然的事。然而当她开始寻找积极行为来予以表扬时，她找到了很多。玛雅对朋友很大方，在阅读和绘画时表现出非凡的专注力，对待作业非常勤奋努力，把家里的狗照顾得特别好，等等。"玛雅是个很棒的孩子，"她说，"我是说，我以前也知道，但我把她所有积极的特质和行为都当作理所应当的了。它们是摆在那里的事实。现在，我把注意力集中在积极的方面，并且把它们说了出来，结果玛雅听了好像很怀疑，这让我万分羞愧。"

我鼓励斯泰西再接再厉。我发现，通常孩子们需要 1 个月的时间去适应他们的父母向积极方面的转变。然后他们来见我的时候就会说："妈妈对我好好啊，真奇怪……不过我喜欢。"

我下一次见到斯泰西是几个月后，我很欣慰地听见她说，她和玛雅的

⊖ Kross, E., Berman, M. G., Mischel, W., Smith, E. E., and Wager, T. D. "Social Rejection Shares Somatosensory Representations with Physical Pain." *Proceedings of the National Academy of Sciences of the United States of America*, 2011.

关系已经得到了巨大的改善。"最大的变化发生在晚饭后我们开始一起遛狗的时候,"她说,"玛雅以前都是一个人去遛狗,是我逼她去的,为了让她多走路。有一天晚上我也跟着一起去了,为了来一次那个'不评判的高质量时间'。对话一开始挺尴尬的,但后来我们聊起我们的狗,聊起我们看到的事物,没有特意去找什么话题。"

本来 20 分钟的散步,最后走了 1 个小时。妈妈没有说出来,她们已经多走了几千步了。"我们完全没有聊食物或保持身材的话题,"斯泰西说,"我看得出,如果提起这些,玛雅就不说话了。"那次共处的时光,让母女俩开始了解彼此。最终,玛雅敞开心扉,说出了她对自己的体重和妈妈的警觉状态的感受。"她告诉我,每次我叫她站上体重秤时,她都想哭。我心都碎了。我意识到,抑郁和低自尊的风险,可比她 50 岁时犯心脏病的威胁要重要多了。"斯泰西说。

斯泰西把精力转移到了用标签化表扬和积极关爱帮女儿建立自信上。玛雅在她们的散步中敞开心扉的程度日益加深,斯泰西也通过对女儿感受的肯定和支持,为她建立起脚手架。亲子关系的心情,从痛苦不堪变成了轻松愉快,母女之间的关系也亲近了不少。玛雅不再想逃离自己的家去朋友那里,像过去一样在那里猛吃垃圾食品。结果她的体重就减轻了一些。最重要的是,她对未来的展望光明了许多,这全都是因为斯泰西改变了自己的行为,而不是要求女儿去改变什么。

"我以前不是在帮她,"斯泰西说,"我知道我现在确实是在帮她,这种感觉太好了。"

钉牢横板

坚实的亲子关系,是孩子成长的基础,也是他们学会独立与适应的基础。为了保障基础的稳固,请好好实践你的横板技能。

耐心

▫ 就算要重复一千遍，你也要坚持不懈地给孩子纠正性反馈，直到他明白为止。然后把目标换成下一项技能，然后再下一项。

温暖

▫ 用表扬和奖赏去强化积极行为。

▫ 提供情绪支持，全身心充分在场，从而肯定孩子的感受，鼓励他敞开心扉，分享自己的感受。

觉察

▫ 自我反省，别让有益的反馈变成严厉的批评。

▫ 仔细检查你的时间表，确保每天都有高质量的家庭时间。

冷静

▫ 限定你的反馈，只说你所乐见的行为，而且永远要用冷静、清晰的语气去说。愤怒和唠叨并不会让孩子变得听话。

5

第 5 章

保持脚手架稳定
在生活的动荡时刻带领孩子掌控情绪

即使你已经建立起自己的安全感，绘制了一张美丽的蓝图，并浇筑了坚实的地基，你的脚手架和孩子的建筑，总还是会为各种不可控的情况所动摇。

当你脚下的世界开始地震，请打开你的情绪技能工具箱，拧紧脚手架每一层的螺栓和螺母。如果脚手架遭到不幸的、无法预见的情况的摇撼，孩子会变得脆弱，因为他们暴露在了他们尚未学会如何处理的情绪和经验之中。不过如果你保持稳定，准备好脚手架，你就能够带领孩子度过人生中的动荡时刻，孩子也会因此出落得充满自信、安全感十足，并为度过下一次动荡做好了准备。

我小的时候，每年夏天都会去参加宿营。我参加的是很传统的宿营。我们参与体育运动，学游泳，做美术和手工，并在闭营时进行会演。听起来挺有趣的，我知道，但我当时很讨厌它。我不仅因离家而倍受分离焦虑的煎熬，还缺乏成功完成营地活动的必要技能，比如，我不懂如何接住棒球。我清楚地记得自己站在二垒，心里想着："跑垒的人就不能直接从一垒跑到三垒吗？每一次我都得参与吗？"当我幸运地被换到外场时，我就站在那里做白日梦，完全不关心内场在发生什么。

我父亲是个运动狂人，曾是大学里的足球明星，因此他希望我也像他一样热爱运动。他无法理解为什么我不是个天生的运动员，而且很早就断定他没有耐心教我如何提高运动能力，他放弃了在运动方面给我提供任何帮助。我的技能包中缺乏打、抓、投的技能点，这显然在后来的青春期里给我带来了问题。如果我会玩点运动项目的话，我的初高中社交生活无疑会轻松很多。

我当了爸爸之后，就很希望我的3个儿子能够拥有我所缺乏的技能，所以我为他们提供支持，让他们学会了游泳、网球、足球和棒球。我从未幻想过他们会从少年棒球联盟进入职业棒球联盟。我也不需要他们打得有多好！我只希望擅长运动能够让他们的生活容易一些。

我和我妻子琳达在乔舒亚8岁时决定把他送去参加宿营。琳达小时候非常喜欢宿营。她天生擅长运动，也从来没有想过家。或许她对宿营的热爱会遗传给乔舒亚？而且乔舒亚会接球，我觉得胜算还是比较大的。

在家长开放日，乔舒亚奔入我们的怀抱，紧紧抱住我们。我问他："宿营怎么样呀？"

他说："我想回家。"

我看到他的眼神，当即发现他对宿营的厌恶不亚于儿时的我。我已经勤勤恳恳地做好了我的脚手架工作。我把胜算提到了最高。我很惊讶也很失望，我想着："可是……可是……你会打棒球啊！我给了你技能包啊！"

为了找到私密空间来好好谈一谈这件事，我们去树林里散步。"告诉我吧，"我说，"为什么想要回家呢？"

"我不开心。这里没有人爱我。"乔舒亚回答道。就这样，我儿时在营地所经历的分离焦虑，以 10 倍的分量向我涌来，因为这一次，我是在为我的宝贝儿子感受着它。我的眼泪抑制不住地夺眶而出。

乔舒亚说："爸爸，别哭呀。"

听到 8 岁的儿子说感觉没有人爱自己，只要是个有感情的人，哪能不哭呢？我说："难过的时候是可以哭的，我很难过！"

只是……在乔舒亚面前哭，并没有让我感到好过一些。看到我哭，他一定更难过了。是的，当你不开心时，哭出来没关系，我也推荐这样做。然而把孩子的悲伤和你的混在一起，就不是明智之举了。我的儿子带着问题来向我求助（他感觉到没人爱他），结果我的反应是用我的感受加重了他的负担。由于我对宿营有不好的记忆，而且对于送他到一个我曾那么讨厌的场合去，我的心情始终很矛盾，所以我本身就有很强的负罪感，再加上我曾因没能按照父亲的期待成为运动员而令他失望，这份过去的伤害也一并向我涌来。

没有完美的父母，你不是，我也不是。这一章将讨论如何拧紧螺丝，使脚手架保持稳定，即使孩子的世界就要崩塌，也要维持脚手架的稳定。我的"乔舒亚宿营"事件，完全是个反例！

父母崩溃，孩子也会跟着崩溃

作为父母，我们都能感受到孩子的痛苦。他们疼，我们也疼。他们难过，我们也伤心。当他们没有被聚会邀请，或没有进入球队时，我们会心碎。当他们饱受焦虑或抑郁之苦时，我们恨不得把他们的痛苦转移到自己身上，以换取他们的轻松。同情和分享痛苦，在朋友关系中是有裨益的，但你并不是你孩子的朋友。无论你陷入了多么强烈的情绪，你都有责任控制住它。孩子**永远**不该为你的感受建脚手架。否则，会给孩子造成过大的负担，对他也不公平，你们会变成相互依赖的关系，而且，孩子会由此掌握过多的权力。孩子遇到困难时，帮助他最好的方式，就是为他树立并强化一个处理情绪、自我控制的榜样，教会他如何应对拒绝、不安全感、担忧和悲伤等感受。

父母常常说"我绝不会把自己的情绪发泄在孩子身上"，却没意识到他们一直在以隐微难知的方式将自己的情绪填鸭给孩子。比如孩子没考好，你说"来，你对我发誓，下次一定要考好"。孩子没办法保证未来的结果！你在叫你的女儿或儿子说谎，为了安慰你由于她或他考试失利而变差的心情。此外，孩子会担心这个家里只接受成功。如果她或他不能保证成功该怎么办呢？

忽然之间，孩子需要同时应付压力源、担忧，以及超出他们能力范围的责任。

小小的大问题

梅尔文是 8 岁男孩斯科特的父亲，他向我们的一名治疗师讲述了陪斯科特去当地一个游乐空间参加同学生日聚会的事。"在家里，他的社交焦虑没有表现出来。我想亲眼看看他和同龄人在一起时是什么样子，"梅尔文说，"我们走进去，看到所有孩子都在蹦床上跑来跑去，在泡沫坑里玩，玩得开心极了。斯科特也开始跑来跑去，但是避开了其他小朋友。他们也避开了他。他周围就好像有个力场一般。他好像玩得也挺开心，只是他一直在自己的小世界里。他回头向我招手，我感到心碎。"

梅尔文决定训练儿子学会交朋友。于是他开始在斯科特参加的生日宴会上录制视频，随后播放视频，并和斯科特讨论，在哪种场合下说什么或做什么，就可以让别的小朋友和他一起玩。"没有用，"梅尔文说，"他很讨厌那些录像，并且因为我逼他和我讨论而生气、心烦。然而我坚持说如果他听我的，他就能交到朋友，在下次聚会时和朋友一起开心地玩了。事后想想，我发现，我试图帮他做好心理建设来战胜焦虑，结果却是增加了他的焦虑，还把自己变成了一个说谎的人。"

如果你怀疑某种情境可能对孩子构成挑战，我建议你去强调他在该情境中坚持下来的能力。不要用"一定会很好的"这种话对他施加压力，而是选择更切实际的路径，说："可能会好玩，也可能没意思，但试一试总是好的。"

把你的精力用在事情发生之前，帮助孩子顺利完成它。脚手架可能意味着带孩子买一件让她感到自信的裙子穿去聚会，或者和聚会的主人安排一次提前的小聚，让孩子培养出一些亲密感。他即将面临一个挑战，而你能够做些事情去帮他度过这个挑战，你要关注这个事实。长远来看，一个8岁孩子在一次聚会上玩得开心与否，并不是很重要。重要的是你在支持他锻炼应对该场合的能力，无论以什么样的方式。

梅尔文的"视频研习法"，对于足球教练的赛后分析可能会有用。然而在这个案例中，这是在叫斯科特重新经历一次不适的，甚至是属于较低等级创伤的经验，其结果更可能是引起焦虑，而不是出谋划策。不是说你不能在聚会后来一次评估，只要你多听少说，还是可以的。在治疗中，如果病人不经意间提到了某件看似完全是随口一提的事情，我们都要记录下来。这些不经意的提起，几乎都很重要。比如，如果一个女孩说起聚会主人的新裙子有多么漂亮，而没有说她自己的裙子更好看，这可能就值得进一步挖掘。一如往常，脚手架要伴随着肯定，你可以说"我喜欢你的裙子，我觉得你穿着它美极了"，以鼓励她开口。

如果你察觉到自己因孩子的困境感到恐慌或无助，请一定停下来提醒自己，你的痛苦要放在孩子的痛苦之后。我听一个熟人讲过她突然接到附近医院电话的事。"我13岁的女儿过马路时被一辆出租车撞了，她被送去了急诊室，"她说，"我整个人吓傻了。"这位母亲赶到，看到女儿腿骨骨折，经受着疼痛的折磨。目睹女儿的惨状，使她产生了过激的"战或逃"的反应。她没有坐在女儿床边安慰女儿，而是开始抓住每一个她找得到的医护人员，寻求他们的关注。

这位母亲的第一反应是寻求即时的帮助。当为人父母的人看到自己的孩子受苦时，立即行动以停止孩子的痛苦，是非常自然的反应。然而，如果父母因孩子的痛苦（以及他们自己的痛苦）而崩溃的话，他们什么忙也帮不上。女孩一直一个人待在急诊室里。她需要母亲的陪伴和安慰，需要母亲告诉她一切都会好起来，更甚于需要药剂。在母亲回到女儿的病床边之前，女儿只能沉浸在刻骨的悲伤之中。母亲以为自己在帮助女儿，但由于被自己的悲伤吞没，所以她只是帮了倒忙。

面对危机，主动掌控

你的感受并不是问题所在。问题是要建起脚手架来帮助孩子处理他的感受。如果孩子表达出艰难的情绪，而家长的反应是陷入痛苦，那么孩子就会对自我表达感到焦虑，从而隐藏起自己的感受。如果你对孩子的负面情绪报以同情和关怀，孩子就会学会开诚布公地表达自己的感受⊖而不感到羞耻，并且对他人也更加充满同情。孩子在未来成年后能否成功地与人交往，取决于你现在能否在你们的互动中保持稳定。

然而，在一些情况下，不崩溃才是荒唐的。即便如此，你能为经历了悲剧事件的孩子做得最好的事，就是成为一股稳定的力量。

我们的一名青少年患者被一名教师强奸了。她的经历是创伤性的，我们花了几个月的时间治疗她的创伤后应激障碍（post-traumatic stress disorder, PTSD）。到了最后，她能够说："不是我的错。我什么也没做错。"接受了这一点后，她的忧思和噩梦都减少了。

⊖ Eisenberg, Nancy, et al. "Parental Reactions to Children's Negative Emotions: Longitudinal Relations to Quality of Children's Social Functioning." *Child Development*, April 1999.

不幸的是，她的母亲没能跟上她的进度。这位母亲因没能阻止那场性侵事件感到无比自责，尽管她根本不可能阻止。她坚信她女儿的人生被毁掉了，而且如果再去接触男孩子（包括男性友人）的话，她女儿会遭受进一步的创伤。约会和亲密关系就想都不要想了。在母女共同参与的治疗会面中，这位母亲哭诉着强奸事件和接踵而至的负罪感如何压垮了她。每次她都哭着说："都是我的错。"然后女儿回答："我不怪你。"母亲迫使女儿从自身的情绪恢复中跳出来，扮演起了安慰者的角色。母亲持续的危机，延长了女儿的痛苦。

"即使家庭陷入了危机，陷入了一种只能称之为'失控'的状况，做父母的依然有必要在孩子面前控制好自己的情绪。"儿童心理研究所创伤与恢复服务部主任杰米·M. 霍华德说。

霍华德博士曾引导父母和老师们走过了非常艰难的处境。在 2012 年康涅狄格州纽敦的桑迪·胡克小学发生大规模枪杀案⊖后，儿童心理研究所的治疗师们为受到案件影响的几百名患者、父母和教育者提供了服务。针对一些父母和老师，我们推荐他们接受 PTSD 咨询，其中必然包括训练他们如何在孩子和学生面前表现冷静。

害怕在学校被枪击，确实是 Y 世代和 Z 世代⊜学生们（以及他们的父母）独有的一种焦虑。"从我们在这个领域里所做的所有工作中，我们发现，孩子们会模仿成年人，学习该产生何种感受，"霍华德博士说，"我见过许多父母为学校的枪击案演习给孩子带来的影响感到惶惶不安，但我去问孩子们时，他们并未报告对演习感到害怕。对他们而言，枪击案演习和消防

⊖ 2012 年 12 月 14 日，康涅狄格州纽敦的桑迪·胡克小学发生枪击案，造成包括枪手在内的 28 人丧生。——译者注

⊜ Y 世代和 Z 世代都是美国的世代名称。Y 世代又称千禧一代，指 20 世纪的最后一代人，一般认为包含出生于 1980 年到 2000 年左右的年轻人；Z 世代，即 20 世纪 90 年代中后期至 21 世纪 10 年代的年轻人，还有一种说法，Z 世代指 2000 年左右至 21 世纪 20 年代出生的孩子。——译者注

演习没有区别，只是学校的一项活动而已。对孩子们来讲，现实是，他们的父母比他们还要害怕。"那些确实崩溃了的孩子（表现为做噩梦和不愿或拒绝上学）往往有在家里不断提起最近案件的父母。

"为父母提供帮助时，我们注重能力，"霍华德博士说，"人们如何才能提高保持安全的能力？他们需要学习或实践什么？"借助**能力方案**，可以减少涉及较大社会群体的、让他们感到恐惧的情况所引起的焦虑。这些情况包括：校园枪击、疫情暴发、疯狂犯罪、飓风预警。简要版能力方案如下：

- **准备充分**。每一次讨论都应聚焦于如何保持安全，而不是世界如何不安全，如何危险。根据美国疾病控制与预防中心（Centers for Disease Control and Prevention）2019 年的研究，你的孩子遭校园枪击身亡的概率是 1/2 000 000。[⊖]告诉孩子："很可能，你永远也不会遇上校园枪杀事件。然而，如果确实发生了枪击案，你知道安全出口在哪里。你做过演习。你会知道怎样做。"

- **保持信息的一致性**。避免造成信息混乱。具体方法有：联系学校，获取政府就校园枪击事件给出的说法，以及给出的安全预案。在家中以相同的方式传达这些信息。

- **表现出处变不惊的样子**。如果孩子回到家，说"我们今天组织了枪击案演习"，请冷静地回应，但不要冷漠。一句居高临下的"不错啊，亲爱的"听起来好像你并不关心这件事。你可以不慌不忙地表达你的关心。表现得积极一些，你可以说，"演习听起来很有用。多练习一些保证安全的方法，是非常好的"。

- **保持理性**。焦虑的一种适应性功能，就是让人做好准备。焦虑驱动我们未雨绸缪，而当焦虑超出了适应性的部分时，它就成了一种障碍。人们开始相信他们无论做什么都无法避免灾难，并为小概率事

⊖ Holland, Kristin M., et al. "Characteristics of School-Associated Youth Homicides—United States, 1994—2018." CDC, January 2019.

件或就算发生了也没那么糟糕的事情，感到不成比例的担忧。准备做得过了头，也不会减轻焦虑，反而会加剧焦虑。在恐慌的状态下，你找不到问题的解决方案，也帮不了任何人，因为你无法清晰地思考。

如实表达感受会怎样

我提醒一位母亲在孩子面前控制好自己的焦虑，她听后说道："那我到底要不要为孩子们树立情绪表达的榜样呢？不要自相矛盾啊，科普维奇博士。"

烦恼和愤怒是人生的一部分。我们都经历过恐惧、担忧、悲伤、失望、困惑、惊慌，我们也都需要教给孩子，可怕的感受会成为他们人生的一部分，而且终其一生都是如此。重要的是我们处理这些感受的方式。你要展示给孩子的是，你不会被情绪控制。你在经历各种情绪时，能够很好地控制自己。

"你并不是要给孩子树立一个像机器人一样的榜样，"霍华德博士说，"我们在儿童心理研究所经常见到的一种状况，就是如何处理悲伤，例如孩子的祖父母中的某位即将或已经去世的情况。孩子的妈妈或爸爸，也在失去他们的妈妈或爸爸。父母会感到悲伤，这是完全可以预见的。那就哭吧。如果孩子因为目睹你的悲伤感到无措，告诉他'我很难过。我会想念外婆的，所以我在哭，但我不会一直难过下去'。"

要为孩子建起脚手架，就请为他树立一个恰当地（而不是戏剧性地）、真实地表达情绪的榜样，并教给他情绪本身的发生机制。举例来说，悲伤的机制是，人们会为失去感到难过。产生这样的感受，不仅正常，而且健康。悲伤最终会消散，人会再次好起来。

巧合的是，正当霍华德博士和我在讨论为孩子示范如何处理悲伤的事情时，她被告知，她的母亲因肺炎被送去了医院。"我女儿才 4 岁，她肯定吓坏了，跟我一样，"她说，"我很担心妈妈，我女儿也感受到了。我没打算假装不受影响，但我也没打算号啕大哭。所以我对我女儿说，'我真希望外婆没生病，医院也不是个好玩的地方，但医院里有药，有医生和护士。他们在全力以赴地治疗她。当她出院回家，能够在她自己的床上休息时，我会很开心的'。"

就算是 4 岁的孩子，也能看出妈妈的烦忧。如果是对情境的适当反应，那么烦忧就是完全没问题的。外婆住院了，这当然是让人忧心的事，并且这份忧心可以也应该被表达出来。

会让孩子感受到不该感受的恐惧的，是父母大肆表达自己的情绪，却不加解释。如果你在孩子的某个祖辈被送往医院后对她说"外婆不会有事的"，同时歇斯底里地哭的话，孩子会很困惑，这很好理解。困惑会给孩子带来焦虑，成年人也一样。区别在于，孩子不知道如何处理相互冲突的信息。在某个特定的状况之下，如果负责孩子的安全与生存的大人表达出了过多的紧张情绪，那么无论多大的孩子都会感到不堪重负，他们要么会崩溃，要么会紧闭心门。

如果父母试图不表现出任何情绪，孩子也会感到不安。我们中许多人是在"不要在孩子面前表现出来"的育儿哲学指导之下被审慎地养大的，这与美国的价值主张有关。华盛顿州立大学（Washington State University）的研究者们研究了父母向孩子隐藏情绪的结果。他们要求 109 位父母（母亲和父亲的数量大致相等）做一项会引起心理压力的任务，公开发言并获得差评，然后马上进入一个房间和他们的孩子一起搭乐高。一半的父母被要求故意隐藏起被听众喝倒彩所带来的压力，另外一半则被要求"自然表现"

⊖ Karnilowicz, Helena Rose, Waters, Sara F., and Mendes, Wendy Berry. "Not in Front of the Kids: Effects of Parental Suppression on Socialization Behaviors During Cooperative Parent– Child Interactions." *Emotion*, 2018.

即可。

华盛顿州立大学人类发展系（Department of Human Development）的助理教授萨拉·沃特斯（Sara Waters）告诉《科学日报》（Science Daily），"由于要努力压抑自己的负面情绪，这些父母在陪孩子玩乐高时变得不积极了，他们提供的指导也更少。然而有反应的不只是父母。孩子们对他们的回应也更少，积极性也较低。就好像父母把情绪传染给了孩子一样"[⊖]。

比压抑情绪健康得多的方式，是允许孩子看到你正在面对困难，承受痛苦，然后应对并解决冲突。"让他们看到整个过程，"沃特斯对《科学日报》说，"这样可以帮助孩子学习如何调节他们自己的情绪和解决问题。他们会看到，问题是可以解决的。最好让孩子知道你很生气（或悲伤、害怕、困惑、失望），然后告诉他们你会如何应对这些情绪，让状况变得好起来。"这里有个例外，就是父母之间发生激烈的矛盾冲突时，两个人应该关起门来解决。

为儿童搭建情绪控制的脚手架

　　结构。只要有可能，就去关注自己是否有能力安抚孩子（以及你自己）因状况"失控"而感受到的不安。如同消防和枪击案演习，情绪的准备与确认也应该经常进行。

　　支持。给孩子示范你自己处理困难情绪的能力，并解释各种感受的发生机制，从而增强孩子的应对技能。

　　鼓励。你崩溃，孩子也会崩溃。对他们分享的每件事都给出冷静的反应，从而鼓励孩子敞开心扉自我表达。

⊖　Washington State University. "Emotional Suppression Has Negative Outcomes on Children: New Research Shows It's Better to Express Negative Emotions in a Healthy Way Than to Tamp Them Down." *ScienceDaily*, 2018.

怪诞星期五（以及星期六、星期日、星期一……）

如果你总是以极端的方式向孩子表达情绪，而他们又总是被迫安慰你，为了适应这种状况，他们成年时就会发展出一系列不健康的行为。在父母有精神疾病、药物成瘾、酗酒、残障和离婚等情况的家庭中，我们看到了上述行为。在悲惨的环境下，由于孩子们的所见所闻，以及为了维持家计而不得不为父母做事，他们被迫离开了正常的童年状态。孩子成了照顾人的人，父母则成了被照顾的一方。这种角色倒转叫作"**亲职化**"，它对亲子关系和孩子的情绪发展都有着极强的破坏性。

从心理上来讲，亲职化有两种变体：一种是工具性的，另一种是情绪性的。当孩子被迫去做本该由成年人去做的、远远超出家务范畴的事务时，就会发生**工具性亲职化**。一个陷入严重经济危机、无法全天候照看患有阿尔茨海默病的祖父的家庭，曾来找我们做咨询。在他们的要求下，他们12岁的女儿实际上成了87岁的爷爷的护工，喂他吃饭，给他洗澡。在父母的期望下，像一个母亲或父亲一样去工作赚钱补贴家用，照顾弟弟妹妹，这样的孩子，就是在不同程度上被工具性亲职化的。并不是说青春期的孩子不应该负起偶尔照顾弟弟妹妹的责任，但持续地强迫一个孩子去做本该由父母来完成的事务，会让他成长得过快。

情绪性亲职化或许更为隐蔽。父母把孩子当作知心朋友或倾诉对象，向他们求助。这样的情况对于正在经历鸡飞狗跳离婚的父母而言非常常见。父母中的一方试图让孩子站在自己这边，便把和配偶间发生的个人、两性或情绪经验都倾吐给孩子。没有一个孩子该成为父母之间的调解者。他也不应该负责倾听妈妈的约会故事、爸爸的财政困扰，配合父母的自我膨胀，监督他们的饮酒情况。

你不可能若无其事地跳过孩子的童年。孩子需要年复一年无忧无虑的时光，去犯傻，同时又充满创造力，去犯低风险的错误，而不必承担成人世界的沉重包袱。父母的感受和责任不该压在孩子肩上。若父母强迫孩子去操心他们的问题，这将会带来巨大的压力和伤害。孩子被迫从他自己的发展阶段离场，并将因此而错过掌握重要人生技能的机会。也就是说，当他像灰姑娘一样被迫做这做那的时候，他就无法学会信任、交友、学习、分享，学不会自我觉察、相信自我价值、设立目标，最终无法形成自我认同。

我们曾有一名病人萨莎，是一名 16 岁的女孩。她的母亲患上了转移性乳腺癌。萨莎变得非常依赖父亲，这是个常常因自己的处境而自怜自哀的人。她担心母亲的健康状况，却把精力用于支撑父亲：并不是为了让他振作起来照顾他生病的妻子，而只是为了保证他自己不垮下来。萨莎即将失去身患绝症的母亲，到那时，她就只能和脆弱的父亲相依为命了。她肩负起了维护父女关系的责任，但是由于她的父亲心力已竭且顾影自怜，他并不因此感谢萨莎，甚至都没有注意到她做的这一切。至于她的母亲，她的病太重，什么也做不了。

由于担心父亲的心理状况，无论父亲叫她做什么萨莎都答应，即使是她自己不愿意做的事，比如转学，以及停止治疗。亲职化的后果在她停止治疗前已经表现了出来，她的焦虑与日俱增，应对行为也不健康。她开始和一个对她不好的男孩约会，并开始尝试药物和酒精。再长大一些后，她很可能需要处理相互依赖的问题和取悦他人或自我否定的行为。亲职化的危害严重且持久：焦虑、抑郁、进食障碍、物质滥用、信任缺乏、矛盾情绪，认为权利意味着破坏，卷入有害的亲密关系，等等。[⊖]

亲职化如同强迫孩子忘记为自己的建筑添砖加瓦，转而在你的脚手架之外去建另一座脚手架来支持你。

⊖ Jankowskia, Peter J., et al. "Parentification and Mental Health Symptoms: Mediator Effects of Perceived Unfairness and Differentiation of Self." *Journal of Family Therapy*, 2011; Jurkovic, Gregory J. *Lost Childhoods: The Plight of the Parentified Child*. Routledge, 1997.

你是导师，是引领者，是孩子的支撑。永远不该反过来。

亲职化的体现

这里所说的会造成严重情绪伤害的角色倒转，远远超出了要求孩子做家务、需要时叫孩子搭把手的范畴。以下这些责任会给孩子带来风险：

- 帮助酗酒的父亲或母亲洗澡、上床、清理呕吐物。
- 成为父亲或母亲的知心朋友和哭诉对象。
- 代替缺位或失职的父母，为弟弟妹妹做饭、打扫，照顾他们。
- 补贴家用。
- 要求他们参与大人的事务，例如父母的财务、婚姻和性生活。

爱挑衅的青少年

我在前文已经谈到过，青少年会通过挑战父母底线的方式逃避自己不想做的事，比如做作业，但那只是他们故意挑衅的原因之一。

你可能听说过或读到过，焦虑在年轻一代中间大肆蔓延。Z 世代被称为"最孤独"[一]"压力最大"的一代，也是精神健康最可能出问题的一代。[二]为什么呢？孩子面对着很多压力，这是焦虑高频发生的一个原因。他们表现得易怒，因为他们任务繁重，或面临着许多社交问题。青少年不能对老师和朋友叫喊，所以最简单的办法就是发泄在父母身上。无论他们在烦恼什么事，你都可能成为其怒气、烦恼、恐惧的靶子。

父母面对的一个经典的两难困境：你不希望孩子对别人发飙，因为

[一] Cigna's U.S. Loneliness Index, 2018.

[二] American Psychological Association, Stress in America Survey, 2018. Gen Z research : https://www.apa .org/news/press/releases/stress/2018/stress-gen-z.pdf.

那样可能对他们之间的关系造成破坏，所以你就把自己变成了他可以泄愤的靶子，尽管这可能对你们之间的关系造成破坏。父母就是这样自我牺牲的啊！

如果你像我们推荐的那样，在你青少年期的孩子朝你发泄时保持完全冷静的话，泄愤的过程可能就不会让孩子得到满足。你和对方吵架，对方也吵回来，这样感觉才比较好，对不对？然而不要这样。你可能会想，不和孩子好好吵一架，是不是对他不利。当然了，你很想吵回去，美其名曰"帮孩子把他的感受说出来"。然而这是一个长期策略，如果把它当作短期策略的话，就不明智了。所谓脚手架，可不是要教青少年学会挑起争端并取得胜利，而是要教会他们如何处理好自己的感受，并且用一种不引起破坏的方式将它化解。

这里介绍一种青少年两步"保持稳定"方案。

第一步，**确认**。重复孩子所说的话，确保他知道你听进去了，例如，"我明白了。你特别心烦。这次考试真的很难。我很遗憾。听起来很不公平"或者，"我明白。你想要多跟朋友待一会儿，比我们规定的回家时间再晚点回来，但不行，因为我认为再晚就不安全了"。

有一句话完全起不到确认作用，并会对青少年本就想挑事的心情火上浇油："因为这是我说的。"这句话就像对着公牛摇红披风，或者公然挑起一场意志之战。避免说出这样的话，多想一想你是如何制订各种规则的。你应该好好解释它们，证明它们是合理的。对于大一些的青少年来讲，仅仅模糊地要求他们服从你的权威是没有用的。他们这个阶段的发展任务就是质疑权威。

第二步，**休战**。给他们示范如何避免冲突升级，这可能是一项救命的技能。在对话开始重复时，你就知道是时候离开房间了。除非有一个能够控制情绪的人（你）中断谈话，否则它将无休止地原地打转。你可以说，

"听着，我现在得去做晚饭了"或"我现在得去检查你妹妹的作业了"。你并不是在拒绝沟通，你只是中场叫停，而这是对重启对话非常有效的策略。

这个方法在伴侣治疗中也有奇效。约翰·戈特曼（John Gottman）博士，美国心理学家、婚姻稳定专家，做了40年有关冲突解决的实验。在一项研究中，他将参与的情侣们连接到心率监测器上，并要求他们就二人之间的问题展开充满火药味的谈话。[1]随着对话的进行，被试的心率一路飙升。这些情侣中有一些被实验人员告知，他们的实验设备坏了，并被要求在机器修好之前暂停谈话。在这段时间内，他们有的读杂志，有的玩手指，都做着安静且冷静的事。20分钟后，当他们的心率和呼吸率回到基线时，他们被要求继续谈话。此时，与未作休息、一直在争执的其他组情侣相比，他们的对话明显更有建设性。

争吵中的休息对于父母和青少年而言，也是一样有效的。为孩子树立榜样，在陷入僵局时后退一步。这非常有用，能够避免你们中任何一方说出将来会后悔的话。

当父母"搞不定"时

有些孩子在社交上或情绪上有非常严重的困难，让父母在旁看着就不忍心。有一些父母没有犯脚手架中反应过度的错误，却走向了反应不足的极端。

对于困难的情绪，以回避作为应对策略起不到作用。儿童心理学家、北卡罗来纳州凯里市焦虑健康中心（Anxiety Wellness Center）主任、北卡罗来纳大学教堂山分校教授、作家奥林·平托·瓦格纳（Aureen Pinto Wagner）博士，曾写到过"忧虑之丘"（Worry Hill），[2]一个"回避的恶性循

---

[1] Gottman, John, and Silver, Nat. *The Seven Principles for Making Marriage Work: A Practical Guide from the Country's Foremost Relationships Expert*. Random House, 2015.

[2] Pinto Wagner, A. *Up and Down the Worry Hill: A Children's Book about Obsessive-Compulsive Disorder and Its Treatment*. Lighthouse Press, 2000.

环"，并论证了它有多么无效。她打了一个比方，当你陷入焦虑时，你就爬上了一座山丘，一直爬到焦虑强度的顶峰。你可以容忍这份焦虑，随着它的平息从山丘的另一侧下来（随着时间的推移，你会习惯于焦虑，焦虑的影响也会减弱）；或者，当你爬上忧虑之丘的顶峰时，你用逃避现实的方法回避这些感受。焦虑很快就会消散，但回避阻止了习惯的养成。每一次焦虑发作都会达到相同高度的顶峰，而不会随着时间的推移逐渐减弱。你永远不会到达忧虑之丘的顶峰并从另一侧下来，你只会不断地攀爬焦虑之坡，反反复复。要应对不舒服的情绪，你必须学会容忍它们。如果逃避的话，你就永远没有机会学会。

青少年玛吉因抑郁症而来到了儿童心理研究所。她的母亲劳伦是个非常焦虑的人，说起玛吉抑郁发作的事情时泣不成声。玛吉看到母亲如此脆弱，便不敢对她说起自己的抑郁。劳伦还酗酒，这使状况雪上加霜；酗酒的事，玛吉也不敢和妈妈谈。她们避而不谈的一切，构成了她们的关系。劳伦想支持女儿（至少理论上是如此），但酗酒和回避使她错过了每一次支持玛吉的机会。

过分脆弱的反面是过分愤怒。我们治疗过一个 14 岁男孩的焦虑，就叫他汤姆吧。他的爸爸在华尔街工作，是个神经极度敏感的宇宙之王型人物，会在汤姆运动时没做好或成绩没有拿到全 A 时对他发脾气。这个爸爸相信，汤姆的失败伤了他的面子。（供参考：这个男人需要好好学学脚手架教养法！）汤姆告诉他的治疗师，他害怕做任何事，除了坐在桌边，打开笔记本电脑，因为这样做会让爸爸为看到他好好做作业感到高兴。实际上，汤姆是在他的电脑上看电视，但他爸爸没有发现。汤姆把全部精力和时间都用于想方设法控制住爸爸的怒气，而他实际上有许多其他的事情要搞清楚如何做，例如处理他自己的焦虑。我们的治疗师的确坚持要为汤姆的爸爸开设单独的咨询，告诉他如何在儿子的事上放轻松，也告诉他生气是没用的。坚持无果，这个爸爸对治疗师发了一通脾气。

为青少年搭建情绪控制的脚手架

　　结构。要求他们做家务，但不要让他们肩负成年人的责任，把他们变成小大人。另外，永远不要像对朋友一样对青少年倾诉，也不要冒亲职化的风险。

　　支持。做他们可以安全地发泄的对象。确认他们的感受，如果对话开始循环重复，请及时休战，过一会儿再重新开始谈。

　　鼓励。保持稳定，是鼓励青少年分享他们的困难感受的唯一途径。如果你回应以悲伤、愤怒或回避，他们就会把自己的感受隐藏起来。

　　当然，这些是极端的例子，那名脆弱的母亲和这名愤怒的父亲本人都需要干预，但多数家长都有不想听孩子说自己的问题、没心情支持孩子的时候。在处理他们的问题之前，我们也有我们自己的问题需要处理。没人说过养育是意志薄弱者的工作。要做到稳如磐石，你需要为自己计划出休息时间，以便自我关怀，以及依靠你的情绪支持网络——你的伴侣、朋友和家人。孩子需要你的支持和鼓励，来跨过青春期的痛苦和压力。不要从你的脚手架上爬下来，留他们独自面对自己的感受。

焦虑的父母

　　霍华德博士幼时曾患有广泛性焦虑障碍（generalized anxiety disorder, GAD），但那时没有接受过治疗。"我现在依然在与之周旋。当我和女儿一同走进游乐场时，我有时会感到非常紧张，因为我看到她受到伤害的各种可能性，而且我必须时刻在一群跑来跑去的孩子中盯紧她的行踪，"她说，"有些焦虑是好的，能够保护她不受伤害，但我所感受到的焦虑中有很大一部分是非理性的。"

　　她知道焦虑具有遗传性，所以很注意在女儿面前表达的方式。"游乐场应该是好玩的才对。我确保自己说的是类似这样的话——'看看这些东西！你想先玩什么呢'，这样可以让情况缓和一些，对我自己也有帮助。"实际上，她是同时在说服女儿和自己。

孩子会学着父母的样子解读状况。如果一个焦虑的父母以非理性的方式去解读（只看到斜坡有多陡，秋千荡得有多高），而不符合实际（游乐场是安全的，而且管理良好），这种方式会潜移默化地传给孩子。如果一个焦虑的母亲能够以事实为基础去解读状况，那么她就树立了一个理性的榜样。

要为孩子建起理性应对压力和焦虑的脚手架，了解你或你的孩子是否患有 GAD，是有帮助的。如果是，就需要干预和治疗。如果不是，就向霍华德博士学习，问问自己："我现在是理性的吗？我的担心是理性的吗？我要如何理性地表达自己的心境，才能不让孩子产生不必要的不安呢？"

孩子焦虑，依严重程度可分为"正常""问题""障碍"三种（见表 5-1）。

表 5-1　是不是 GAD

正　常	问　题	障　碍
你或你的孩子在头脑中，而不是身体上感受到焦虑，没有躯体症状	你或你的孩子所经历的焦虑似乎超出了刺激事件的规模	你或你的孩子持续地担心一切，而不是具体地担心在学业、工作或其他活动中的表现，也不是担心满足期待的能力
你或你的孩子的担忧，客观来讲是理性的、暂时的、以现实生活中具体可感的事件为基础的	你或你的孩子的焦虑是普遍存在的，并不一定是由具体事件引起的	你或你的孩子频繁地寻求保障，以缓解恐惧或担忧 你或你的孩子因焦虑而顽固、易怒、焦躁 你或你的孩子有躯体症状，包括疲劳、胃痛、头痛

（续）

正　常	问　题	障　碍
你或你的孩子可以找到问题的解决方案，从而消除焦虑	你或你的孩子很难冷静下来，即使诱发焦虑的源头已经被解决	你或你的孩子对现实生活中具体可感的问题感到过分恐惧 与成年人不同，患有 GAD 的儿童可能意识不到自己的恐惧是过分的

那么，当乔舒亚告诉我和琳达他在营地感到没人爱他时，我们到底是怎样处理的呢？

我一开始感到不安，但随后我把它当作一个待解决问题来处理。我们见了宿营负责人，聊了聊乔舒亚遇到的困难。此举引起了重视，他们也做出了相应的调整。在那个夏天余下的时间里，乔舒亚坚持了下来，但是我们接他回家时，他在车上告诉我们他是强迫自己坚持下来的，自己全程都很痛苦。

我没有立刻放弃乔舒亚可能并且会爱上宿营的想法，于是我和我妻子开始寻找替代项。我们查找了其他宿营，收集了厚厚一摞传单，准备拿给乔舒亚看。然而当我们满怀热情地把传单送到他面前时，他一点兴趣都没有，并全部拒绝了。

不想参加宿营这件事并没有成为他的困扰，那我为什么要困扰呢？我需要更仔细地反省一下自己的动机。让我感到不舒服的，是他没有按照我头脑中"孩子该在多大的时候做什么事"的时间表去做事。然而我花了点时间说服自己允许乔舒亚按照他自己的时间表而不是按照我的时间表去成长和发展。我曾对其他父母讲过一样的道理，我自己也该接受自己的建议。我因为我儿子的人生步调而感受到的不适，并没有帮到他，反而伤害了他。强迫他重返营地，是个坏主意。

第二年夏天，他去了一个日间宿营，他非常喜欢。第三年，他参与了一个为期两周的网球宿营，也很成功。最后，他离开家参与了一次为期八周的宿营，几年后又参加了一次青少年旅行，时长是整个暑假。我陪伴着我的儿子，按照他的节奏成长，并通过回顾我自己曾经的难过经历，为他提供积极的经验，使他获得力量。

钉牢横板

　　没有什么事是比看着自己的孩子受罪更难的了，但你必须要保持稳定，容忍自己的不安，以建起脚手架，支持他们成长。

耐心

▫ 即使你深深地感受到孩子的痛苦，也要等到你离开孩子后再发泄你的痛苦。我们的目标是首先引导和支持他，并树立自我控制的榜样。如果你需要发泄或寻求安慰，向其他成年人求助。

温暖

▫ 当孩子遇到烦恼时，要温柔，要给予关注。

▫ 多听少说。

▫ 肯定他的感受。

觉察

▫ 时刻注意自己是否反应过度、压抑情绪、回避处理当下的问题。这些方法对你和孩子都没有帮助。

冷静

▫ 将你紧张的情绪表达缓和下来，不要让孩子感到困惑或害怕。

▫ 永远不要以痛苦回应孩子的情绪表达，不然他就会学着隐藏并内化自己的负面感受。

监督

▫ 和孩子确认他的感受。不要以为建立一次脚手架，提供一次安慰，示范一次情绪控制就够了。

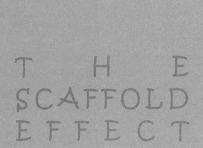

T H E
SCAFFOLD
EFFECT

和孩子待在同一"楼层"

冷静、倾听、与孩子坦诚沟通

想象一下：站在一楼，试图同楼顶的人讲话。不容易吧。楼顶的人会不得不"居高临下"地与你交谈，或者对你喊话。他或许会因为太麻烦而根本不讲话了。你们之间的距离，使本来简单、坦诚的沟通变得不可能。

现在想象孩子的建筑，而你的脚手架和他在同一楼层。你们可以在很近的距离内直接交谈，看着彼此的眼睛，用同样的语言和语调，谈论一些使你们感到彼此间平等的话题。

如果想要为你们的交流创造和维持开放的条件，就把你的脚手架保持在和孩子的大楼相同的高度。诚实、纯粹地待在这个"楼层"上。

15 岁的女孩格温，是我们儿童心理研究所的一名病人。她会弹吉他，是一名出色的艺术家，并会在每年圣诞重读达夫妮·杜·穆里埃（Daphne du Maurier）女爵士的《蝴蝶梦》。[一]我们诊断并治疗了她的轻度抑郁。促使格温来找我们求助的事件，是她的一名同学自杀后几天，她和她母亲之间的一次对话。"格温基本上不认识那个孩子，"她妈妈凯瑟琳说，"他们年级不同，社交中也没有交集。他是个所谓的受欢迎的学生，而格温比较文艺，在同学圈子中比较边缘。吓到我的是，当我按照学校管理层的要求问她对这个自杀事件的感受时，她说'真的很让人伤心。他看起来是个很好的人，但如果他真的抑郁到那个程度的话，或许这样解脱了反倒是好的'。第二天，我就打电话预约了一次治疗。真正的问题在于，我们不了解她的感受，也不知道她是怎么想的。她看起来还好。如果她对我们说'我抑郁'或'我没有朋友'，我们马上就会有所行动。事后回想起来，我发现她之所以在 15 岁时不和我说她的感受，是因为我们在她 10 岁的时候就没跟她谈过这些，5 岁时也没有，从来没有过。因为我和我丈夫在长大的过程中，就没有在父母的引导下分享过自己的感受。我记得，在我很小的时候，如果我为什么事情哭泣，我妈妈就会叫我回到自己的房间，笑不出来就不要出屋。他们教会我假装。一想到我可能也是这样对格温的，我就难过得要死。我从未教她表达自己的感受。"

育儿脚手架的一块基石，是教给孩子一套情绪词汇。在教他们"奶牛""房屋"这些名词的同时，也要教他们辨认感受。一个能够说出"我感到伤心""我感到失望""我感到生气"的孩子，就是在习得社会和情绪智力，这在他往后的人生中都是很有用的。为情绪命名，对管理其后果也有帮助。在加州大学洛杉矶分校（UCLA）2007 年的一项研究中，研究者给被试展示愤怒、恐惧和悲伤的人脸照片，同时他们的大脑通过功能性磁共振成像

[一] 《蝴蝶梦》（*Rebecca*），又译《利贝卡》，是英国女作家达夫妮·杜·穆里埃创作的长篇小说，是一部基调阴森压抑的浪漫主义名著。——译者注

（fMRI）机器被成像。[⊖]当人们看到愤怒或恐惧的照片时，他们身体中源自大脑杏仁核区域的报警系统就会发出警报。然而当人们说出该情绪时，仅仅是在看到照片时说出"生气"或"害怕"，杏仁核的激活程度都会降低。

孩子学会了如何命名自己的情绪，即回答了"是什么"的问题后，下一步就是考虑它"为什么"会发生，再然后就是"怎么样"处理。这个"是什么""为什么""怎么样"的过程，就是我们每个人在一生中解决问题的方法。

如果我们在脚手架的架设中只做一件事，其他的都不做，那么这件事应该是为孩子打下情绪觉察和分析能力的基础，这会伴随他们直到成年。然而，只有你在孩子的每个年龄阶段都一直倾听、沟通，和孩子心意相通，上述这件事才能达成。作为脚手架的架设者，我们的工作是引导孩子理解他们自己，如果孩子没有机会与你沟通，或对与你沟通一事感到紧张，这项工作就很难完成了。

与儿童或青少年阶段的孩子沟通，未必会是一件容易的事，特别是凶猛地保护着自己隐私的青少年，或是对谈论自己的感受感到十分困惑或尴尬的孩子。遇到阻力时，你可能会放弃沟通，误读孩子的信息，或错过与他们交心的机会。

只要你忍受过说起话来没完没了的4岁小孩，或恼火过郁郁寡欢的青少年"嗯""哦"的单字回答，你就会知道，和孩子沟通可能是件很烦的事。然而，通过使用脚手架的横板技巧，即耐心、温暖、觉察、冷静和监督，你和孩子之间的沟通将变得引人入胜、妙趣横生、坦诚相见、润物无声，虽然有时可能会有困难，但总会有收获。你们之间的沟通会越来越深入，越来越丰富，从他们的童年到青春期，再到成年。

这种持续一生的沟通，要如何开始呢？

⊖　Lieberman, M. D., et al. "Putting Feelings into Words: Affect Labeling Disrupts Amygdala Activity in Response to Affective Stimuli." *Psychological Science*, May 2007.

小闲聊

即使父母充满爱意，孩子精神健康，父母也可能很难让孩子自在地分享他们的想法和感受。想象一下，你是一名咨询师，你即将和一个焦虑或抑郁的孩子进行第一次咨询。当病人走进我们的办公室时，他很可能已经在他的症状、行为和回避之中承受了几个月甚至几年的痛苦。他的学业和社交生活都是一团乱麻。他可能已经看过几次医生，并对治疗过程充满了怀疑。我们常听到父母说，儿童心理研究所是他们最后的希望了。那么我们到底要如何让一个身陷极大危机的孩子对一个完全不认识的人敞开心扉呢？

我们有一些让孩子开口说话的方法。下面是我们在治疗中用到的一些小技巧，你可以在家里使用它们，来帮助虽未出现临床症状，但不是特别善于表达或敞开心扉的孩子。

- **使用他们听得懂的语言**。把话题拆分成几个简单的部分，每次只说一个。例如，在和学前儿童沟通时，如果你想知道你的儿子今天玩得好不好，可以问这样的问题："今天玩的时候，发生的最好的事和最坏的事都是什么呀？"这会引出开放式的、字数较多的回答。然而像"你玩得开心吗"或"你吃了什么呀"这样的问题，一个词就回答完了，对你没有什么帮助。避免概念性的问题，如"你觉得你和丹会成为好朋友吗"，这可能会导致迷惑的沉默。
- **使用与孩子年龄相符的语气**。不要用对 16 岁孩子说话的语气对 6 岁的孩子说话，但也不要把孩子低龄化。要准确地选择一种语气，让孩子愿意回应你，使用与他的朋友、老师和教练一样的语气即可。研究孩子"在外面"怎样说话，这样你在家里和他说话的语气，就有了参考。
- **不要说废话**。孩子不像大人一样有过滤机制。"我现在可以说一些蠢话，房间里的成年人出于礼貌会无视这些话，但孩子会问，'你为什么这么说'，孩子会盘根问底。"我们强迫障碍服务部主任杰里·布勃里克（Jerry Bubrick）说："废话能结束一场对话，也能把对话带偏，所以不要说废话。"

- **就他们的兴趣提问**。如果他们爱运动，就问问球队的事。如果他们喜欢时尚，就请去学点关于品牌的实用知识。当孩子对对话的话题有自信时，他们就会放下戒备。

- **欲得李，先投桃**。"有一个思想流派认为，医生不应该向病人透露自己个人生活的细节，"布勃里克博士说，"如果是对成年病人，我同意这个说法，但是这个原则对孩子不总是适用的。他们需要对你这个人有点了解。所以我会对他们讲很多我过去的焦虑，比如我怕狗。焦虑的孩子就会相信我能够理解他们，他们也能够很舒服地告诉我他们怕什么。"请和孩子分享相似的感受或经历，从而证明你能够理解他们。不过要快点说回孩子身上，不然就变成你在讲课了。

- **表现得随意些**。"一般来讲，在同孩子做治疗时，我的领带是松的，领口的扣子不会扣，袖子会卷起来，"布勃里克博士说，"我不是医生，我是杰里。"作为父母，你是权威人物，但是表现得轻松点，孩子就不会那么怕你了。

- **听他们说自己是谁**。"我的一名病人一直被人叫约翰尼。14 岁时，他宣布他希望别人叫他乔纳森，"⊖布勃里克博士说，"他生活中的每个人都改了口，除了他的母亲。她改不掉这个习惯。他在治疗中说，他妈妈没有把他当一回事，因为她还在用他的'小名'。如果她不把他当回事的话，那他为什么还要和她说话呢？"你的孩子已经不是那个说"睡觉觉""棒棒的"的孩子了，他在很多方面都成长了。跟上他的语言习惯，这样才能和他待在同一"楼层"。你不一定要按照他的习惯说话（那样听起来可能会很别扭），但你一定要理解。

大谈话

有时候小的闲聊是行不通的。你必须和孩子来一场大的谈话，这场谈

⊖ 约翰尼（Johnnie）是乔纳森（Jonathan）的昵称。——译者注

话来得可能比你想得更早，它可能是关于性、死亡、离婚、药物、气候变化，等等。

父母总是问我们："要怎么和孩子说……的问题？"一些很年幼的孩子的父母决定，可怕的话一句也不说。另外一些父母则认为什么都要说。

这两种策略都不对。

"我有个病人，一个 7 岁的小男孩，他家有人去世了，"蕾切尔·巴斯曼博士说，"他 93 岁的曾祖母去世了。这很令人伤心，但天并没有塌下来。小男孩在问这样的问题，'太奶奶去哪了''她的房子里会发生什么事''她的身体会怎么样'。"

从发展和临床的角度来看，孩子会对死亡、死后世界和腐烂分解感到好奇，是完全正常的。然而他的母亲为儿子一直问关于太奶奶的尸骨的问题而心烦意乱，她说"我们不要说这个"，从而终结了整个谈话。

在这个案例中，母亲的脚手架没有跟上孩子的发展。儿子在成长，而母亲在情绪上还没准备好与儿子同步。"拒绝回答孩子提出的合理问题，是教养中一个很大的过失，"巴斯曼博士说，"像埋葬自己深爱的家人这种重大经验，给了父母机会来建立信任，帮助孩子理解世界，以及鼓励他的好奇心。闭口不谈比直接回答更让孩子烦恼和害怕。他或许会想，'她为什么不告诉我？一定很可怕吧'。即使父母本身已经悲痛欲绝，无暇回答孩子一连串的提问，也可以说，'我们可以说的有很多，我也会回答你所有的问题，但现在，我需要处理其他事情'。"延迟要好过拒绝谈话，但前提是你遵守承诺。

如果你过于焦虑，不能谈论某一件事，那么你很可能会对许多事都感到局促不安。人往往是习惯的动物。你可能就是一个比较封闭的、性格保守拘束的人，遇到困难的对话就会避开。你不一定能改变自己的性格，但你可以承认，你的自然偏好对孩子的社会和情绪教育而言并不理想。请觉察到自己的不情愿，并努力去克服它，为孩子的成长提供信息和支持（建起脚手架）。建立一个令孩子信赖的、有来有往、有问有答、有呼有应的对话机制。要让他能够带着人生中所有困难的问题来找你。

我们发现，对那些因严肃谈话感到不适的父母而言，提前准备会有所帮助。从可靠的来源（你的儿科医生或一名治疗师）获取信息，问他们如何和孩子讨论该话题，要说什么。当你掌握了更多信息时，你就不会对谈话感到那么焦虑了。

当我们对孩子说："遇到困难，就来找我！""如果你的朋友喝了酒不能开车，打电话给我，我去接你。"这里面的信息是，"我们准备好了，并且能够随时去帮你"。所以，当孩子**真的**在凌晨3点打电话叫你开车接他回家时，你马上吼开了："你这孩子在想啥？"你们之间的情绪合约就被打破了。如果想要孩子信任你，你就一定要遵守承诺，并不做评判地倾听他的故事。随后，你可以用冷静的语调与他讨论到底发生了什么。

当孩子问了你一个让你（不管出于什么原因）感到愤怒或不适而不想回答的问题时，其中的动力系统也是一样的。他在二年级时问的"太奶奶在天堂吗"，就是在为高中时凌晨3点的电话热身。坚固的脚手架是不可动摇的，它不会因为一次健康的提问，或一场有关我们所有人都要面对的、生活的真相与现实的坦诚讨论，就岌岌可危。

你的矛盾心态传递给孩子的信息是，你接受不了真相。孩子会很快知道，只要向你提问，就会被拒绝，甚至被训斥。他也会很快知道，如果他想知道答案，那就得去别处寻找。

我们都不希望孩子通过网络去了解关于死亡、性、药物和宗教的知识。

如果孩子已经到了向你提问的年龄，你就需要给他答案。不必长篇大论。只要回答他问的问题就好了。至于要说多少细节，这就取决于孩子的年龄、经验和性格，以及你的个人偏好。你还可以找你的儿科医生和治疗师询问实操指南。

最近，我的一个朋友告诉我："我女儿大约六七岁的时候，她问我，'宝宝是从哪里来的'。我当时充分准备好了答案，给她来了一场关于精子与卵子相遇、最终发展成人形的小讲座。我女儿听后思考了1分钟，然后说'但是精子是怎么从身体里出来的呢'，我眨了几次眼睛，说'等你18岁再问我吧'。"

巴斯曼博士说："尽你所能说实话。我妹妹怀孕时，她11岁的儿子问道'宝宝要怎么出来呢'。我妹妹略作沉吟，答道'我会去医院，医生会帮我'。这个回答没能满足我的外甥，'但是他会从哪里出来呢'。最后，她说'我的阴道。宝宝会从我的阴道里出来'。小男孩想了想，说'哦，好吧'。然后他就去另外一个房间打电子游戏了。"如果你诚实地回答孩子，他可能不会完全理解，但他会在直觉上明白，你在对他说实话。在许多案例中，孩子需要你说实话，更甚于需要一个技术性的答案。孩子信任、依赖你，他们需要的是诚实。如果他们不理解你告诉他们的东西，他们会暂时将其搁置，将来有机会时、准备好了解更多时，再拾起来重新思考。孩子目光之所及，到处都是信息。作为父母，我们愿意应他们的要求，清理掉他们错误的认知，并提供与我们的价值观一致的信息。

在任何一次重要的谈话之后，你都应该问一句："你还有别的问题吗？"不断地问这个问题。性的话题和药物的话题并不是一次就能说清的。它只是一个持续的、深远的谈话的开始。孩子会不断地听到和看到让他们产生问题的事和物。"我纠正的病人从校车上听来的错误信息数不胜数。"巴斯曼博士说。好的情况是，随着经验和知识的增加，他们会一次次地来找你。

肩并肩

现在，你可能在想，你确实努力让孩子开口了，但他总是在干别的，比如打电子游戏。你不是一个人！许多父母告诉我们，他们不得不从孩子的手中夺下手柄，呵斥他们："关掉电脑！你为什么在打游戏？那东西会腐蚀你的大脑！"就算孩子最后关掉了电脑，他恐怕也没有心情跟刚对他大吼大叫的人友好地对话了。

根据一项研究，8～10岁的孩子每天花8小时的时间在各种媒体上，[○]这个年龄的孩子以及10岁以上的青少年，每天花11小时看屏幕。按照美国儿科学会（American Academy of Pediatrics）的标准，这个时间太长了。[○]孩子在上课日的媒体阅览时间应该限制在1小时之内，周末和假期则应限制在2小时之内。

在监测孩子的电子设备使用时间的同时，也要注意他们如何及为何总是上网。孩子们似乎明白，网络成瘾是个严重的威胁。然而实际上，他们的电子设备使用情况中只有很小的一部分减少了。儿童心理研究所调查了500个7～15岁的孩子，以研究社交媒体和游戏对精神健康的影响，研究关注了问题性网络使用（problematic Internet use, PIU）与精神健康障碍之间的联系。[○]测量PIU的量表，与成瘾评估类似，问的是有关强度和功能障碍等问题，而不仅仅是时长。例如，我们问孩子，"生活中，你周围的人多久会因为你的上网时间对你抱怨一次""你选择花比外出游玩更多时间上网的频率有多高"。

结果是，我们确实发现PIU与抑郁障碍和ADHD之间存在关联，在功能正常的孩子身上也会产生影响，使他们的学业、社会和家庭生活都受到损害。如果你担心孩子对网络的依赖，你可以通过参与其中的方式监督他们的屏幕使用，即"父母介入"。坐在他旁边，你就可以使孩子对他的屏幕使用有更多正念的觉察，你可以说："已经1小时啦！哇，时间过得可真快。我们来拉伸一下双腿，做点别的事吧。"

此外，也要制订家规。在作业和家务完成之前，孩子不应被允许进行媒体娱乐。屏幕时间与有利于孩子综合发展的活动之间也应取得平衡，后者例如与朋友外出，参与课外活动，与家人度过高质量时间，以及享受充足的

○ Rideout, V. "Generation M2: Media in the Lives of 8- to 18-Year-Olds." Kaiser Family Foundation, 2010.

○ Council on Communications and Media. "Children, Adolescents, and the Media." *Pediatrics*, November 2013.

○ Child Mind Institute. *Children's Mental Health Report: Social Media, Gaming and Mental Health*, 2019.

睡眠。如果孩子打破了你清晰、固定的媒体规则，他应该承受相应的后果。

在孩子的游戏时间内，你不妨也拿起一个手柄，和孩子一起玩玩《我的世界》或《堡垒之夜》。[⊖]事实上，肩并肩共同参与的活动，为你们提供了建立亲近关系的绝佳机会，如果你不和他并排坐在沙发上，你可能就会错过这样的机会。

和孩子一起玩。做些他喜欢的有趣的事。你可能也会喜欢。这样，你们会有共同的兴趣，也就有机会在你们的对话中加入帮他建立自尊的表扬，如"你很擅长这个呢"。你也可以坐在后面看他玩，和他聊聊游戏里在发生什么事。这显示出你对孩子的生活和兴趣是有共感的。

看他们看的电视节目，听他们听的音乐，读他们读的书。把这当作为了脚手架必须付出的辛劳吧。你会更好地了解他们正在吸收什么，你可以赞同或反对其中表现的价值观。和孩子并排坐在沙发上，使你们关系之中的信任与信赖更加牢固，也让你们有话可聊。晚饭间的对话不会再尴尬僵硬。一起观看"Disney+"最大的好处是：在游戏关卡的间隙，或电视节目两集之间的时间，当孩子需要聊一些与媒体无关的事情时，你已经坐在他身边准备好倾听了。

> **为儿童搭建坦诚沟通的脚手架**
>
> **结构**。每天都花时间和孩子聊天，可以是在放学后、睡觉前，或看电视、打游戏期间。早点找机会。在睡前为他读书，是开始对话的一个很好的方法。确立起一个每周六去公园散步的惯例。在开车去上钢琴课的路上聊天。
>
> **支持**。教孩子命名自己的感受，从而在情绪上帮助他们。
>
> **鼓励**。快速、诚实且可靠地回答他们的问题，建立起好的对话模式，这样他们就会习惯于从你这里获取信息。

⊖　《我的世界》(*Minecraft*)，《堡垒之夜》(*Fortnite*)，均为超人气 3D 沙盒游戏。——译者注

滔滔不绝的孩子

如果对话中全是孩子在说，那么这就不能算是一次思想、感受和信息的对话交流。只能算是独白。"我女儿奥莉芙，4 岁，永远有说不完的话，"我的一个朋友说，"同样的问题她问了又问，还要不停地讲她的感受。她没完没了地讲她最喜欢的节目每一集的内容，无论在家还是在电影院看电影，她都会在观影期间讲话。在公共场合被人提醒保持安静很尴尬啊。我知道这样听起来很自私，但是，一次就好，我好想好好读本书而不受打扰，或者就安静地待上片刻啊。这都是奢望。"

另一位妈妈讲，她 7 岁的儿子总是不经大脑地讲话。"在家我倒是不介意，但在学校这样就会让别人很烦，"她说，"老师对全班同学讲话时，泽维尔就会插话逗其他孩子笑，然后整个教室就会陷入混乱。我们都一次又一次地告诫他不要打断老师讲话，但他好像控制不了自己。"

大部分幼儿园的小朋友（4 岁及以下）都是小话匣子，像奥莉芙一样。他们每时每刻都在经历新鲜事物，他们通过谈论所见和所做的事，来学习如何加工和吸收它们。然而到了 5 岁，多数孩子就会捕捉社会线索，并弄清楚何时可以说话，何时不该讲话。当幼儿园老师抬起手的时候，孩子就知道该安静了。恰当的对话，是幼儿园阶段要学习的最重要的课题之一——围成一圈轮流说话，举手说话，在心里思考而不说出来，尊重安静的时间，说"请""谢谢"和"对不起"，在争吵后"好好说话""把话说开"。

到了一年级或二年级，如果孩子依然打断别人的话，想到什么就说什么，说起话停不下来，不允许别人说话，那么他可能有行为、神经或遗传方面的问题。刚才说到的泽维尔，那个在学校打断别人讲话的孩子，是我们的一名病人，被诊断为 ADHD。针对过度、冲动地讲话的 ADHD 儿童，我们推荐适当的药物治疗、父母训练，以及行为治疗。以下是一些让孩子学会何时停止说话的小建议。

使用信号动作。选择一个信号动作，当你做出这个动作时，就意味着孩子应该停止讲话了，例如把手指放在你的嘴唇上，或轻轻拍拍他的肩膀。

标签化表扬。对他说，"看到信号你就停下不说了，真棒"或"你让其他小朋友说话了，真棒"。

孩子话多，依严重程度可分为"正常""问题""障碍"三种（见表 6-1）。

表 6-1　只是话多吗

正　常	问　题	障　碍
一个正常健谈的孩子，爱和人交谈，会很兴奋地分享他对世界的看法，但他会在 7 岁时学会捕捉社会线索，懂得何时说话是恰当的，何时不恰当，以及每个人都应该有机会说话，他不应该对陌生人长篇大论	一个为了获取注意而说过多的话或故意打断别人的话的孩子，还没有学会先想后说，没有掌握该和谁说话、在公共场合可以说什么的界限	冲动地打断别人的话和没完没了地聊天，可能是 ADHD 的症状 强迫式地讲话，即使独自一人也无法停止讲话，可能是自闭症、阿斯伯格综合征或双相情感障碍的症状 不断地寻求保障和确认，可能标志着焦虑障碍 说过多的话、对朋友和陌生人都一样不加过滤地讲话，可能标志着一种罕见的遗传综合征，叫作威廉斯综合征（Williams syndrome）

沉默寡言的孩子

天生内向的孩子（就此而言，大人也一样）更喜欢独处，不愿意分享自己的想法和感受。只有在他们回避一切社会互动、从不学习必要的生活技能的情况下，内向才会成为问题。通常情况下，害羞的孩子只是需要机会去适应新的班级，也需要一些机会与新的同学、老师熟络起来。一旦放松下来，他们就能够参与到学校活动的方方面面之中，与其他孩子和成年人也都可以沟通。

患有选择性缄默症（selective mutism, SM）的孩子，并不是因为害羞才不说话。他们的焦虑比这要严重得多。在家里，有 SM 的孩子和父母兄弟姐妹的互动是完全正常的，但在学校，他们不和其他孩子说话，不在课堂上举手，不申请去洗手间，受了伤也不去找医生。选择性缄默症和社交焦虑可能同时发生，也可能不同时发生。同时患有两种焦虑障碍的孩子，无法正常进行任何互动。你会看见他们躲在妈妈身后，或者独自坐在角落，不参与，不说话。

在操场上跑来跑去、与其他孩子互动的小孩，是没有社交焦虑的，但如果孩子从不说话，那么他就可能患有选择性缄默症。

这种障碍很罕见，只有 1% 的孩子受此困扰。它通常是在孩子入学时被诊断出来的。[○]该障碍具有部分遗传性。我们邻居家的三个女儿中，有两个作为小孩来讲非常沉默，而另一个，我将称她为珍妮弗，患有选择性缄默症。我们两家一起过感恩节，席间大家轮流分享自己为什么感恩，这对于三个女孩来说一直都是件难事——看见她们为难，我们余下的人也很尴尬。轮到珍妮弗时，她就会满脸通红，并且开始流泪。头几年，我在想"我们每年都这样做。她的父母为什么不提前帮她彩排一下呢"。

有一年，我介入了这件事。当珍妮弗一家来到我们家时，我把她拉到

○　Wong, P. "Selective Mutism." *Psychiatry*, March 2010.

一边，说："小声告诉我你为今年的什么事情感恩。是玩草地曲棍球，还是摘了牙套？"她愿意和我分享她的想法。随后我说："我们开始轮流讲话的时候，我会问你愿不愿意说。如果到时候你不想说的话，你就摇摇头，我就会说'我和珍妮弗在开饭之前讨论了这个问题，她告诉我她感恩友谊'。"这样，她就能够参与进来了，她的节日也不会被焦虑搞砸了。

还有一年，珍妮弗的姐姐阿比腿上打了石膏，坐在轮椅上。我们邀请了一对不熟悉她们家的夫妇。那名男士对阿比说："你好呀，小朋友。你的脚怎么了？"她只是盯着他。她父亲站在她身后，什么也没说。男士问道："她怎么回事？她会说话吗？"

她父亲答道："她只是害羞。"

在这种情况下，委婉表达显然要好过让陌生人冒犯孩子。有些患选择性缄默症的孩子的父母自己就会问，"你怎么回事"。好像敌意和羞辱能够改变焦虑障碍一样。真正有用的是一种叫作"勇敢说话"的行为训练，或者教会孩子改掉沉默的习惯，在标签化表扬和激励之下，练习在安全的环境里讲话，并逐步对更多人、在新的地方说话。例如，在由巴斯曼博士带领的"勇敢小伙伴"项目中，孩子在一周之中接触了各种会引发焦虑的状况。他们逐渐学会了在越来越具有挑战性的情况下，忍住焦虑，并且用"勇敢的语言"说话。活动的结尾是逛冰激凌店，"勇敢说话"得到冰激凌的奖励。"治疗是为了帮助他们培养对压力的忍耐度，"巴斯曼博士说，"目的不是为孩子除去所有焦虑，而是学着容忍它，虽然焦虑但依然能够讲话。"对于你和孩子之间的其他有困难的对话而言也是如此，大人之间的对话亦然。

顺便告诉你，珍妮弗、阿比和她们的另一个沉默的姐妹已经长大，并且从大学毕业了，现在都挺健谈的。她们在成长过程中错过了一些社交经验，但是由于较早地接受了干预，她们战胜了困难。

孩子害羞，依严重程度可分为"正常""问题""障碍"三种（见表6-2）。

表 6-2　只是害羞吗

正　常	问　题	障　碍
你的孩子需要一些过渡时间去适应新认识的人和新接触的环境，然后才能自如地说话	你的孩子由于社交焦虑而习惯性地回避与人互动。害羞影响到了他的学业进度	你的孩子在家里说话没有问题，但在学校和其他地方一句话也不说，可能遇到社会互动就会整个人僵住

郁郁寡欢的青少年

在我的儿子们的青春期时，我和他们无话不谈，我和我的妻子十分幸运，他们对我们也无话不说。虽然我知道他们肯定也有自己的秘密，但只要他们想向我们倾诉，我们一定给他们机会，幸运的是他们经常倾诉。我问过他们的朋友是否与自己的父母分享生活细节，或向他们寻求建议，这些孩子多数会哈哈大笑，说"我**什么都不**告诉我父母。他们不知道我周围发生着什么事，我也喜欢这样"。

不要误以为青少年不和你说话只是因为他需要自己的空间。

"我拿郁郁寡欢的青少年和流浪狗进行对比，"布勃里克博士说，"你在街上看到一条狗。你知道它很饿，你也知道它很害怕。你接近它，但是它又吼又叫，所以你的第一反应就是不要过去了，但如果你不好好对待它，它可能就会饿坏或生病。所以你不该退缩，你可以先在原地站住不动。也许你可以伸出手来，慢慢向前迈出一步。如果狗又开始叫，就再站 1 分钟，然后继续张开手，再往前走一步。最终，狗会明白你不危险。一旦它信任你，它就是你的了。"

给流浪狗，或者给你家的青少年，留出一盘食物，也是有用的。

　　就算孩子逃离了你的沟通攻势，他们仍然需要自我表达，但他们非常警惕。就像流浪狗一样，青少年害怕是有理由的。如果你一上来就问很私人的问题，或者触碰敏感话题，他会觉得自己在被审讯。即使你为自己辩护说"我只是想愉快地沟通"，你家的青少年还是会认为你试图强迫他说出自己的秘密。然后呢，不要想了，打死他也不会说的。

　　青少年并不是想或需要你完全后退，即使他们嘴上是这样说的。然而遭到他们斩钉截铁的拒绝确实让人恼火，做父母的也非常容易说出"好吧，你要空间，我给你空间"，然后就不那么密切地关注他们了，尤其是在他们表现出不想被关注的样子时。你还可能走向另一个极端，向他们施加更大的压力，逼他们开口。这两个极端都是无效的。

　　我为数以千计的三缄其口的孩子做过咨询，所以我可以告诉你，上述两种策略都没有用。一方面，孩子们可能不知道如何表达自己的感受；另一方面，孩子青春期时对私密的重视，是他们这个发展阶段的一种功能。青少年的任务就是试探他自己的世界的极限在哪里，而当父母对他说"跟我说话"的时候，他的第一反应就是和你对着干。在健康的发展过程中，到了某个特定的时间点，青少年就会摇撼你的脚手架，视之为监牢，而非支撑。

　　要想从青少年那里得到任何回应，你都必须避免私人的或带有偏见的话题，让对话保持中性色彩。安全的话题有：

- 天气
- 当地新闻
- 影评
- 假期计划
- 客厅新地毯的颜色选择
- 他们看的节目、玩的游戏
- 香蕉放在柜子上多久会变黑
- TikTok 的多种用法

目标是让孩子说话，说什么都行，可以跟他当面聊天，也可以在网上给他晒出的图片或文字评论、点赞。这些交流和对话是否发生在现实之中，是否深刻，都无所谓。在每一次交流之中，你都在安抚孩子，告诉他你不会伤害他，不会评判他，他可以随时来找你。你不是在监视他，"盯着"他，或对他进行说教。你只是想要听到他说话，什么话都可以，只要你多听少说，就能做到。一旦你的青少年相信你并不会批评他，或深挖他的个人信息（这个过程可能会很长，请保持耐心），他就会轻松地放下防备，告诉你他的生活中真正在发生的事情。你会发现，在你们聊着小猫做了什么可爱的动作之类的"无毒无害"的话题时，你的青少年可能会突然转换话题，开始说些困扰他的重要事情。

谈话终结者

这里有两个对青少年**行不通**的开场白和一个行得通的。

"今天过得怎么样？"

这个对你行得通吗？行得通过吗？没人想回答这个问题！这看起来是个开放式的问题，但其实会把天聊死。

对话可能像下面这样展开。

你：今天过得怎么样？

孩子：还行。

你：就"还行"？

孩子：挺好。

你：怎么个好法？

孩子：不知道。就还行。正常。

你：总还有点别的可说吧。

孩子：你到底要我怎样？

你：不要用这种语气讲话……

（然后就是一场争吵。孩子冲进自己的房间，摔上房门。父母这边在厨房里火冒三丈。接着……剧终。）

很自然，你会对对话的走向有所期待。你会问一个绝佳的问题，孩子会就他一整天如何度过的问题，给你来一段迷人的、好玩的、栩栩如生的讲述，就好像电视剧《欢乐满屋》[⊖]中的一集般，孩子在结尾处会这样说："谢谢你的倾听，你真是个有爱的妈妈、爸爸！我真的好感谢你。"如果对话背离了电视剧般的理想状况，在你抛出开场白后孩子没有按照剧本演下去，你就会感到被拒绝、感到愤怒。

放弃整个剧本，会是个好得多的想法。不要对对话的走向有任何期待。要和孩子保持在同一水准，就请和他聊一些具体的、他在乎的事情，比如他最近爱玩的电脑游戏，或莉佐（Lizzo）[⊜]最新的视频。孩子们不懂得如何将闲聊进行下去。借由**他们感兴趣的东西**，令他们感到自信的东西，甚至是他们比你还要擅长的东西，来引导他们进入对话。记住他们生活的细节。当然，听他们讲情绪摇滚和哥特摇滚之间的细微差别，可能很无趣。然而不听的话，那些你感兴趣的话题他们也不会敞开心扉和你说，例如他们社会生活的细节、他们的感受、他们的烦恼、他们引以为傲的东西。

"我像你这么大的时候啊……"听你讲你以前曾如何处理孩子现在所面临的问题，对孩子来讲压力巨大。当你说"我小时候从来没有为……担心过"时，孩子完全有理由这样回答："但是你上高中的时候，还没有电脑呢。"回想一下以前你的父母给你讲述他们冒雪步行5英里[⊜]去上学的故事

⊖　《欢乐满屋》(*Full House*)，美国家庭喜剧。——译者注

⊜　莉佐（Lizzo），原名梅利莎·薇薇安·杰斐逊（Melissa Viviane Jefferson），1988年4月27日出生于美国密歇根州底特律市，美国歌手、词曲创作者、长笛手。——译者注

⊜　1英里＝1.6093千米。

时，你是如何暗暗叫苦的吧。要和孩子保持在同一水准，就得放下你的架子，承认他的世界与你像他一样大时的世界是不同的。努力跟上时代的改变吧！

现在，介绍一种行之**有效**的开场白：

"你听没听过这个笑话……"

这是"绝杀"招。讲讲冷笑话，用幽默来让孩子开口、回话，把他从坏心情里拉出来。

"笑是良药。我们见过很多焦虑悲伤的孩子。他们需要很多的欢笑，让他们不要总是陷在焦虑和悲伤之中。他们那些黑暗的想法会对机体功能和心情产生影响，也会构成他们的自我感觉。"布勃里克博士说。他们的障碍是下行的螺旋，欢笑则是"上行"的电梯。"幽默是强有力的对策。"

欢笑与微笑作为消极情绪之抵消物的价值，几十年来一直受到科学家们的热议。然而，到了2017年，这种价值终于被证明是一种科学事实。根据田纳西大学（The University of Tennessee）研究者横跨50年、涵盖11 000名个体的138项元分析，微笑**确实会**稍微让你感到开心一点。[⊖]严重抑郁的人并不会奇迹般地被微笑治愈，但如果你能够让孩子笑出来，不管用的方式有多蠢，讲笑话也好，出怪声也好，奇怪的走姿也好，总会让孩子的心情变好一些。

一个很有效的幽默方式是开无礼的玩笑。"昨天我给一个15岁的男孩做治疗，他有一个念头，就是他将会对他的家人造成身体上的伤害，"布勃里克博士说，"这样的想法让他很崩溃，这是可以理解的，我必须设法让他在压力之下放松一些。按照时间安排，我们第二天还会再见面。我说'万一你今晚伤害了你的父母，不如咱们今天就把这周的费用结一下吧'。他爆笑。

⊖　Coles, N. A., et al. "A Meta-Analysis of the Facial Feedback Literature: Effects of Facial Feedback on Emotional Experience Are Small and Variable." *Psychology Bulletin*, June 2019.

这个孩子并不习惯在面临这样可怕的事情时听到这样的幽默，但结果收效甚佳。"

当孩子焦虑时，你也被裹挟着，只能与焦虑对话。然而你"真正"的孩子依然在那里，他想要被承认，想要听你对他讲话，把他当成一个正常的孩子。请把焦虑看作独立于孩子之外的一个东西。焦虑确实严重，需要以适当的严肃性去对待。不过对孩子，你依然可以开玩笑。二者之间是平衡的。焦虑之重在跷跷板的一边，另一边则是欢笑之轻。布勃里克博士为来访家庭开出共同观看《办公室》的"药方"，要求父母在每个笑点都要大笑。他们在为孩子树立榜样，如何健康地缓解压力和焦虑，用欢笑来让自己开心起来。

一些注意事项如下。

了解你的受众。如果你们家是个很有幽默感的家庭，那么在其中加入一点无礼的玩笑可能会很成功。如果加入无礼的幽默让家人感到别扭，那么它也可能破坏掉你的干预。孩子可能会认为你没有拿他当回事。孩子会感觉被误解、被挫伤，这会加剧他的孤立感和焦虑感。

永远不要取笑孩子。讽刺，作为一种幽默的工具，一定要**非常**慎重地使用。这在伴侣咨询中也是一个话题。对你的伴侣说"谢谢你洗碗"卓有成效。如果你加上了一句"这次只提醒了你一千次你就去洗了呢"，你就搞砸了。孩子们从附加的讽刺（"真惊喜，你们玩了 5 分钟呢"）之中摘取表扬（"你和弟弟整个下午玩得真好"）的能力只会更弱。他们最后只能感受到一种污浊。如果你习惯讽刺别人，你可能意识不到这会让孩子多难受。请用真诚的表达替代这种习惯吧。如果你天生不是这样的人，那么适应真诚的表达方式对你而言并不容易。你可能会发现，说出内心的想法让你感到尴尬。从小处着手，练习着说些表扬的话，最终把习惯改过来。

○《办公室》(*The Office*)，英国喜剧，美国亦有翻拍版本。——译者注

为青少年搭建坦诚沟通的脚手架

　　结构。安排出与他们共度的高质量时间，虽然这对忙碌的青少年来讲有点困难。如果不能每天都安排时间共处，那就商定每周或每周末雷打不动的 1 小时高质量时间。不准取消！（这也是对你的要求。）

　　支持。尊重他们对隐私的需求，不要强迫他们给你讲述他们的私人生活。

　　鼓励。耐心等待他们准备好，从而帮助他们培养对你的信任。当他们向你倾诉时，不要评判，不要批判，要表扬他们愿意分享。

　　回到凯瑟琳与格温的故事，就是那对在同学自杀的余波之中未能好好沟通的母女。凯瑟琳对我说："我尽量不去打探格温的感受，但我又没办法不去想。她还好吗？她还在抑郁吗？我要怎样做才能帮到她？"

　　我宽慰凯瑟琳，告诉她，她把女儿带来治疗、与医生协同完成治疗计划，就已经是在建脚手架了。现在最好的做法就是，等待格温渐渐对向父母倾吐自己的感受这件事感到轻松，密切关注格温的行为并留意抑郁障碍的信号，并且控制好她自己因女儿的情绪状态而产生的情绪。

　　凯瑟琳只要求格温做一件事：每天母女俩共处一会儿。她们培养起了做完作业后一起看电视、聊些中性话题的习惯。"格温迷上了网飞的《英国烘焙大赛》[⊖]，我坐在她身边和她一起看。我们说要自己烤面包试试，"凯瑟琳说，"我想到这可能是我们可以一起做的一件好玩的事，然后格温说她想把我们烤的东西带给学校的音乐老师品尝。她接下来说的话让我大吃一惊，'她是我唯一的朋友。只要有空，我就去音乐教室弹吉他，跟她待在一起'。"

　　⊖ 《英国烘焙大赛》(*The Great British Baking Show*)，英国系列烘焙比赛节目，每一季有 12 名烘焙师在英国乡村的节目基地展开烘焙创意比赛。——译者注

凯瑟琳此前不知道她的女儿如何被孤立、如何孤独。如果她直接问女儿社交情况如何，她不会得到这样的回答。然而通过聊烘焙，真相不请自来。"听到她这样说，我像肚子被人揍了一拳一样难受，"凯瑟琳说，"我觉得格温好可怜，但同时也对那位音乐老师感到感激，因为她一直在格温身边。我知道我必须保持冷静，不要情绪泛滥，不要试探她，于是我问道'老师也弹吉他吗'，然后我们就聊起了她最喜欢的歌曲，以及她的琴技最近得到了哪些提高。我大胆地开了个玩笑，'嗯，我看没朋友还是有好处的嘛'……**然后她笑了**。那是几个月以来第一次，我和我女儿一起大笑。"

这看起来是一项重大突破。格温终于让她的妈妈走进了她的生活。后来，格温在治疗中分享说，她曾经不敢告诉妈妈她有多孤独。说出来后，她的恐惧和羞耻在一定程度上减少了，她的心情也好些了。一场最开始没什么主题的对话，最后促成了母女关系中信任的加深。凯瑟琳只是陪在女儿身边，倾听、保持冷静，就为女儿建起了脚手架，使她敞开心扉。在此之后格温仍然需要一段时间去学会自在地表达自己的情绪，但对她们俩来说，这都是一个好的开始。

钉牢横板

要建起坦诚沟通的脚手架，父母要和孩子待在同样的楼层，并且坦诚、真实。你和孩子之间的任何互动，最终都是为了增强信任和示范尊重。记得使用你的横板。

耐心

- 聊些非个人的话题，随意地问一问他们的看法。
- 任何一次平淡的对话，都要设法顺利进行下去，并耐心地等待孩子不经意间说到他们真正在意的事情。这可能要等好一阵子。
- 等孩子来问你意见的时候，再说出你的意见。

温暖

▫ 在适当的时机,开一些无礼的玩笑。

▫ 要对你孩子的爱好和消遣方式感兴趣。

▫ 不要批判他在音乐、游戏、电视节目方面的品位。

▫ 当他问很多问题时,表扬他的好奇心,然后回答他的问题。

觉察

▫ 仔细倾听孩子的每一个话头,可以温和地在这些话头上推进一些。

▫ 在他表达自己的情绪时表扬他,鼓励他想一想他为什么会有当下的感受。

▫ 觉察到你自己对沟通的焦虑和不适,为了孩子,请克服它们。

冷静

▫ 表现出中立的、不咄咄逼人的、不试图控制的样子。

▫ 不要问那种会被孩子当作试探性的、操纵性的开放式问题,例如"今天过得怎么样"。

监督

▫ 通过观察孩子"在外面"与同龄人和成年人相处的方式,来找到一种与他交谈最好的参照标准。他都聊些什么?他如何与人互动?按照这个参照标准来进一步了解孩子。

▫ 每天问孩子的问题要具体,让孩子乐于回答。"跟我说说练习的事吧"比"练得怎么样"要好很多。

T H E
SCAFFOLD
EFFECT

为成长赋能

鼓励尝试、允许失败、总结经验

随着孩子学习新的技能，他的建筑便会增长。学习意味着尝试与失败，所以孩子的建筑工程也是一个不断安装和重装新部件的过程。脚手架一直在那里，准备接住建筑上掉下来的碎片，并帮忙为新增的部分收集材料、选择工具。有些孩子的建筑径直向上延展，一层盖着一层向上堆叠，像摩天大楼那样。其他的则可能向外扩展，例如成为一座自由蔓延开去的平房。孩子的建筑风格并不取决于你。如果一个孩子天生要成为平房，你不能强迫他成长为一座大厦，反之亦然。教养的脚手架应当适应孩子成长的形状。如果你试图限制或控制他们的成长，他们的成长就会受到阻碍。

我的朋友安妮是一个小学教师，她一直积极参与儿子本的学习。她在他 5 岁时就教他阅读，在他一年级时就辅导他学习基础数学。本的学业进展顺利，他们俩也都很享受做作业的时光。共同学习原本是母子间的亲密仪式，但是到了四年级，它变成了一个坏习惯。安妮每天晚上都要"帮"本做所有的作业。"不只是帮他。我是在告诉他答案，"她说，"我知道他需要自己做作业，但如果我放手让他独立去做，他就会在其中挣扎好几个小时。我实在不忍心看见他那个样子。我感觉自己是被迫插进去的。到了他上初中时，我们这种模式已经固定下来了。我们俩都不指望他自己完成作业了。我要是完全说实话，其实他的作业全是我做的。我替他写文章。我替他完成课后任务。他也在场，但贡献不大。"

本的老师们都没发现这个问题。"他的随堂测试成绩很差，但他的老师们都认为他只是'不擅长考试'。他们对他很宽容，因为他的家庭作业做得很好。"虽然很诡异，但本被认为是尖子生。

"作为一个老师，我总是告诫学生的父母，为孩子做太多事有种种危害，"她说，"可是回到家里，我就会把自己的建议抛到脑后。本的作业耗时越来越长，我已经没有时间陪伴我的丈夫和小女儿了。这个做作业的习惯伤害到了我生活的方方面面，但我能做什么呢？如果我拒绝做，我们的事就会败露。本会感到很丢脸，而且他选择大学的机会也会因此被毁掉。"

父母如果为孩子做太多事，就会阻断孩子的成长。安妮是一个极端的例子，但除了本真的无法独立完成作业的科目之外，安妮"帮助"他的方式阻碍了他的自主学习。每天晚上，他都反复被灌输一件事，那就是要依赖他的母亲。

关于积极强化的力量，我已经谈过了很多。然而无论意图多么美好，父母为孩子过度付出，都是在对其大肆消极强化，让他们相信自己能力不足，并在面对挑战时惊慌失措。

如果你想要把孩子培养成一个独立的、有能力的、不怕挑战的成年人，那么在他们还是孩子的时候，就少为他们做些事吧。不是说什么也不做，但是请你退后一步，站在你的脚手架上，为他们提供指导，鼓励他们尝试，允许他们失败，并引导他们总结经验，确保不犯重复的错误。

除了像德里克·杰特[⊖]和碧昂丝[⊜]这样十亿分之一的例外，世界上的每个人都会经历失败，一次又一次地经历。失败是必经的事实。真正重要的是人们如何应对失败。如果在你的脚手架的支持下，孩子学会了从容地面对失败与拒绝，那么他们就拥有了情绪的铠甲，终身都将受到保护。

成为孩子的顾问

孩子还小时，我们是他们的修理工、保护者和社交秘书。我们在家里布置各种儿童安全措施，让他们不跑到水槽下面去，还把楼梯堵住，这样他们就不会摔下去。我们约其他小朋友跟他们一起玩，为他们办聚会。我们在遇到问题时给他们的老师打电话。然而到了某个时间点，父母的职责就变了，没有人警告我们，也没有任何征兆，我们变成了他们的顾问。这时我们的任务就变成了帮助他们学会自己想办法。

从修理工到顾问的转换是一个巨大的变化，你可能会感到很难受。作为父母，我们已经适应了修理工或保护者的角色，插手干预并解决问题。如果孩子摔倒了，擦破了膝盖，你的本能反应就是为他贴上创可贴，并且告诉他"没关系，亲爱的。我会让它好起来的"。然后孩子继续去玩，你为出色地完成修理工的工作而自我感觉良好。

⊖ 德里克·杰特（Derek Jeter），1974 年 6 月 26 日出生于新泽西州，美国职业棒球运动员，美国职业棒球大联盟前选手，曾为纽约扬基队队长。21 岁时成为大联盟的球员，同年获得美国联盟的最佳新人以及美国职业棒球大联盟明星赛最有价值球员奖、世界大赛最有价值球员奖、一次银棒奖以及三次金手套奖。——译者注

⊜ 碧昂丝（Beyoncé），本名碧昂丝·吉赛尔·诺尔斯（Beyoncé Giselle Knowles），1981 年 9 月 4 日出生于美国得克萨斯州休斯敦，美国女歌手、演员。2017 年获全英音乐奖年度国际女歌手奖，并登上美国《福布斯》杂志全球百位名人榜第 2 位。——译者注

可是，社会拒绝和失败的经历就不是创可贴能够处理的了。当一个 12 岁的女孩被她的朋友圈子排挤在外时，或者一个 8 岁的男孩记不住乘法表而开始认为自己很笨时，你没有办法立即把他们"修好"。你不可能保护孩子不去经受人生的考验，但你可以把孩子武装起来，你可以教会他支持自己，从而培养出战胜逆境并获得成功的勇气。

我们的患者群体中，在那些父母和孩子均患焦虑障碍的家庭里，爸爸妈妈往往在修理工的角色里停留了太久，甚至可能一直没能转换到顾问的角色中去。只要孩子表现出焦虑，他们就立刻列出解决方案清单，例如"快运用策略让自己冷静下来"或"我们来谈谈吧"。这些父母基本上是处于时刻敞开工具箱、准备好给孩子递工具的状态。孩子由此学会了依赖父母解决问题，他们会想"我要去问妈妈。她会知道该怎么做"。

比如，如果孩子某次考试成绩很差，一个修理工型的父母就会说："你应该给老师打电话，聊聊发生了什么事。你应该见见你数学好的朋友，让他们给你补补课。你应该更努力地学习。"你应该，你应该，你应该。听听你自己如何跟孩子说话。当你听到"你应该"的时候，你要意识到自己处于修理工模式，本质上是在为他选择和传递工具。

要使用脚手架教养法，父母就得支持并鼓励孩子学会完全靠自己去为特定的任务选择正确的工具。他可能会选错，这时你可以引导他评估这种工具为什么不是最佳选择。下一次，他会再去尝试新的工具。

这并不意味着你要放任他一个人在外游荡。你依然在那里，并协助他找到自己的解决办法。你会引导他想出自己解决问题的办法，而不是依赖你给他答案。

和往常一样，要从情绪支持、不评判和肯定开始。你可以这样说："发生这样的事我很遗憾。你肯定受了不少苦。我知道你不开心的原因了。"接着给出指导："至于如何解决，我有一些想法，但你为什么不先告诉我你的想法呢？然后我们就可以交换意见，看看下一步做什么才是最好的。"你们两个人就可以在合作中找出解决方案了，但是孩子（无论是幼童还是青少年）必须独立思考，并为自己的想法辩护。

一开始，孩子可能会说"直接告诉我该怎么办吧"，但是，一旦他适应了拥有主观能动性的感觉，体会到了自己的力量和掌控感，他就会更倾向于自己去犯错，自己去总结经验教训，自己去找解决方案。放弃掌控权对你而言可能很困难，但要知道，你这样做是在为孩子未来的独立自主打下基础。要选哪一个，答案很明显。否则，你也可以一直保持在修理工模式，然后欢迎孩子在他 40 岁的时候来睡你家的沙发。

成长区

我们往往会把一种心理状态称为一个"区"。在主动建筑的部分，也就是你孩子的成长发展中，他都会经历哪些"区"，以及哪些领域是安全的，哪些不安全，了解这些对你是有帮助的。

舒适区。这种心理状态被比作一个没有焦虑、没有压力的地方，一个人如果处于这个状态，就会感到非常安全，相信自己能够掌控一切，不需要父母和老师的帮助，就能很容易地完成一切社交、情绪、行为或学术任务。在舒适区内，孩子会建立起自信和自尊。他在参与活动时感到安全，他非常熟练，所以很享受。这样的活动可能让他感到开心，但也可能有点无聊。然而成长来自对新事物的学习，学习则意味着你会因缺乏知识和经验而暴露弱点，所以孩子要成长，就必须离开舒适区。

成长区。最大化的学习和成长就发生在舒适区的外围，在那里，孩子要踮踮脚才能学会新技能。在 20 世纪 20 年代，苏联教育心理学家列夫·维果茨基（Lev Vygotsky）称这个区域为"最近发展区"（the zone of proximal development，ZPD）。最近发展区，是指孩子只能在成年人的指导和支持下才能做到某项技能的区域。[一]有了和大人的互动，孩子就能够学到新知识，并进一步走向熟练掌握的阶段。一旦熟练掌握了这项技能，孩子和指导者就可以继续共同学习下一项目前看来仍稍显困难的技能。

维果茨基博士认为，在最近发展区内教育孩子（刚好超出他们目前的能力，又不过于遥远），能够启发孩子成为独立解决问题的人和自我激励的学习者。前面已经提到过，美国心理学家杰罗姆·布鲁纳延续了维果茨基的理论，在这个合作学习的教育语境中使用了"脚手架"一词。布鲁纳的理论还将脚手架的概念拓展到了儿童的情绪、社会和行为学习的语境之中。**学习是成长的同义词，是一个不断求索的过程，这个过程永远由亲子合作为之赋能**。这是你们共同的课题，但只要孩子学会了他需要学的东西，他就可以继续向前了，他的建筑也会向上构建新的楼层。你就在一小段距离之外的脚手架上，为他加油打气。

危险区。如果一项任务或活动超出孩子的能力太多，即使与父母合作也无法解决问题、学会技能，那么孩子就来到了危险区，在这里他将遭遇焦虑、紧张和愤怒的风险。当孩子一把丢下手中的拼图或玩具，沮丧地跑开时，他就处于危险区了。如果你因他的慌张而感到慌张，他就会把你也拉进去。在这个区域里，孩子只会学到一样东西：低自尊。使用脚手架法帮助孩子学习新技能时，请尽量避免触碰危险区。在这里，耐心这块横板就非常重要了。万物都有节律，成长也不例外。

你可以失败

对尤达[二]有点抱歉，但我并不同意他的绝地武士哲学："要么做，要么

[一]　Vygotsky, L. S. *Mind in Society: The Development of Higher Psychological Processes*. Harvard University Press, 1978.

[二]　尤达，又称尤达大师（Master Yoda），电影《星球大战》中的人物，绝地委员会大师。——译者注

不做。没有试一试这回事。"

是有试一试这回事的,而且在每一次尝试中,都有成功和失败的可能性。作为成年人,我们都知道,第一次打壁球或第一次当众表演时,我们可能发现自己拥有此前未被开发的才华,也可能一败涂地。为了追寻我们的欲望和好奇心,在通往喜悦与成功的路上,我们可能会经历尴尬、沮丧和困惑。另一种选择则是过懒惰的生活。你要么成长(尝试、失败、学习),要么卡住。

对于孩子来说,要想让你搭建的脚手架帮助他们在现在和未来不断地成长,你就要教会他们在失败的可能性真实存在的情况下去冒险。

在这里,标签化表扬起到很大的作用。如果你想让孩子更加积极主动,更加亲社会,那你就一定要在他们尝试时表扬他们,但要注意表扬什么。如果你表扬的是成功,孩子就会认为失败是坏的,但失败并没有好坏,只是一种可能的结果。

在"胜者为王"的文化中,这样的观点转换虽然必要,但是很困难。在美国,父母对自己和孩子遭遇的拒绝与失败都充满恐惧,并且不惜一切代价地避免它们。原本只是真实生活中的一部分,社会却教我们去惧怕它。

重要的是要在逻辑上明白,过程(我们如何建起脚手架,帮助孩子学会勤奋努力、善良热情、自我表达)比结果重要。当孩子为取得成绩、入选球队、取得社会地位而不堪重负时,我们往往会忘记这一点。

14岁的女孩埃米莉患有严重的焦虑障碍,每到期中或期末考试前夕,她总是惊慌失措。面对慌张的埃米莉,她的母亲黛安娜告诉她学习要更加努力,但这样说并没有帮助。强迫性学习是埃米莉的焦虑症状之一,而不是冷静的应对策略。黛安娜的做法无异于允许瘾君子猛吸卡洛因。

我们训练黛安娜建起脚手架,不加评判地承认女儿的情绪,并告诉女儿失败只是生活中有时会发生的一种情况,要这样对女儿说:"我明白了,你很担心自己会失败。或许你会失败，但没关系呀。"

失败的"死亡威胁"解除后，埃米莉就可以将她的负债（焦虑）转换为资产（生产力）了。她仍然以两倍于同龄人的强度准备考试，仍然不断地去见老师，为自己加一道保险，但是她告诉自己失败也没关系，放弃了一直紧抓不放的价值观，于是从前那种毁灭性的"我不行"的焦虑也消失无踪了。

埃米莉的情况有过反复，黛安娜不得不把同样的话重复说很多次。在埃米莉上大学期间，每到期中、期末时，黛安娜都要耐着性子帮助她战胜焦虑。最后，埃米莉终于完全接收了母亲的信息，已经长大成人的她如今手握着许多令人艳羡的工作机会。"失败要不了你的命，"她说，"再试一次就是了。"

把失败变成乐趣

失败即机遇。我不敢说人们应该为了失败而庆祝。你不必为孩子在关键时刻掉链子而办一场庆功宴，但我认为，要想让孩子不害怕失败，父母可以在孩子非常小的时候就让他们知道，失败可以很好玩。

我对我的孙子杰克逊就是这样做的。昨天，我给他读了6遍《晚安，月亮》，不停地问他"红气球在哪里"。他指出气球，我就说"真棒"。读到第4遍，即使是在画面非常暗、看不到气球的几页上，我也问他"红气球在哪里"，这时他就会寻找红气球并试图翻页，然后我们就一起哈哈大笑。有时候，他会指错图像。我鼓励他再试一次，并且不管对错每一次都表扬他，这样他就不会害怕猜错。

随着他不断长大，直到学习认字的阶段，我都会一直采用这个"猜不错"策略。我会叫他指出"房子"或"奶牛"这样的词语，并且无论他答对答错，都表扬他。我们家族里有人患有学习障碍，我的儿子亚当就是这样，而我在很长一段时间内都没有意识到他的障碍有多么严重。然而对障碍的恐惧会耽误治疗，如果意识不到问题或对问题心怀恐惧，无论孩子还是父母，都不会跟另外一方合作去寻找解决的办法。所以我和杰克逊玩"猜不错"游戏，用搞笑的声音朗读，用尽浑身解数把阅读变得有趣，这些都会成为我的评估方式，可以评估他是否在对语言进行解码。我的儿子和儿媳也都处于警觉状态。如果杰克逊有学习障碍的话，他们会第一时间发现，我知道他们也会为他寻求专家的支持，并鼓励他努力、进步，如此为他搭建起成长的脚手架。

越俎代庖

在孩子触手可及的距离内逡巡，时刻准备在孩子遇到一丁点儿麻烦的时候伸出援手，这就是所谓的"直升机式育儿"。为孩子解决问题，被称为"看门人式育儿"。为孩子清除一切障碍，叫作"扫雪机式育儿"。这几种育儿行为都是相似的。父母为孩子可能遭遇的失败和拒绝感到恐惧，就会冲到最前线去拯救孩子，替他做作业，给他的老师和教练打电话，为孩子的每件小事操心。

我们将这几种育儿方式统称为"越俎代庖"。越俎代庖的一个著名的例子就是 2019 年的大学录取丑闻，媒体称之为"校园蓝调行动"。[⊖]这件事的重点在于，许多父母（其中包括很多名人，例如演员洛丽·洛克林和费利西蒂·赫夫曼）被指用钱铺就了孩子的大学之路。一个名叫威廉·辛格的大学顾问经营了一家事务所，专做各种诈骗，例如让美国大学入学考试（American College Test, ACT）和高中毕业生学术能力水平考试（Scholastic Assessment Test, SAT）的监考员在上交学生的考卷前改动答案，在申请中伪造漂亮的运动记录，以及贿赂学校员工来让孩子被顶尖的美国大学录取。新闻爆出时，全美都为有钱的父母们这种毫无道德底线的行为感到震怒和

⊖ Medina, J., Benner, K., and Taylor, K. "Wealthy Parents Charged in U.S. College Entry Fraud." *The New York Times*, March 2019.

恶心，那是一个真正的"吃掉富人"[⊖]的文化时刻。一些涉事的父母被判决，付了巨额罚款并进了监狱。那么那些本来要从父母的诈骗中获益的孩子（他们中有一些参与了诈骗，有些则毫不知情）要何去何从呢？现在他们知道了，他们的父母不相信他们可以靠自己取得成功。用委婉的话来说，这些孩子一定很痛苦。

越俎代庖的讽刺之处在于，父母认为把痛苦挡在门外对孩子是有帮助的，但他们真正挡在门外的是孩子成长的机会。

比如，你的女儿没有得到校园戏剧中她想要的角色。越俎代庖的做法是给戏剧老师打电话求个解释，告诉孩子选角有黑幕，她比被选上的孩子强多了，从而打消孩子再次参与选角试演的积极性，因为整个过程本来就不公平，犯不上再受一次伤。不要这样做。这种做法会让孩子一直待在舒适区，因为那里很安全。

十次中有九次，见不得孩子失败的父母会用过度控制的方法来抚平他们自己对生活不确定性的焦虑。他们的自我感觉脆弱不堪，不幸的是他们的育儿行为会把孩子变得和他们一样脆弱。替儿子本做了十年作业的安妮，在学生时代没有在学业上得到过她父母的支持。"他们也没有完全忽视我，"她告诉我，"但他们从来没去开过家长会，也从没说过要看我的成绩单。他们没有帮我申请大学，也没有帮我申请贷款。"她曾发誓不要让自己的孩子感受到自己的那种不被支持的感觉，但她走向了另一个极端，养育出了一个依赖性很强的孩子。

要用脚手架教养法教育一个被校园戏剧拒绝了的孩子，首先要承认他失望的情绪，然后鼓励他表达自己的感受，并和他一起探讨如何应对。先问最重要的问题："为什么？"比如"你觉得为什么会这样呢"，列一份可能的"为什么"清单。

⊖ 法国哲学家卢梭（Rousseau）名言："当穷人没有东西可吃时，他们就会吃掉富人（Quand les pauvres n'auront plus rien à manger, ils mangeront les riches）。"——译者注

- 试演前，他彩排得不够充分。
- 或许他的表演没有他期望的那么好。
- 他当天状态不好。
- 被选上的那个孩子演得更好。

一旦你们找到了"为什么"，就可以采取行动去改善和提高了。如果你的女儿发现她没有把台词背到最熟，她就会知道，下一次试演前要好好背台词。如果她承认得到角色的孩子就是演得更好，那么她就可以努力通过上课或练习来提高演技，或努力寻找更适合她个人才华的角色。

问"为什么"还可以让孩子在情绪上和被拒绝的事实保持一段距离，从而尽量客观地去解读这个事实。你需要避免的是孩子对具体事件做出一种全盘否定的理解（因一次失败便否定自己的整个人生和身份），这会把孩子推向焦虑和抑郁。⊖一次考试失败变成"我真笨"，没被选入球队变成"我什么也做不好"，没有被邀请去舞会变成"永远不会有人喜欢我"，没有得到角色可能会变成"我再也不要上台了"。只要你和孩子在讨论具体的"为什么"，他把一次失败当成自己人生故事的可能性就小了一些。通过好好思考理由和原因，他将学会运用逻辑解决问题，这个应对策略将会使他有更强的情绪控制力。

为儿童搭建成长的脚手架

　　结构。到了孩子 7 岁时，父母就可以开始从修理 - 保护模式转换到指导孩子独立解决问题的顾问角色了。这一转变对于父母来说是困难的，但孩子会更喜欢掌握自己人生的能动性和控制权。

　　支持。在他们失败后，请承认他们的感受。在成长区内与他们合作，

⊖ Gonzalez, A., Rozenman, M., Langley, A. K., et al. "Social Interpretation Bias in Children and Adolescents with Anxiety Disorders: Psychometric Examination of the Self-report of Ambiguous Social Situations for Youth (SASSY) Scale." *Child Youth Care Forum*, 2017.

共同学习新技能。时刻留意孩子是否停滞在了舒适区，温和地引导他们开始下一项挑战。

鼓励。用表扬对努力和问题解决加以强化。为孩子树立榜样，在面对生活的考验时临危不乱。在他们冒险时，无论结果好不好都为他们加油打气，让他们明白，失败是很正常的事情。

把"我"和孩子区分清楚

艾丹是一位父亲，他来找我谈话，因为他女儿唐娜突然决定不再踢足球了。几年来她一直是一个明星球员，没有人比她爸爸更对此自豪了。艾丹从未错过女儿的任何一场比赛。他在高中时期也是足球队的一员，能和天赋异禀的女儿分享对足球的热爱，他感到无比幸福。

在高中二年级前的暑假，唐娜泪流满面地向父母宣布，她不想再踢足球了。父母二人都很担心，从她6岁时起，足球一直是她最擅长的事情。为什么变心了呢？"我们完全蒙在鼓里，"艾丹说，"十年间我们跟着她去不同的城市比赛，在场边为她加油，看着她的才能与日俱增。结果现在，她就这样放弃了？时机也糟糕得可以，大学球队的选拔人员刚刚开始注意到她。或许她被其他女孩霸凌了？她的心情肯定非常低落。**除此之外**，她想放弃还能是为什么呢？"

对于16岁的女儿决定不再做过去十年一直在做的事，这位父亲能够想到的最佳解释，就是她遭遇了精神健康障碍。

"可不可能是她并不真的喜欢足球？"我问道，"或者她只是想试试别的事情？"

艾丹看我的眼神仿佛在说我疯了，但他承认他确实没有和唐娜讨论过她对足球有什么样的情感。他宁愿把她锁在舒适区内（他认为那里安全又舒适）而不给她去成长区冒险尝试新事物的自由，在成长区内她会探索，有可能会失败，但一定会学有所得。和同样的教练、同样的球队踢同样的比赛，扼杀、阻断了她可能在别处获得的成长。

"你有没有问过她，不踢足球的话想做什么？"我问道。

"她想参加合唱团。她看了某部电影或电视节目，然后就想唱歌了。我可以向你保证，科普维奇博士，我在车上听过这孩子唱歌，她根本唱不了歌。她这是在断送自己的未来！"

现实是，她成为职业足球运动员和成为职业歌手的可能性是一样大的，但此时此地正是脚手架发挥作用的时机，当孩子鼓足勇气告诉你他的需求时，你的任务是给孩子情绪支持，以及不加评判地倾听。

在温和的诱导下，艾丹检视了他自己在运动方面对女儿步步紧逼的态度的原因，并发现他其实是试图在唐娜身上重新体验一次自己当年作为运动明星的经历。他也很关注运动奖学金。在咨询中，唐娜表示让父亲失望令她痛苦万分，但她真的受够了踢足球，包括足球这项运动本身，以及假装像父亲一样热爱足球这件事。

奉上一条有关自我意识的重大提醒：你的孩子并不是迷你版的你。为他的成长赋能的方式是让他选择自己的活动，认识他自己，了解他关心的事物和让他感到自信的东西。既然你拥有作为父母的权威地位，请你想一想什么才是对他最有益的，问一问自己，"这项活动会让他的生活变得丰富多彩吗""这会让他开心吗""这会帮他建立起自尊吗""这会让他变得更勇敢吗"。

父母对孩子的严格要求背后有哪些私心

- 为了让孩子把经历写进大学申请简历。
- 为了重复他们自己的光荣历史。

- 为了避免他们自己过去犯过的错误。
- 为了实现他们自己有时未能实现的目标。
- 出于对孩子落后于人的恐惧或担心。
- 出于自己的孩子没有做"正确"的事情的尴尬。

把你自己的目标和期望同你孩子的真实状况区分开来，这是极为重要的。为此，儿童心理研究所的 ADHD 与行为障碍专家斯蒂芬妮·李建议父母坐下来，为他们的孩子写一份目标清单，然后扪心自问，清单上的每一个目标究竟是为孩子设立的，还是他们自己的。换句话说，这些目标到底对谁而言是重要的，是这些父母自己，还是他们的孩子？

"父母可能会设立这样一个目标——让孩子变得'自信'。但是在稍做反思之后，他们发现那可能是他们自己的目标，因为他们自己小时候就是不够自信的小孩。或者他们可能写下了'学有所成'，然后发现他们之所以为孩子设立这个目标是因为孩子的成就会反映出他们是优秀的父母。写下'开心快乐'的目标则可能是因为他们感到焦虑或抑郁。"李博士说。

对孩子而言，"成长"这个目标才是更好的。用认可、肯定和协作的解决问题方式来建立脚手架，教会孩子独立面对挑战和挫折所必需的技能。如果他学会了，最终他将成为一个充满自信、多才多艺、幸福快乐的人。

密切关注抗拒行为

玛丽亚数学很好，她的妈妈卡门建议她加入数学俱乐部。"我以为这再正常不过了，"卡门说，"她对数学感兴趣，在那里她可以和有共同兴趣的孩子们一起玩。想都不用想，就是这么回事，但玛丽亚的反应就好像我是建议她从楼顶上跳下去一样！"

　　我们经常听到父母抱怨孩子不肯尝试一些会促进他们成长、看起来特别适合他们的活动。在这个案例中，卡门和玛丽亚对彼此开诚布公地说出了心里话，结果玛丽亚内心的想法是，她已经被别人认为是个怪胎了，她害怕如果她加入了俱乐部，别人会觉得她更怪了。"我用肯定和鼓励为她建造脚手架，告诉她不想加入俱乐部也没关系，但活在对他人想法的恐惧中只会对她造成伤害。玛丽亚翻了个白眼，但我认为她听进去了，"卡门说，"在我们谈话、她承认了自己的恐惧后，恐惧似乎就消失了，最后她也加入了俱乐部。"

　　孩子感到被父母的"建议"胁迫（这时建议听起来就像是命令了），往往意味着亲子间的沟通出了问题。父母一方可能已经为孩子报名了某项活动，此时孩子维护自己的掌控权的唯一方式就是拒绝参加。这样的情况有时会很难解决，但我们会有办法。

　　然而其他时候，孩子对某件客观上有好处的事坚决地拒绝，意味着发生了别的状况。我们曾接待过一个七年级的男孩，他是个电脑奇才，编程能力远远超出他所在年级的水平。他的计算机科学老师恳请他加入编程俱乐部。他的父母也认为这是个好主意。他们的儿子没有朋友，这似乎是个交朋友的好机会，但是男孩拒绝了。我们当时的任务是鉴别他的拒绝是出于掌控欲、恐惧，还是意味着其他更大的问题。我们评估的结果是他患有社交焦虑症。在治疗中，他学会了如何控制对参加编程俱乐部的本能的拒绝，并逐渐对社交脱敏，最终他加入了俱乐部，交到了朋友并玩得很开心。如果他的父母没有对他的抗拒加以深究，他们可能就不会发现他患有情绪障碍，并且需要干预。

　　如果你的建议遭遇了**强硬的**拒绝，或许意味着存在更深层次的问题。如果你确定问题出在孩子对该建议感到厌恶、不感兴趣上，那么请继续提出有助于成长的其他建议。孩子可能会一次次地翻白眼，但请锲而不舍地设法激发他的兴趣。反过来，如果是他主动向你提出一个让你感到厌恶的主意（"我想学打鼓"），请尽量包容，给孩子一个要么坚持下去、要么失败的机会。

孩子动力不足，依严重程度可分为"厌恶""不感兴趣""障碍"三种（见表 7-1 ）。

表 7-1　孩子只是动力不足吗

厌 恶	不感兴趣	障 碍
你的孩子不喜欢这项活动 厌恶的典型表现有：夸张的白眼以及假装发出呕吐的声音	你的孩子不关心这项活动 不感兴趣的典型表现有：耸肩以及不做答复	你的孩子强烈地反对这项活动，其反应异常过激，发脾气、哭闹
孩子可能曾经很喜欢这项活动。随着年龄的增长，孩子的爱好可能会发生变化，过去他喜欢的东西现在可能已经变得索然无味了	不感兴趣可能是因为不够擅长。不擅长运动的孩子就会对运动不感兴趣 也可能是因为社会压力，该活动被认为不够"酷"	他的抗拒可能是因为多一项活动他就应付不了了，他可能正在经历或濒临倦怠
不要停止探索，请为发现孩子会喜欢并乐于追求的东西而不懈努力	如果你发觉社会压力压倒了孩子的喜好和兴趣，请用脚手架引导孩子遵从自己的好奇心	强烈拒绝加入他感兴趣的领域的俱乐部或小组，可能意味着孩子患有社交焦虑障碍 拒绝加入学习俱乐部或小组，可能意味着孩子有学习障碍，并害怕自己的障碍被暴露出来

揠苗不助长

园丁们知道可以通过操控植物的日晒时间来强迫它开花，但对孩子可不是这样。你不可能用操控的方式使他们朝着某个方向或按照某个计划成长。实际上，如果你试图推动孩子比他的自然成长速度更快地发展，那么你反而会拖慢他的发展。每个孩子都是不同的，每个孩子的经历也都是独一无二的。你无法预测你的孩子会按怎样的时间表长大。直觉上你可能明白这一点，但仍为孩子能否"力争上游"感到担忧。我们不提倡比较，因为事实是每个孩子都有他自己的节奏，但密切关注孩子的发展是很重要的，这样你就可以促进他们健康地成长，并能及时注意到值得注意的延迟。争取做到以下几个方面的平衡：

信息部分。各年龄段的发展标准可以在网络上找到，但收集信息不能止于网络搜索。要听听专家怎么说（儿科医生、治疗师、教师），他们认识你的孩子，同时具备广博的专业知识，了解儿童发展的正常范围。

直觉部分。在自己孩子的事情上，可以听从你的直觉。如果所有同龄的孩子都为掌握某项技能做好了准备，而你认为你的孩子还没准备好，那么请相信这个直觉。如果你察觉到问题，也请重视这个念头，并寻求专业的见解。

影响部分。请充分意识到你对孩子成长的影响：你是否因自己的偏见和过去的经历而苛求或阻滞了孩子的成长。

蕾切尔·巴斯曼博士给我讲的一个故事，佐证了上述观点。"我丈夫和我都很爱读书，所以我们也想鼓励我们9岁的儿子像我们一样享受阅读，"她说，"我觉得他应该有一本读书日志，而且我对他该读些什么书，一本书要读多久，一个月要读多少书，也有很明确的想法。然而实施起来却比我想的困难很多，然后我忽然想到可以去问问老师。作为父母，我们忘记了可以请教老师。我对他的老师说，我认为我们的儿子可以读章回体的书籍，一章接着一章地读。然而老师说，'孩子们读书都喜欢反反复复地读。这样对阅读和理解都有好处'。我心想'哈，所以你是老师而我不是'。"

巴斯曼博士是个野心勃勃的母亲，她想要敦促他的儿子阅读新的、越来越有难度的书籍，但是他的阅读技能是在对同一本书的反复阅读中提高的。她从老师那里得到的信息是："父母需要了解他们不了解的知识，并求助于值得信赖的信息来源。"她说。那位老师拥有多年来指导数以百计的孩子阅读的经验。在这个专门的领域，即使是像巴斯曼博士这样对孩子的大脑中发生的事情了如指掌的人，所掌握的信息也不如那位老师丰富。

然而在其他方面，谁又比你更了解你的孩子呢？10岁的孩子或许个个都能读《哈利·波特》，但你可能知道，书里的魔法世界对你的儿子来讲过于紧张刺激，于是你暂时将这套书束之高阁。

多年来，我们在儿童心理研究所见到了很多试图揠苗助长的父母，他们的目的要么是让孩子跟上同龄人的发展，要么是使孩子显得多才多艺，要么是为申请大学的简历做准备。有个家庭把女儿送到中国过了一个暑假，结果离家太远对小女孩造成了创伤。还有一位做医生的父亲坚持让自己的儿子在十几岁的年纪就到医院实习，但是他的儿子晕血，每天晚上都是哭着回家的。

"我有个8岁的病人，每周都有各种活动、很多家教课、书写障碍作业治疗和物理治疗，这些安排把他压垮了。我认为他的时间表超负荷了，"巴斯曼博士说，"当然，如果一个孩子需要作业治疗、物理治疗和家教，我不会反对这些安排。然而就这个案例而言，我觉得这个孩子的时间安排已经妨碍到他的情绪发展了。我告诉他的母亲，'你的孩子的时间被安排得太满了，恐怕他需要一些时间来做个小孩，他需要玩闹和闲散的时间'。她并不想听。她全心全意地认为她的儿子一定要'往前赶'，而他现在的时间表就是落实的方法。"然而现实是，孩子在10岁时就筋疲力尽，并患上了焦虑症，不得不停止一切活动，甚至休学了一个学期。母亲不断推着儿子"往前赶"，结果儿子落在了后面。

"有时，父母希望孩子力争第一，但不是每个孩子都适合争第一。我的曾祖母曾经说过，'每个座位都有个适合它的屁股'。"巴斯曼博士说，"不是每个孩子都要上常青藤大学，这与接受多么严格的家庭教育无关。你难道不希望你的孩子进入一所在学术、社交、情绪和气质上都适合他的学校吗？我有个病人在了解纽约的高中，我给她和她的妈妈布置了一个小练习，让她们写一写，她们去看过的每一所学校中有哪些方面是她们喜欢的。妈妈喜欢学校的声望，女儿则更注重感觉。她说其中一所学校是个'像家一样的地方'。那所学校让她感到很舒服。学校里的人都很好，她感到如坐春风，所以这所学校在感觉上很适合她。学校不只是学习功课的地方，你还要在那里学习人生的功课呢。"

当你把声望摆在感觉的合适性之前，去敦促孩子的时候，无论是在选择学校、安排活动、评价友谊还是把控他们成长的节奏与方向的情况下，孩子一定会受到破坏性的影响。他们会感到焦虑、紧张，选择用逃避的行为去应对现实，这些对成长都没有好处。如果孩子在学校里、活动中或友谊中感到轻松自在，那么他们就具备了充足的安全感，能够去冒险、探索和体验，这样他们才能够成长。

大局观

"当青少年遭遇失败时，父母可以用大局观来为他们建立脚手架，"儿童心理研究所旧金山湾区临床主任马克·赖内克说，"孩子会认为在一次有关三角形的几何考试中考了 C 是极其糟糕的事情，因为这样他们就进不了普林斯顿大学了。"（供参考：他们的想法可能是对的，因为普林斯顿的录取率只有 6%。[⊖]）"那么父母要做点什么才能让孩子获得大局观呢？问问他们'我有点好奇，如果你**不去**普林斯顿，你觉得你可能会开心吗'。"父母也可以问问自己"你觉得如果孩子没去普林斯顿，你会开心吗"。孩子因名校录取而感到的压力，很大程度上来自父母。

普林斯顿大学的研究者——经济学家安格斯·迪顿（Angus Deaton）和诺贝尔奖得主、心理学家丹尼尔·卡尼曼（Daniel Kahneman），探究了这个问题。他们做了一项有关高收入（很多父母和学生认为常青藤文凭意味着高收入）是否决定幸福程度和生活满意度的研究，耗时 2 年调查了450 000 人，发现其中多数人（85%）报告他们每天都感到幸福，不论收入是多少。[⊖]高收入的人承认有钱确实让人生变得容易了一些，但大量的财富并不会让人感到更幸福。如果赚的钱足够支付每个月的开销，并且还有一些可以用于娱乐身心的闲钱的话，人们的生活满意度就会和最富有的人一样高。

"三角形考试？根本不重要。考进顶尖大学？完全没你想得那么重要，"赖内克博士说，"无论去哪里，你都可能感到痛苦或幸福。如果你现在幸福又乐观，你以后很可能也会幸福乐观，反之亦然。大学的选择改变不了情绪发展的轨迹，一点儿也改变不了。"

把眼光放长远、俯瞰大局这些说辞，在投身于高考竞争中的青少年听来可能非常牵强。你或许会给孩子讲些塞翁失马焉知非福的故事——不顺心的工作为自己打开了机遇之门，被伤了你的心的坏男友甩了后你才遇见了后来的丈夫……这些对于一个正沉浸在没有得到某个男孩子短信回复的悲伤之中的青春期少女而言，可能构不成什么启发，但是请不断地向孩子渗透这种健康的大局观，以及不因测验、比赛、聚会或服装而频频崩溃的

⊖ https://www.princeton.edu/news/2018/12/12/princeton-offers-early-action-admission-743-students-class-2023.

⊖ Kahneman, D., and Deaton, A. "High Income Improves Evaluation of Life but Not Emotional Well-Being." *PNAS*, 2010.

从容。具备长远、广阔的眼光，在面对失败时尤为重要。你自己应当如此，你的孩子亦然。如果孩子能够坐在那里听你讲故事，就算他可能不耐烦地扭来扭去，但你的信息还是可以传达给他。青少年的特点是，他们真的听得进去你讲话。他们指望你给出指导，即使他们一直叽叽歪歪。

请给孩子做出眼光长远的榜样。如果你自己泰山崩于前而色不变，孩子就会从你身上学到这种品质，他们会明白，压力事件，如损失、失败、别人的侮辱，需要我们去分析评估"为什么"，但从长远来看，它们带来的是成长和经验。人都会犯错，但如果你和孩子不把错误灾难化，不小题大做，并意识到今天看来很重要的东西一年后可能就不重要了，你们就能够向前走了。

想要推动孩子拥有大局观，"要用苏格拉底的助产士法，"赖内克博士说，"把你想说的话用提问的形式说出来，比如'我想问问你，你觉得五年后，眼下的这些事还重要吗'。如果青春期的孩子回答说不重要了，你可以说'我想你是对的'，对这种信念加以强化。如果他说依然重要，你就要问更多问题，让他解释究竟为何，如何重要。"用对话来建立脚手架，引导青少年去质疑，去评估，去以一种客观的、哲学的方式看待人生的起起落落。

为青少年搭建成长的脚手架

结构。要想为孩子架好结构，你就要让孩子能和你一起探讨失败。不要把你生活的主旋律定为消除孩子的一切痛苦。越俎代庖的策略是没有用的。那样做只会把青少年变得依赖性强、能力低下，与你的期望刚好相反。

支持。你想要他们如何并不重要，他们希望自己如何才重要。支持他们追求自己的目标和兴趣。

> **鼓励**。在这个高度戏剧化、神经格外敏感的时期，青少年会把他们的每一次失败和困难看得无比严重，但一年后这些就都不是问题了。鼓励他们把眼光放长远。

安妮，就是那个从她的儿子上幼儿园起就帮他做作业的老师，终于意识到自己的行动使儿子本完全不具备上大学和独立生活的能力，于是她严肃地和儿子谈了一次话。她说："我们不能再这样下去了。我们必须要改变。"

他们各自写下了关于如何打破固有模式的想法，这是他们有生之年第一次平等地合作解决一个问题。他们的计划中包括很多家教课，他们家几乎负担不起，但他们承认，长远来看，这些费用会得到收益。安妮需要更多的时间去陪伴丈夫和女儿，也需要时间独处。本也必须学会自己安排时间，自己完成论文，这样他才能在大学和以后的人生中不断地成长。

"最大的变化是，我和本之间的关系和以前不一样了，"安妮说，"过去很多年，我一直在纵容他，我是他的共谋。我爱他，但我给他带来了糟糕的感受。当我不再替他做作业时，我们一起做别的与学业无关的好玩的事。我们请的家教老师都很好，但本的成绩突然下降了。我的新角色就是要在情绪上鼓励他，这对我们两个而言都健康多了。"

到了本上大学（一所不错的州立大学）的时候，他已经具备了所需的能力，并且在大学里获得了成功。"他的第一份成绩单上主要都是 B 和 C，但那都是他自己努力得来的，"安妮说，"其他孩子可能把这样的成绩看作失败，但对于本来说，他终于能够体会自己完成某件事情的喜悦了。"

安妮为多年来一直剥夺了儿子的这份喜悦而感到更加愧疚。"然而成长并不是孩子们专属的，"她说，"我也从我的错误中学到了很多，现在我格外小心地提醒自己不要为女儿做太多事。"

对父母而言，有一个了不得但很不起眼的发现，那就是，当我们为孩子的成长赋能时，我们也会了解到，自己还有好多东西要学。

钉牢横板

成长是一个不断尝试、失败、学习，然后再次尝试的过程。父母可以用他们的横板技巧来为孩子的成长赋能。

耐心

▫ 在有办法让孩子不受苦的情况下看着孩子挣扎、失败，对父母来讲可能是一种折磨。把孩子轻轻推出舒适区，在成长区与他协同合作获取新技能，这个过程总是反反复复，考验着你的耐心。不过你的耐心会得到回报，那就是孩子会成为一个独立自主、自我激励的学习者。

温暖

▫ 让孩子在你的肩头哭泣。如果孩子因失败而感到伤心，请允许他伤心，并肯定他的感受。然后，带着温暖和同情，温柔地引导他展开对"为什么"的思索，提升他解决问题的能力。

觉察

▫ 请时刻记得，你对孩子的期望可能更大程度上反映出的是你自己和你过去的经验，而不是对孩子最有利的事。每当你想要强迫孩子的时候，请反思自己为什么有如此强烈的情绪。

▫ 父母越俎代庖时，原因往往是他们自己害怕生活的不确定性。在你想要越俎代庖时，如果你联想到了什么的话，就请先自我检视一下吧。生活就是不确定的。与其强化一种具有破坏性的幻觉，不如教孩子认清现实。

冷静

▫ 失败使人痛苦，拒绝使人受挫。然而，为了给孩子树立起榜样，让他们明白失败和拒绝都只是结果，而不是全盘否定自己人生（比如

"我什么都做不好"）的原因，你必须从容应对你自己的挫折。跌倒，爬起，扑扑灰，继续走。不要矫揉造作，不要顾影自怜。

监督

- 如果孩子对看起来很适合他的成长机会表现出抗拒，请密切关注。强烈的拒绝可能意味着孩子面临着更深层的问题，需要专业的干预。
- 以可靠的信息来源、你的直觉与影响为依据，检验孩子当下的成长速度对他而言是否过快过强，但是不要拿他和他的同龄人做比较。

8
第 8 章

积蓄力量
帮助孩子建立充满勇气、自信和韧性的内在力量

孩子的建筑越建越高，父母的脚手架也随之越建越高，二者保持着近而分明的距离。一切都很棒！然而为了巩固和提升所有这些傲人的成长，这栋建筑还需要加固，还要在其内部安装钢柱（例如勇气、自信、心理弹性和韧性），这样，孩子所拥有的就不只是一栋可以"住"在里面的建筑了。他将拥有一座堡垒，天气恶劣也好，时运不济也罢，它都坚不可摧。就算孩子真的遭到了外力的伤害，他也会有强韧的内在力量去应对他在世上遭遇的一切。你在脚手架上，通过引导、支持和示范这种力量，来对这些钢柱加以强化。

在我们刚刚成为朋友时，儿童心理研究所旧金山湾区临床主任马克·赖内克对我讲述了他养育女儿（他的女儿如今已经成年）的经历。"格雷西以前很焦虑。我不知道她是否天生就有焦虑的倾向，但她从学步时期到幼年时期都非常焦虑，"他说，"我直说吧，她在长大的过程中经常会呕吐。她在母胎中就面临一定的威胁和危险，出生后在婴儿时期也患了很严重的疾病。童年时期的病弱会改变父母对待孩子的态度。她很脆弱，她的成长环境充满了危险。我们不确定她能否承受那些危险，于是她成长为一个焦虑的小孩，总是忧心忡忡，一刻也离不开妈妈的保护，总是紧紧抱着妈妈的腿。她非常胆小，不肯探索外面的世界。"

"所以，她6岁时的一天，我在家里的前院和她一起玩，"他继续说道，"她踩着滑板车，前前后后地滑着。她说'爸爸，看我，快看我'。"

"我鼓励她说'太棒了，格雷西！看你滑得多好呀'。"

然后，格雷西的外婆，赖内克博士的岳母，从房子里出来了。"我们都爱外婆，外婆棒极了，"他说，"她看了一眼滑滑板车的格雷西，然后对我说'你知道，她真的需要戴个头盔，还有护腿、护膝、护腕，这样如果她摔倒的话，哪里都不会受伤'。"

赖内克博士没有马上同意。"我说'外婆，那个东西距离地面只有两三厘米高。如果她没踩稳掉了下来，她不会有事的。我觉得没什么危险'。外婆看着我说'你是她的爸爸啊。你为什么要让她冒哪怕一点点危险'。"

这句善意的提醒，成了赖内克博士育儿生涯的转折点。"我顿时感到脊背一凉，因为我忽然搞清楚了状况，"他说，"外婆是在大萧条时期的北卡罗来纳州穷苦地长大的。她的思维模式是'但愿如此吧'。我在那一刻意识到，她的那种充满焦虑和恐惧的心态已经传给了我的妻子，而现在正在传给我们的女儿。我记得我走进屋内，径直走向我的妻子，对她说'焦虑的代际传递到此为止'。只有儿童心理学家才说得出这样的宣言。我的妻子和我坐下来好好谈了谈，发誓要养出一个勇敢的孩子。"

那么，赖内克博士和他的妻子是怎么做的呢？

"给孩子树立勇敢、自信、适应力强的榜样，并强化孩子这些方面的行为。"他回答道。他们给她看了很多遍迪士尼电影《花木兰》，那是一个女孩最终变得勇敢的故事。借由这部电影，格雷西的父母鼓励她去做一些勇敢的事情，寻找挑战，并且永不言弃。她在马路上滑滑板车时也不再需要佩戴护腕、护膝，即使擦破手肘的风险依然存在。

他们不会有事的

你可能想要把孩子锁在家里，保护他们不冒任何风险。如果你把自己的焦虑放在一边，愿意让孩子绊一跤的话，那么这可能会成为你育儿史上的里程碑，就像赖内克博士的宣言一样，你终于能够停止将自己的恐惧强加在孩子身上的行为了。

被过度保护的孩子面临的最大风险，并不是擦破手肘。真正处于风险之中的，是他的社会和情绪发展，以及学业的成功。

在 2018 年的一项研究中，明尼苏达大学的研究者对 400 余名背景各异的儿童进行了 8 年的追踪，在他们 2 岁、5 岁和 10 岁时分别做了记录。⊖研究者收集数据的渠道包括被试的老师、被试自我报告，以及在实验室中对孩子们与其父母的玩耍和互动的观察。"直升机式父母"总是想控制孩子的一举一动，告诉他们该玩什么、怎么玩。主要研究者妮科尔·佩里（Nicole Perry）博士在美国心理学会（APA）发表的一篇文章中写道，这种互动"过于严格和苛刻"。"孩子的反应多种多样，有些孩子反抗父母的指示，有些表现得很冷漠，还有一些很沮丧。"⊖该研究发现，到了 5 岁时，被过度保护、过度控制的孩子的情绪和行为调节能力较差。此外，可以预测的是，在 5 岁时能够控制冲动的孩子，到了 10 岁时会有较少的情绪问题、较好的社交技能和较高的学业水平。

⊖ Perry, N. B., et al. "Childhood Self-Regulation as a Mechanism Through Which Early Overcontrolling Parenting Is Associated with Adjustment in Preadolescence." *Developmental Psychology*, 2018.

⊖ "Helicopter Parenting May Negatively Affect Children's Emotional Well-Being, Behavior." APA. org, 2018.

"直升机式父母的孩子，在面临成长中的挑战时可能更加力不从心，特别是在面对复杂的学校环境的情况下，"佩里博士说，"无法有效调节自身情绪与行为的孩子，有更大的可能会在课堂上行为不当，难以交到朋友，在学校里难以跟上进度。我们的研究结果强调了对父母进行教育的重要性，要让他们明白，虽然他们往往是出于好意，但依然需要支持孩子应对情绪挑战的自主性。"

脚手架教养法的目标，是把孩子培养成具有独立性、适应性和自信心的成年人。这个过程的开端，就是允许哪怕只有 2 岁的孩子自主地决定玩什么、怎么玩。学龄的孩子应该被给予独立处理情绪和社交问题的机会，随后才轮到你或老师以仲裁者的身份向他们伸出援手。问题永远应该是"我的孩子能否独立完成这件事"，如果你不确定的话，让他试一试你就知道了。

三步鼓励法

如何鼓励一个孩子呢？以骑自行车为例。

首先要有欲望。孩子得**想要**骑自行车才行。如果欲望已经有了，那么就可以继续了。如果没有欲望，就强迫他坐上车座，开始踩踏板，那么你在训练的就是孩子顺从的品质，而不是勇敢的品质。不要提出要求，而要问问孩子为什么不想骑车，温和地探询他可能在害怕什么。我们都要学会并熟练掌握一些我们害怕的事情，你可以示范并强化对这一事实的信念。

其次是能力感。孩子有没有骑自行车的能力呢？他的腿长是否足够踩到踏板？如果他的能力还不足，你可以教教他。基本上对每一种生活技能而言，无论是阅读、道歉、打网球还是弹钢琴，你都需要有人展示给你具体怎么做。如果一个孩子跳上自行车然后摔了下来，这并非他的失败，而是能力不足。如果你能够给孩子解释二者的区别何在，那么他们就很可能会再次上车，再试一次。

最后是预测。学骑车是一个可预测的过程：踩踏板，摔下来，爬起来，再来一次。如果孩子对这个过程有健康的预测，明白学会骑车需要投入一定的时间和练习，那么他就不会害怕失败或逃避学习。

任何人在做任何事时，都不该被期待从一开始就做到完美。你可以示范并强化对不完美的接纳，每天都让孩子看到一些微小的勇敢行为。例如，你可以向新来的邻居自我介绍，或者学做一道新的菜式，或者把亚马逊电视盒子安装到电视上。去做事。在孩子面前考验自己。搞砸后仍坚持做。

人们不应该期待人生过得容易或完美。我们见过很多这样的父母，他们认为他们的孩子应该在 5 岁时就成为自行车专业骑手，成绩应该拿全 A，应该会拉小提琴，应该成为学校里最受欢迎的小孩。对孩子抱有不切实际的高期待，提出完美主义的标准，会使孩子在事情未能如你所愿时感到痛苦万分。这份痛苦会使本来想要尝试新事物的孩子裹足不前，这样孩子就无法获得相应的能力，在开始做事之前就丧失了勇气。

15 分钟掌握受益一生的心理弹性

在 1970 年，出生于奥地利的美国心理学家沃尔特·米歇尔（Walter Mischel）邀请了几十名 3 ～ 5 岁的斯坦福幼儿园儿童，每一名单独进入一个房间坐在桌子前，桌子上的盘子里放着一个他自己选择的好吃的东西（椒盐卷饼、奥利奥或棉花糖）。研究人员告诉孩子，"你可以现在吃一个，或者等到 15 分钟后吃两个"。⊖然后这个大人就离开房间，让孩子独自待在房间里面对桌子上的食物。孩子们被告知，如果等不及了，就可以按铃叫回大人，然后就可以吃桌子上的东西了。研究发现，能够等待的孩子有更好的冲动控制力。

⊖ Mischel, W., and Ebbesen, E. B. "Attention in Delay of Gratification." *Journal of Personality and Social Psychology*, 1970.

　　真正引人注目的发现是米歇尔博士发表于 1989 年的对上述被试进行的追踪研究。[○]那些当年完成了 15 分钟的延迟满足的孩子（此时已是成年早期），在社交、学业、情绪等各个方面都更为成功。他们的 SAT 成绩更高，药物使用更少，社交生活更快乐，应对压力和低潮也更熟练。在 2013 年的追踪研究中，被试们已经人到中年，当年的那些延迟满足的孩子的 BMI 值（body mass index，体质指数）比按铃的孩子更低。[○]

　　这项研究就是著名的"棉花糖实验"（The Marshmallow Test），这也是米歇尔博士一本著作的标题，该著作将他几十年自控力研究的全部发现公之于众。[○]这里介绍一些给孩子和父母的冲动控制小贴士：

　　转移注意力。即使是非常小的孩子，也可以将自己的注意力从想要的东西上转移到别处，例如在房间里东张西望，看看有什么其他可以关注的东西。米歇尔博士推荐的方法有唱歌、玩脚趾、挖鼻子。如果你能够根据自己的意志将注意力从棉花糖（真的棉花糖或其他诱惑物）上转移开，那么你就拥有了自控力。

　　"冷"思维。米歇尔博士将"热"思维定义为冲动的边缘系统所产生的大脑副产品。而"冷"思维来自前额叶——大脑中起到决策功能的部分，孩子们的前额叶直到 25 岁才会发展完全。然而，即使是一二年级的孩子，也能够分辨"冷""热"思维的区别，并努力调节自己的思维温度。哪怕只是稍等几分钟，也可以带来改变。在 2011 年的一项持续 40 年的追踪研究中，"能够等待"的群体的前额叶在脑成像中呈现出比"等不了"的群体更活跃的状态。[○]

　　○ Mischel, W., Shoda, Y., and Rodriguez, M. I. "Delay of Gratification in Children." *Science*, 1989.

　　○ Mischel, W., et al. "Preschoolers' Delay of Gratification Predicts Their Body Mass 30 Years Later." *The Journal of Pediatrics*, 2013.

　　○ Mischel, W. *The Marshmallow Test: Mastering Self-Control*. Little Brown, 2014.

　　○ Mischel, W., et al. "Behavior and Neural Correlates of Delay of Gratification 40 Years Later." *PNAS*, 2011.

装上画框。如果一个孩子能够将想要的东西转换成想象中的东西，那么孩子的欲望就会减少。例如，他能够为桌子上的美味食物加上一个画框，就好像那儿摆着的是一幅画而不是真的食物一样，那么他就可以等时间到了再吃它了。

"我们女儿的童年，可以说就是一场超长的延迟满足实验。如果格雷西说'我可以边喝牛奶边吃饼干吗'。我们就会回答她'可以，2分钟后'。所有要求都会在'2分钟后'得到许可。"赖内克博士说。

让"可以，2分钟后"成为家训吧。4岁时的延迟满足可能发展成一生的强大毅力和冲动控制力。

为儿童搭建内心强大的脚手架

结构。为孩子提供一个身体和情绪意义上都安全的空间，让他们独立自主、尝试新事物、冒险、摔倒。请学会与孩子保持距离，让孩子独自完成拼图或穿衣服，先不要去帮忙。订立一个规矩，将孩子的即时满足推迟几分钟，以培养其自控力。

支持。孩子摔倒时，帮助他站起来，表扬他的努力，并让他建立起健康的预期：任何值得做的事都要花费时间、付出实践才能做好。

鼓励。为了增强孩子的冲动控制力，使之在未来取得更好的学业成绩和社交能力，请用三步鼓励法来让他们振奋精神，不要对他们吼出指示和要求。

尴尬不会真的致死

我儿子乔舒亚上中学时，学校组织了一场盛大的感恩节集会，学生和老师可以朗读诗歌、弹奏吉他或表演芭蕾。那对所有人都是一次展示自我的机会。乔舒亚是个安静的孩子，平时话非常少，所以当他告诉我们他决定和朋友亚当一起在集会上表演时，我十分惊讶。我记得我当时努力压抑住自己的震惊，并试图鼓励他，但乔舒亚的性格并不适合表演。

"很好啊！你想好要表演什么了吗？"我问道。

"我们打算表演说唱舞蹈，灵感来源于迈克尔·乔丹（Michael Jordan）和克里斯·克罗斯（Kris Kross）组合的歌曲《跳跃》。"⊖

他还不如说，"我要在台上做开心手术！肯定棒呆了"。

我知道乔舒亚很崇拜迈克尔·乔丹。他房间里到处都是这位篮球明星的海报。在2岁时他就被公园里的霹雳舞者吸引，并在家里厨房的地板上试图以肩胛骨为轴转来转去，但这并不意味着他能够在全校师生面前表演说唱舞蹈节目。

我为他吓得半死。我想"他会死在台上的"。我做了三十几年治疗师，给我讲述过因儿时公开表演而留下阴影的病人数不胜数，过了几十年，他们依然心有余悸。

我情不自禁地说道："呃，我觉得这不是个好主意。"

我妻子琳达对我使了个眼色，然后对乔舒亚说："听起来棒极了！"

乔舒亚点点头。"肯定很棒！我已经开始跟学校的舞蹈老师学舞了。她在帮我编舞。"

我的天哪。他还真要上啊。这太不符合他的性格了，太大胆了，也太危险了。这可能会是一场社会性自杀啊。

集会前3天，乔舒亚告诉琳达和我，他的朋友亚当退出了。

我松了一大口气。"啊，哦。本来就不该……"我说。

"不，我要自己表演。"

琳达说："你真棒。"

"人生中的每件事都有利有弊……"我开始讲道理。

"爸爸，别担心。我肯定会表演得很好。"

⊖　克里斯·克罗斯（Kris Kross），美国二人饶舌乐队。《跳跃》（Jump）是他们的歌曲。——译者注

我一整天都魂不守舍。我没法挤出时间去看他表演，而我承认我为此感到一丝窃喜。琳达是那所学校的美术老师。她在观众席观看了集会，结束后立刻给我打了电话。

我问："怎么样？"

"令人叹为观止，"她说，"观众为他疯狂。他在台上酷毙了！"

这简直是现实版的《大人物拿破仑》[⊖]式反转！我感到欣慰、快乐，然后是愧疚。我为什么不相信我儿子能做好他想做的事？

时间来到乔舒亚的30岁生日。他的发小伊莱亚斯站起来说祝词。"大家都知道我有多讨厌在公共场合讲话，但我爱乔舒亚，我愿意为他做任何事，"他说，"乔舒亚不知道，我第一次注意到他是在中学的时候，他在感恩节集会上表演了说唱舞蹈。就算是在那个年纪，我也知道他是豁出去了。灯光熄灭，聚光灯照在他身上，他反戴着一顶棒球帽，穿着一件松垮的芝加哥公牛队球衣。克里斯·克罗斯的音乐响起，乔舒亚开始跳舞、跳跃、在地板上旋转。不到1分钟，所有人都起立欢呼'乔舒亚！乔舒亚'，假期后的那个星期一，我在走廊里看到他，拿了很多书，垂着头。他马上就回到了寂寂无名的状态，按他自己的节奏生活。我跟我父母说他那次表演说了好多年，我说，如果乔舒亚能做到，那我也能有勇气让自己站在公众面前。"

时至今日，我都为乔舒亚的舞蹈大获成功感到欣慰，但我知道那并没有改变他的性格。在电影《温馨家族》[⊜]中，史蒂夫·马丁（Steve Martin）饰演了一位对孩子极尽支持的父亲，每天都和肢体不协调的儿子玩抛接球。后来，在大赛中，这个笨手笨脚的孩子漂亮地接住了令人瞩目的一球。史蒂夫·马丁和玛丽·斯汀伯根（Mary Steenburgen）饰演的妻子开心地跳起舞来，并指出什么也没有改变，他们的儿子依然是那个怪怪的孩子，那次完美的接球并没有解决他所有的问题。父亲向儿子抛了一千次球，提高了

⊖ 《大人物拿破仑》（*Napoleon Dynamite*），美国喜剧电影，讲述了迷茫的高中生拿破仑的成长故事。——译者注

⊜ 《温馨家族》（*Parenthood*），美国环球影业公司发行的家庭喜剧电影。——译者注

他接住球的概率，但他依然是个肢体不协调的孩子。

乔舒亚的表演并没有改变他这个人，但是由于他顺利完成了那次表演，他启发了伊莱亚斯，或许还激励了其他孩子。他的世界也多了很多可能性。在后来的人生中，他做了一阵子唱片骑师（DJ）。我将此事追溯至他对乔丹的那次致敬。他冒着让自己尴尬的风险，并通过这样的冒险，让自己的精神和情绪力量强大了起来。

如果你的孩子有勇气冒一个巨大的风险，请**不要**像我那样做。鼓励他为之努力吧，因为你不会知道结果如何。的确，这可能会成为他20年后接受治疗时的素材，但也有可能，这会成为他人生的转折点，或者别人受到他的启发，也变得勇敢了。

要为孩子搭建起冒险承受尴尬的脚手架，你首先要定下这个基调。当我们帮孩子习得健康的情绪习惯时，第一步是要考虑我们自己在生活中会如何处理类似的情况。所以我，作为一名医生，为你开出药方：在家人一起唱卡拉OK时，请你抓起麦克风，唱一曲《我将永远爱你》[⊖]，以此来**为孩子树立勇敢的榜样**。

如果结果不好，不要揪住不放，说什么"我不敢相信我干了那样的事"。请尝试着一笑而过，传达或说出这样的信息，"事情就这样发生了。嗯，好吧。接下来呢……"撺落失误，示范心理弹性。还要示范情绪控制力，在尴尬情境的煎熬之中**保持冷静**。当你在唱《我将永远爱你》，而人们往台上扔西红柿时，请你避开攻击，但不要停止歌唱！

至于如何鼓励孩子冒险，**请永远不要**在他们因尴尬而感到紧张不安时**贬低**他们。就算你的嘲笑是温和且"幽默"的，孩子也会将这种羞耻感内化于心，并且再也不会冲在前面甘愿承受尴尬的风险了。

⊖ 《我将永远爱你》（*I Will Always Love You*），美国歌手惠特尼·休斯顿（Whitney Houston）的名曲，以情绪饱满的高音著称。——译者注

不要贬低孩子的感受，认为他们过于敏感。很自然，你想要缓解孩子的尴尬感受，告诉他"没你想得那么严重"。然而，忽视孩子的任何一次重大的、真的让他不安的情绪，都是对他的否定。他会认为你不理解或不关心他的痛苦，但也不要走到另一个极端，不断提起尴尬事件。肯定他的感受，然后继续前行。过度关注尴尬事件只会让情况变得更差，而不会变好。

将消极的经历重组，变成积极的经历。如果孩子搞砸了钢琴演奏会，请说点什么让他离开那个糟糕的场景，夸夸他，比如说，"我知道你为什么不开心。你没弹好开头，但你还是弹下来了，我为你感到骄傲。只有勇敢的人才能在开局不利的情况下重整旗鼓，然后弹出一个漂亮的结尾"。

最后，**帮孩子建立起一个健康的大局观**。每个人都会在一生中经历不得不当众放屁之类的事。在童年时，这可能会引来笑声，许多人的笑声。一个小孩子可能会认为，从此以后，人们会永远记得他就是那个放屁的孩子。对孩子来说，他会觉得每个人都会像他一样不停地想着那件糗事，但实际上，多数孩子第二天就忘记了。你可以通过讲故事的方式帮助他建立起一个健康的大局观，给他讲讲你自己的糗事，让他也嘲笑一下你。强化一个印象：你没有受到糗事的影响，而且现在还可以拿它开玩笑。不要试图超越他的尴尬程度，这不是糗事大赛，但要让他知道你感同身受。然后，就不要再谈此事了。如果你就此忽略这件事，他就会明白，这件事没有他想得那么严重。这个意识能够在（万一）类似情况发生时将他救出来。

同拒绝、失败一样，尴尬也是人生的一部分。你必然会想要保护孩子不去经历困难，但为他搭建脚手架，让他学会处理尴尬处境的健康方法，是效率高得多的方法。

我们有一些病人对尴尬的惧怕达到了一定的程度，这让他们成了回避型的人。回避行为可能是霸凌的结果。如果事实确实如此，父母和老师需要介入并阻止霸凌。请注意异常的犹豫或回避，这会使孩子的成长延迟。

孩子回避，依严重程度可分为"正常""问题""障碍"三种（见表8-1）。

表8-1　是不是回避

正　常	问　题	障　碍
你的孩子在课堂上会举手回答问题，即使他不确定他的答案是否正确	你的孩子在课堂上犹豫要不要举手，但如果老师叫他回答问题，他能够回答，就算答案可能是错的	你的孩子从不在课堂上举手，就算他知道正确答案
他的尴尬程度与现实情况相符。他很快就会从中恢复过来，并再次尝试	尴尬事件发生后，他似乎过度焦躁不安，需要大量鼓励才能再试一次	他睡不好，吃不进东西，对尴尬事件表现出不成比例的焦虑，并拒绝再次尝试
他并不因为回到尴尬事件发生现场感到惊慌，而是鼓起勇气回到课堂	他找借口回避尴尬事件发生的场合和与之相关的人，但最后他还是会回到学校	他坚决拒绝回到学校，见到某些人。他装病以回避活动，或直接退出活动。如果你强迫他面对尴尬情境，他会非常烦躁 如果你的孩子哪怕想一想参与低风险活动都会感到恐惧，那么他可能出现了与社交焦虑有关的回避行为。他在回避社会互动

回弹

我们所谓的内心强大，很大程度上指的是心理弹性或适应力，也就是迅速从逆境中恢复过来的能力。阿尔弗雷德对蝙蝠侠布鲁斯·韦恩说得好："我们为什么会跌倒呢，先生？因为这样我们就能够学会如何爬起来。"⊖

每个人都会遭遇逆境，但是心理弹性良好的人看待逆境的方式是：逆境总会被战胜，人总会向前行进。在 20 世纪 80 年代，威斯康星大学（University of Wisconsin）的心理学家林恩·艾布拉姆森（Lyn Abramson）和西北大学（Northwestern University）的劳伦·阿洛伊（Lauren Alloy）开创了一个叫作"归因风格"的理论，这是一个有关你如何解释发生在自己身上的坏事的原因的理论。

根据他们的研究，将坏结果（例如考试失败）归因于**整体性**的消极因素（"我数学不行"）的人会"在新环境中表现出无助，无论当下的情境与最初使他们感到无助的情境是否相似"。⊖换句话说，如果孩子有了一种整体性的消极归因风格，那么他在面对所有学业上的挑战时都会感到无助，任何一场即将到来的考试都可能让他崩溃。

而那些将消极结果归因于特殊的消极因素（"那场代数考试我考得不好，但上周的考试我拿了 A"）的人，这项研究显示，"会在与最初使他们感到无助的场景类似的情境下感到无助，而在与之不同的情境下则不会感到无助"。也就是说，如果一个孩子对某一场考试的失败进行了具体的解释，他可能会对下一次数学考试心有戚戚，但不会对其他科目的考试也感到力不从心。

除了"整体 – 特殊归因"之外，研究者们还界定了另外两个影响自尊

⊖ 阿尔弗雷德、布鲁斯·韦恩，均为系列电影《蝙蝠侠》（*Batman*）中的人物。——译者注

⊜ Alloy, L. B., Abramson, L., et al. "Attribution Style and the Generality of Learned Helplessness." *Journal of Personality and Social Psychology*, 1984.

高低、决定人们遭遇挫折后的恢复能力的维度：**"内在 – 外在"** 以及 **"稳定 – 临时"**。

对坏结果的内在归因包括自责，例如 "我没考好是因为我是个笨蛋"，而外在归因则可能是为考试失利找到一些自身之外的原因，例如 "这个老师不适合我"。

对坏结果的稳定性归因就好像在你自己的永久档案上抹上一笔黑色，例如 "我总是搞砸事情，我就是这样的人"，而临时性的归因则是，消极的结果只是偶然，"人有时候就是会倒霉"。

总而言之，那些会在坏事发生时做出整体性、内在、稳定性消极归因的人更容易抑郁，也更容易感到无助和绝望，他们的自尊较低，在即将发生的消极事件面前败下阵来。想要为孩子建立起脚手架使其获得更强的心理弹性，你可以帮助孩子做出特殊性的、外在的、临时性的归因。

能够有效地让孩子振作起来的对话可能是这样的，"好的，你代数考了 D，这确实不太理想。我们就不要粉饰这一点了。如果你学习再努力一点，加上我或者家教的帮助，我认为你下次就会考得更好。你要知道你并不笨。你以前得过 A"。请让孩子发自内心地相信他能够成功，他的情绪状态能够回弹，这样，在一次又一次的锻炼之中，他就真的会越来越成功、越来越具备强大的心理弹性了。

使你变强的方法，未必也能使孩子变强

好的，又回到了这个话题。几乎每一章都会谈到这一点，因为父母总是需要被反复提醒，你的孩子不是你。你小时候的自信秘诀，对你的孩子可能并不适用。

"在我的成长过程中，每当我需要振奋精神的时候，我外婆总是会对我说'涂点口红，你会感觉好一点的'。这种方法太过时了，而且有点性别歧

视的意味，但确实有点用。我会化个妆，穿上好看的裙子，这样我就会感觉自信一些。"波莉说，她是儿童心理研究所的一位妈妈，"我妈妈和外婆在这一点上和我一样，我有许多和我妈妈一起去购物的开心回忆，我们在服装上的品位很一致，她会告诉我如何通过衣饰风格来让自己在感觉上变得强大，从而能面对整个世界。"

可是波莉的女儿乔和她的母亲、外祖母和曾外祖母都不像，"乔因为学校的事感到不开心的时候，或者她和朋友吵架的时候，我就拿出了老法子'涂点口红'，"波莉说，"乔对此并不感冒，一点儿也不买账。她四年级的时候我强迫她照做了一次，坚持给她化妆，穿漂亮衣服，她简直忍无可忍。我一化完，她马上就跑去洗脸。我女儿拒绝了这些女孩子气的东西，我的做法说明我不理解她，这看起来好像是明摆着的事，但实际上这背后是一个严重得多的事实。"

自拍与自尊

我这样说，没人会感到惊讶：每天自拍、用滤镜和修图软件把自拍照片变得更美、把照片发布出去并为获赞与评论焦虑不已，这些行为正破坏着孩子的自信和自尊。

根据 2018 年加拿大的一项研究，研究者们将 110 名本科女生分为 3 组：第 1 组被要求自拍，并将未经处理的照片上传。第 2 组上传的是处理过的自拍。第 3 组是对照组，不拍照也不上传照片。[⊖]

研究者在自拍发布前后分别评估了 3 个组别的本科生的情绪状态和对身体形象的想法。结果如下：无论这些本科生是否处理了她们的照片，她们在心理上都受到了负面影响，与对照组相比，她们更焦虑、更不自信，对自己

⊖　Mills, J. S., et al. "'Selfie' Harm: Effects on Mood and Body Image in Young Women." *Body Image*, 2018.

的外在吸引力评价更低。

　　如果你无比肯定地知道孩子正在做一件毁坏她的自尊的事情，而且这件事就发生在你眼前，每天都发生好多次，你难道不会做点什么吗？减少自拍及其发布的最好方法就是和她讨论这项研究的发现，并建议你的女儿，下次想拿出手机、对着镜头摆出嘟嘴表情时，告诫自己"可以拍，等2分钟后再拍"。再下一次等4分钟，依次类推。自建脚手架，将帮助她树立自尊。

　　乔因抑郁症状来向我们寻求帮助，但我们的治疗师迅速评估出她的症状实际上是对自己性别认同的困惑与恐惧。波莉未能完全理解女儿所面临的困难，即便不理解，她依然可以用温暖、冷静和耐心来为女儿建起脚手架。

　　很自然地，我们想要传授给孩子一些曾对我们自己有用的经验，或者给孩子们讲一讲我们自己过去的经历。然而不是每个孩子都和父母一模一样。他可能和他们非常不同。不同的程度可能远不止于他不喜欢你安排的宿营，不能像你一样擅长某种运动。父母甚至可能注意不到，他们或轻柔或大力地推动孩子去坚持的运动、参与的课外活动、培养的个性，都是在按照自己的样子去规划孩子。你可能会认为"我在这条路上走得很顺，所以我要让我的孩子也走这条路"。

　　在一些案例中，父母为孩子选择了一条艰难的道路，这条路在他们自己的童年时期就曾令他们备受煎熬，但他们认为这样可以对孩子起到"苦其心志"的作用。我见过一个从10岁起就被迫同父亲一起打猎的孩子，这是他们家族传统中每个男性成员都要经历的一种成人仪式。孩子的父亲承认，他自己第一次打猎时就对这项活动十分憎恶，在那之后的几周时间里还一直在做与之相关的噩梦，但他还是坚持认为自己的儿子也应该经历这一切。

　　当父母说他们这样做是为了让孩子变得更坚强时，我会告诉他们，"那是你的艰难经历。为什么你想要孩子重蹈你的覆辙？这样做的合理性何在"。强迫一个孩子去经历痛苦的事情，这种策略只会让你与孩子之间的关系充满不信任，而不会让他变得勇敢。

由于成长年代不同，我们的一些病人的祖父母对我们用以帮助父母建立育儿脚手架的治疗法和'那些心理学的东西'持怀疑甚至恐惧的态度。"他们认为孩子只应该在大人对他们说话的时候说话，并且相信棍棒底下才出孝子，"蕾切尔·巴斯曼博士说，"如果你的父母旗帜鲜明地挑战你的脚手架教养法，我们推荐你这样回答'你说得对。对于你们那一代人来讲，一切都更难，和现在不同，但我们现在对大脑的了解比那时候多。我们也更了解人是如何学习和变强的。专家已经发现，孩子是在认识困难、使用策略的过程中变强的，如果父母和祖父母在他们的成长之路上制造了更多困难，那只会适得其反。变强的过程未必经历痛苦。积极的经历也可以培养勇气，例如信守承诺'。"

如果这样说没有效果的话，我只能提醒你不要忘记耐心和冷静这两块横板了。

如何培养孩子的毅力

毅力即耐力，永不放弃，咬定青山不放松。在人的一生中，这种品质可以说比其他任何东西都重要，包括才华。就算你无比聪明，但如果放弃，你还是一事无成。

培养孩子毅力的方法，是尊重承诺——无论什么承诺。有时候，你必须以强制的方式让孩子坚持到底。一种很典型的状况是，孩子对某项活动表现出兴趣，试着做了一下，随后便宣布他不喜欢或不擅长该活动了。放任型的父母会说"哦，你不喜欢？好吧，你不用去参加那个活动了"。

然而任凭孩子放弃，并不能教会他坚持。如果你这样说，"你没有想象中那么喜欢空手道，但你承诺了一件事就必须做到。等你上完这一期课程之后，如果你依然认为你不想学下去，那么我们可以重新商量，尝试一些别的活动"，孩子就会受益良多。

孩子可能并不愿意每周去学空手道，特别是在他最好的朋友的父母二话没说就允许朋友退出课程、如今班上全是陌生面孔的情况下。不过无论他在这8周的空手道课程中学到了什么，其益处都远大于你二话不说就帮他消灭这个障碍。我有一个朋友曾认为这只是钱和意义的问题。"我交了钱，所以你必须去，就算每分每秒都如坐针毡也必须去。"当她的孩子抱怨芭蕾课或游泳课时，她就会这样说。话糙理不糙，孩子需要明白，他的选择不只会影响他自己，还会影响更多人。他的个人喜好并非去不去上课的唯一影响因素。如果他加入了一个球队，他就不能抛弃队友和教练。或者，如果他在一场戏剧中扮演配角，他就必须参与全程，否则就会给剧组的其他人带来麻烦。

坚持做一件事和被这件事束缚住是有区别的。"我儿子上三年级了。他对团体运动并不十分热衷，但足球这项运动又很难浅尝辄止，"巴斯曼博士说，"现在大家都参加了巡回参赛的球队，谈论着各自的能力水平。我们觉得，既然已经走到了这一步，那就只能继续前进了。"如果某一天她的儿子终于决定不再踢足球，那么他会坦坦荡荡地放弃，因为他知道他已经努力且真诚地尝试过了，换一件事，他也能够这样去尝试。

父母常常说，只要孩子尽力而为，就算孩子失败了他们也不会介意。然而你需要站在孩子的角度考虑问题。拼尽全力而最终失败，可能令孩子感到非常烦恼和挫败。**掌握技能即建立自尊**。在某件事上做到出类拔萃，确实能够让孩子感到更加自信。如果他很擅长美术，那就给他报几节画画课吧。一个孩子在他擅长并热爱的领域中表现得出类拔萃、专心钻研，并在该领域中突破自己的舒适区，这是很好的事情。不过有一点需要注意。如果孩子感受到了出类拔萃的压力（"我的小毕加索哟"），这可能会带来痛苦，弄巧成拙。

建立育儿脚手架，有点像一种需要保持平衡的技艺。即使孩子不愿意履行承诺，你也应该鼓励他们履行。你还应该鼓励他们追求他们热爱和擅长的东西，对新事物保持灵活和开放的态度并勇于尝试。然而你不应该以任何方式向他们施加压力。这很难。搞砸一切的唯一方式，就是为孩子过度付出，并把痛苦等同于历练。

为青少年搭建内心强大的脚手架

结构。向孩子介绍归因风格，这样他们就能学会在发生坏事时该如何看待自己的责任。订立一条严格的规定，要求青少年遵守自己的承诺并设法从中获益。请摸索出以积极经验激发勇敢品质的教育风格，例如以脚手架帮助孩子战胜某个困难。

支持。给他们机会展现自己优秀的一面，培养自尊。给他们机会稳扎稳打，培养毅力。无论他们做得多好，都要肯定他们的感受，并不断培养他们的大局观。不是所有事都很重要，无论社交媒体或他的朋友们怎么说。

鼓励。在他们冒险时为他们加油打气，就算你十分担心他们会出丑。青少年非常容易受到同龄人和社交媒体上的评论的影响而动摇。请鼓励他们向内寻求肯定，因为通过发布自拍照片（即使是非常好的照片）获得的外在肯定，对自尊和自我身体形象都有着负面影响。也请你在自己所经历的事情中，亲身示范甘冒风险、迅速从逆境中恢复过来的品质。

赖内克博士和他的妻子为他们的女儿格雷西搭建脚手架，鼓励她大胆做事，接受挑战，培养坚定的心志，这个过程伴随了她的整个童年，她如今成长为一个坚强、执着的成年人。"她确实变得勇敢了，"他说，"在做有关养育勇敢的孩子的主题演讲时，我通常会讲两个故事。其中一个是，在格雷西9岁或10岁时，她攀爬公园里的立体方格铁架。铁架由两侧的塔状结构和中间的绳子桥构成。她爬上一边的塔，并准备爬过绳子桥。有个男孩站在桥中央，自命为整座塔的主人。格雷西没有理会他，在桥上径直向前移动。那个男孩摆好阵势来阻挡她，她则像花木兰一样亮出一个空手道造型，好像在说她已经准备好要教训那个男孩一顿。我跑向铁架，对那个男孩说，'你真得让她过去，因为她马上就要对你不客气了。到头来吃亏的是你'。"

男孩说了句"好的，先生"就让开了。

赖内克博士说："我并不是在鼓励我女儿去随意攻击小朋友。她是在练习她所学到的'如何做个勇敢的女孩'的技巧，而我在对此加以强化。我们的脚手架和鼓励并不能驱散她所有的恐惧。她依然拥有正常的焦虑，想要人们喜欢她，想在学校表现优异。不过她再也不是过去那个充满恐惧的人了，如果我们没有改变策略，她则会一如既往地战战兢兢。在这件事发生的3年之前，她绝对不敢走到游乐场的另一边，爬上最高的高塔，和挡住她去路的小孩正面对峙，但是在几年的勇气训练之后，她做到了。"

他讲的另外一个有关格雷西的勇气的故事是："我女儿和我去南卡罗来纳州的一个黑水沼泽旅行，"他说，"气温有35摄氏度，到处都是蚊子，蕨类植物从树上倒挂下来。沼泽的水黑到，只要它没过你的脚踝，你就看不见你的脚趾了。我问我们的向导'这儿有短吻鳄吗'。他说'哦，有啊，有短吻鳄，还有水生蝮蛇'。这个地方太可怕了，而我那曾经非常焦虑的女儿，却在那里度过了无比快乐的一天。她勇敢地在那片据说有鳄鱼和毒蛇的沼泽中划船。我拍了一张她在小船上的照片，照片里的她闪闪发光。我将那张照片带到我的讲座上，问我的听众'这像是一个焦虑的孩子吗'。"

不。这不是一个焦虑的孩子。她是个勇敢而又健康的孩子。

钉牢横板

内心的强大是锻炼出来的，就像肌肉一样。对你而言，要反复练习的一组"动作"，就是巩固好如下这些横板。

耐心

- 如果你希望孩子通过延迟满足来培养强大的自控力，那么你就必须以身作则。

- 让孩子亲自尝试是至关重要的，所以即使你心里知道你可以直接插手让问题立刻得以解决，你也得格外耐心地在旁边看着他们卖力挣扎。

温暖

- 培养孩子的内在力量意味着要允许孩子勇敢地冒险，所以你要以温暖的心，在他们跌倒时肯定他们的感受，抚慰他们。

觉察

- 请留意你是否把自己的过去强加于孩子身上。对你有效的方法未必也对你的孩子有效。

冷静

- 不要对孩子的尴尬或失败反应过度，否则他们就会把这类经历看得过于重要。

监督

- 在孩子变得越来越独立自主的过程中，密切关注他们的成长进程。他们可能可以独立完成一件事，而无法完成难度相似的另一项任务。通过应对各种挑战，孩子的能力和毅力都会得到增强，但烦恼与焦虑则会导致回避，进而削弱他们的决心。

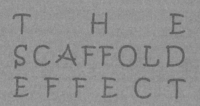

THE
SCAFFOLD
EFFECT

9

保证"建筑"合规

制订切合实际的惩罚机制

　　建在孩子的建筑周围的育儿脚手架，在任何情况下也不应该阻挡或妨碍建筑的成形，无论它要发展成什么形状。然而这座建筑一定要是安全的。它必须符合标准。父母就好像建筑工地上的包工头一样，需要在他们的脚手架上对孩子的成长进行持续的质量监控，确保这座建筑"合规"。父母一定要指出什么是不正确的，并对相应的改变加以强化。

　　我的小儿子萨姆读八年级时，我妻子和我听说他在我们家的公寓里跟朋友们办了一场聚会，他在聚会上要么喝醉了，要么嗑了药，或两者都有。他的一位同学的父亲打电话给我说："我从另一位家长那里听说，周六晚上，你儿子和他的几个朋友醉得一塌糊涂。"

　　听别的孩子的父母议论我儿子的恶劣行为，即使是现在想起这件事，我都难受得要死。我可是儿童精神病学家啊！别的父母都向我寻求建议和指导，结果我的儿子却犯了原则性的错误。

　　一开始，我的反应跟任何正常父母没有两样，我说："你肯定是搞错了。我儿子没做过那样的事。"

　　那位父亲说："我给你打这个电话也不容易，你想象不到我内心经过了多激烈的斗争。我之前拨了两次，然后都挂断了。"这不仅是因为由他来告诉我这个消息对我们两个人而言都很尴尬，还有一个原因是我儿子本来要在几天后和这位父亲及其全家一起去滑雪度假。他知道现在我们可能要改变计划了。在听说了这么恶劣的事情之后，我怎么能让我的儿子照原计划去旅行呢？

　　真正让我感到厌恶的是，萨姆和朋友们在家里胡闹的时候，我在家。当时在我看来一切如常。我需要先掌握更多信息再做决定。那位父亲告诉了我其他哪些父母能够做证，但是在展开这项全面调查之前，我得先听听萨姆自己怎么说。

　　我很希望能说我当时保持住了冷静的姿态，但真相是，我大发雷霆。他是我的第三个儿子，我们之间无话不说，没什么不能谈的。萨姆知道我和琳达对使用大麻的态度，他也知道大麻对他的大脑会产生什么影响。我们说好：他不可以吸大麻。很明显，他没有遵守我们的约定，而且这可能都不是第一次。我觉得自己被耍了，被他欺骗了。

　　我打电话给琳达，告诉她我从朋友那里听来的事。她也无法相信。我本来应该动身去参加为一个同事举办的一场重要的庆祝会，但琳达说："别去什么聚会了。你必须回来。我不能一个人处理这件事。"

　　我同意她的说法，并给儿子的手机留了一条留言叫他尽快回家见我，一个人见，不要带上他那些成天形影不离的朋友。他大概知道大事不好了。我赶到家里时，萨姆还没到。我又催了他一次："**现在马上给我回家！**"他这才回来。我妻子和我正在卧室里讨论如何处理这件事时，萨姆敲响了我们的门。我们叫他去客厅坐着等我们。

我想让他在惶恐中度过几分钟，而我也需要时间来让自己冷静下来再跟他谈。到了我妻子和我去客厅找他的时候，他的慌张显而易见。

我说："我们都知道了。"

他说："你在说什么？"

"星期六晚上发生什么了？"

"我们聚会了。"

"离开之前你做什么了？"我问。他看起来像是在抉择到底要不要说谎。"你现在麻烦大了，"我说，"我现在是在给你机会脱困。你说实话，发生什么事了？"

他说："我们喝了伏特加。"

"大麻呢？"我问。

萨姆摇头。"没碰。"

"伏特加哪儿来的？"

"一个朋友带过来的。"他说。

琳达问："你喝了多少？"

"3盅。"

结果他说的一"盅"是用果汁杯装得满满的一杯！我妻子和我当时肯定一脸惊讶。我们的儿子开始哭，他的眼泪里有愧疚、悔恨、尴尬和羞耻。

听到他承认了这些，看到他紧张的样子，我感到心力交瘁。"你失去了我的信任，"我说，"这件事情还没有定论，但今晚先这样。"

我们夫妻俩回到卧室继续想这件事。我跟我的儿子一样慌乱，不知道怎么做才好。

在我的成长路上，我经常听到父母说起惩罚孩子的事，"你让我不好过，我就让你更不好过"。因为孩子做了背叛你的信任的某件事而对他施以种种限制，这显然不是什么好玩的事。没人说过建脚手架很简单。要在一个家庭、一个团体、一个社会中生活下去，就必须要有行为准则。我们作为父母的职责之一，就是教导、示范以及强化这些准则。

如果准则被违反，后果很严重。

"咱们最好别开火"

这一点应该没人会反对：有时候，孩子就是不可理喻。每个家里都会有那么几次，孩子的表现差到惊人。我们的治疗师被父母问到最多的问题之一，就是"他们是故意这么做来气我的吗？因为我确实很生气啊"。

请一定不要把孩子糟糕的表现当成是在针对你。他们变身怪兽的时刻，只是前额叶运作失灵的副产品而已。他们大脑中的这个掌管理性的部分仍在发展中。孩子们并不是善于运用逻辑的小大人。他们是冲动、情绪化的小人儿，往往受所想和所需驱动。不过，当你的孩子在超市里上蹿下跳、往妹妹头上扔小蛋糕的时候，当他吼着"我恨你"，摔上房门的时候，上述道理可能并不能对你起到安慰作用。

根据具体情况，你可能要对不守规矩的小孩和叛逆的青少年施加一定的惩戒，我会在之后详细说明这个话题。在脚手架教养法中，为孩子设限并不仅仅是指对他们的某次出格行为所应做出的反应。这样做更是在创设一个家庭环境，并对你自己的行为加以监督，这样孩子违反规则的频率就会大大降低。

孩子们那些应当受到惩罚的行为（以及你不得不唱白脸的情况）之中，有许多是可以通过有效的沟通来避免的，这需要你们双方的协作。

一定要把话说清楚。你到底希望他们怎样做？说得越具体、越清晰越好，不要让孩子产生困惑。这并不是要你颁布命令，你又不是教官，但你是权威人物，孩子期望从你那里获得指导。举例来说，"时间到了，该睡觉了。换上睡衣。选本书，上床，我五分钟后就来"。对大一点的孩子，"你可以去参加聚会，但夜里 12 点前要到家。如果出于任何原因不能按时回家的话，一定要在 11:45 之前打电话或发消息告诉我们"。**一字一句地说清楚**。

表扬好的行为。为了鼓励和发扬亲社会的、主动的行为（外在效果就是表现得好），不要吝惜对孩子具体行为的积极强化。这个策略在需要维持 20 个以上学生秩序的教师那里行之有效，[⊖]所以对你来说也会有用。关键在于表扬的行为一定要具体，例如"你和小朋友分享了玩具，做得真好"或"你帮我洗了碗，真棒"。在一个时间段内，请把你的积极注意力集中在 3 项技能上，优先选择处理那些他们表现得最差、最惹人侧目的行为，这样你也会收获最富潜能的结果。至于那些比较小的让你不满的行为，就等到大问题解决后再处理吧。

用言语表达感受。很多孩子发脾气是因为他们想要被罚面壁思过。他们感觉自己需要一点时间冷静下来，但是不知道怎么说出来。如果我们对他们进行"功能性沟通训练"，也就是让他们用言语（或者特别小的孩子用代表言语的卡片）来表达，他们就能够表达出自己需要时间来冷静，从而也就不会大吵大闹了。

积极忽视。你也可以将这种策略称为"选择性应战"。特别是对于青少年而言，如果你察觉到他们是在故意刺激你，希望你给出某种反应，那么请你选择忽视。有一位母亲曾报告说，她读十二年级的女儿开始在家里骂人。经常骂，骂得非常难听。她问女儿的治疗师这样下去会有什么后果，治疗师的回答出乎她的预料："没什么后果，无视即可。"如果这位母亲因为女儿说脏话而批评她、惩罚她，那么她就会由此掌握激怒她母亲的诀窍。下一次女儿"出口成脏"时，这位母亲咬紧牙关一语不发，渐渐地，女儿骂人的次数越来越少，最终不再这样讲话了。积极忽视起到了绝妙的作用……直到有一天，这个女儿说出了一个让母亲忍无可忍的词，母亲再也

⊖ Perle, J. G. "Teacher-Provided Positive Attending to Improve Student Behavior." *TEACHING Exceptional Children*, 2016.

无法保持冷静，爆发了出来。从那一刻开始，只要女儿想要得到关注，她就会扔出这枚终极脏话炸弹，她的母亲也不得不花两倍的功夫去再次实践积极忽视策略。

"我现在第一次告诉你"

在孩子们进入现实世界之前，他们需要先懂得一个道理，即他们的每一个行动，好的或者坏的，都会引起你、老师及其他为他们提供支持的人的或好或坏的反应，否则当他们接触到外面的世界，在第一份工作中发现老板对他们不合格的工作完全"零容忍"时，他们会受到很大的冲击。告诉他们事情的后果，可能于你、于孩子而言都不是什么有趣的事，但这会为他们的职业生涯和社会生活带来莫大的好处。

有时候，孩子们只需要体验一两次后果，就能够学会这重要的一课。一次面壁思过就足以让他们清楚，再也不要这样做了。

针对一些病人，儿童心理研究所的心理学家斯蒂芬妮·李博士会采用替代物的方式来帮助他们理解行为的后果。"我会拿出这个孩子最喜欢的玩具，例如一只泰迪熊，然后对他说，'熊先生表现得很好，听从指导，听他爸爸妈妈的话，所以他可以继续玩，而当熊先生不按照指导去做的时候，他就必须要坐在椅子上'。然后我们就带着熊先生去面壁思过屋，把它放在椅子上，然后告诉孩子，几分钟后这只熊才能出来。"熊先生面壁思过后，她会在治疗室中测试病人的自控力。李博士说，她会拿进来一台电视机，向孩子承诺他可以看他最喜欢的节目，然后告诉他电视坏了。或者让孩子的兄弟姐妹玩 iPad，同时要求病人做数学作业。"即便如此，这些孩子**依然**不会做出坏行为，因为他们以玩具熊为代替物，明白了这样做不值得。"

不过，不是每个孩子都能对熊先生的困境感同身受。"有些孩子需要一次又一次地走向那把椅子,"李博士说,"这取决于这个孩子本身,取决于他过去学到过什么,也取决于他的父母。很小的孩子(4岁以下)不需要把后果重复很多次,因为他们在过去的时间里没有接触过其他类型的行为模式,而大一些的孩子已经使用了一阵子自己的行为模式,他们需要持续不断地对行为的后果多加实践,才能够信服。"

趁孩子还没学会逃避后果,就要告诉他们行为的后果。学习容易,忘记难。教孩子学会一种好的行为容易,纠正坏的行为很难。

"清醒一点"

在教给孩子种种行为的后果的同时,你也要训练他们的应对技能,好让他们避开会引起恶劣后果的行为。这类技能包括:

转移注意力。如果一个孩子能够学会将关注的中心从令他烦恼之物转移到别处,他就未必会崩溃了。你可以告诉他"调一调你头脑的频道吧"。

意义重建。自控力可以通过转换看待事情的角度来获得。如果一个孩子因为自己要在兄弟姐妹玩 iPad 时做数学作业感到烦躁,那么他可以告诉自己换一个角度来想自己的状况,比如"我真幸运啊!我现在完成了作业,待会儿就可以玩 iPad 了"。

深呼吸。研究发现,腹式深呼吸、渐进式肌肉放松等正念干预对儿童和成年人一样有冷静效果。⊖无论面对何种状况,对孩子说"停下来,喘口气",然后和他一起深呼吸,情况都会得到缓解。

言语表达。孩子们做出不好的行为是因为他们无法拥有想要的东西。简单地表达出他们的烦恼("我得不到想要的东西,我好心烦")就会减少这种情绪对他们的影响,让孩子重获情绪控制力。

⊖　Zoogman, S., et al. "Mindfulness Interventions with Youth: A Meta-Analysis." *Mindfulness*, 2014.

> **用脚手架法帮助儿童理解行为界限**
>
> 　　**结构**。确保孩子知道家里的规矩，以及有关哪些行为可接受、哪些不可接受的行为准则，然后把这些规矩和准则确立为不可逾越的标准。从孩子很小的时候开始持续且重复地采用面壁思过的策略。
>
> 　　**支持**。教会孩子用一些帮助他控制情绪的应对技能来自我支持，例如正念、表达和转移注意力。
>
> 　　**鼓励**。用表扬和奖励来鼓励好的行为。对于不值得鼓励的行为，可以选择忽视或让孩子去面壁思过。

"我再说最后一次"

我的孙子是个尚在学步的婴儿，当他得不到他想要的东西时，就开始大叫和踩脚。有时候他会趴在地上，用头往地板上撞。我觉得这很有趣，因为他的叔叔，我的小儿子，以前也会做一模一样的事。当时我就此现象问过萨姆的儿科医生，他回答我说"真的疼的时候，他就会停下来啦"。

学步的婴儿随时会"爆炸"。幸运的是，他们只有那么一点儿大。父母可以控制住他们的身体。

要说青少年跟小婴儿没什么差别，那也不是完全错误，唯一的差别是青少年可以开车。当青少年遭到拒绝时，他们也会"爆炸"，但也可能"冷到冰点"，而你也无法在身体上控制住他们了。

在青春期的孩子那里，你最棒的脚手架技术也可能惨遭拒绝。

随着孩子从儿童时期成长到青春期，你会发现他们有一个变化，那就是他们开始以越来越多充满挑衅意味的词语、打破规则的行为和针锋相对的顶嘴来试探他们的边界。对你而言，孩子在宵禁时间后回家可能意味着他在故意挑衅你，但他们所做的其实是走进一切可进入的空间。青少年的大脑就是求新求异的。对他们来说,试探身边人们的耐心可能就是一种新奇的体验。找出融入社会(包括家庭这个小社会)的方式,质疑一切,就是他们这个发展阶段的任务。权威人物自然会成为他们的目标。他们挑起的每一次争吵,打破的每一项规则,都是在测试他们能侥幸做成哪些事情,向你发起挑战会引发什么结果,以及如果他们说了过分的话,你是否依然会爱他们。

恶性循环的陷阱

要想引导孩子将你视作同盟和伙伴,让他更容易接收你给予的信息,须得以善意和同情来为孩子建起脚手架,即使在他非常气人的时候也要这样做。如果你以愤怒回应他的坏行为,他就会视你为敌人,那么你们之间所有的互动就都会像战争一样。

杰拉尔德·R.帕特森是一位在俄勒冈州工作的心理学家,也是父母管理训练界的先驱。他指出了一种恶性循环模式,叫作"强制恶性循环"。亲子之间的争吵声音越来越大,态度越来越恶劣,侮辱性越来越强,直到最终一方"胜出",但实际上,每个人都输掉了他的冷静、尊严和情绪。

比如,一个孩子坐在一家五金店的地板上,大喊"我恨你",而他的爸爸或妈妈也对他大叫,叫他起来或者安静下来,不久后二人就都面红耳赤、烦躁不已,愤恨的情绪像热熔岩一样在他们之间涌动,这并不是我们想要的结果。

以暴制暴的做法只会对孩子起到消极强化的作用,并树立起一个失控的糟糕榜样。不要落入这个强制恶性循环的陷阱。下次在你按捺不住想要发作时,请记得这样做只会让你们两个的处境都更加恶化。

你育儿工作的首要任务永远应该是与孩子建立一个牢固的、充满信任的关系。为了达成这个目标,当孩子似乎故意向你挑衅时,你一定不要上钩。在你怒不可遏之时,惩罚策略是无效的。你只有冷静下来,才能有效使用这个策略。可以学习冥想，或者还有一个更好的方法，就是让你自己面壁思过一会儿。你可以说"我需要静一静"，然后把自己关在卫生间待上10分钟，为孩子树立起情绪觉察的榜样。

青少年偶尔也会用其他方式试图操控你：责骂、哭喊，等等。然而即使是在这种时候，他们也未必是故意的。如果他们在长大的过程中发现，哭在15%的时间里能够让他们得到想要的东西，那么他们就会在100%的时间里用出这一招，去碰这个运气。《查理和巧克力工厂》[⊖]中的薇露卡·索尔特（Veruca Salt）哭喊道："我**现在**就要！"然后她就得到了。如果她父亲的做法每次都正中她下怀，那么她为何要改变她的行为呢？

虽然青少年在生物学机制的促使之下迫切地想要向你发起挑战，但你还是可以用脚手架教养法引导他们遵守规则。以下是为塑造孩子（儿童或青少年）的行为设计的一个固定行为模式：

- 用平静的语气说出你的指令。
- 以同样的语气发出警告，如果孩子不守规矩将有何后果。
- **持续地**实施短时、小剂量的惩罚。
- 强制施行惩罚，不要拖泥带水。
- 按需重复。

如果你坚持执行这个行为模式，孩子就会学着为了避免后果而做出相应的行动。

警告：在孩子的行为有所改善之前，你可能得忍受一个类似"灭绝前的大爆发"的阶段。状况在转好之前会先变差。在治疗中，我们经常在来

[⊖]《查理和巧克力工厂》（*Charlie and the Chocolate Factory*），改编自罗尔德·达尔同名小说的华纳电影，讲述了5个孩子在一座神秘的巧克力工厂里冒险的故事。——译者注

访者家庭里看到这种现象，每个人都在相互争吵。他们习惯了在愤怒中"治疗"，但如果你反抗这种糟糕的模式，你就能将你的家庭从这种（充满聒噪和戾气的）旧有模式中拯救出来。

关键在于，不要在行为灭绝前的爆发时期败下阵来。比如，你因为你十几岁的孩子不守规矩而没收了他的手机，他对你发火，"你根本不在乎我有没有朋友！我们在群里讨论周末的计划，我需要参与"，等等。你要倾听，以树立起共情的榜样，也可以做出妥协，说："如果你晚上表现得好，你就可以拿回手机。"

如果你被他的情绪裹挟，或因受不了他的哭号而放弃原则，那么你就犯了育儿的大忌——失去了一致性，从而也会失去信用。不要这样做。请冷静地与孩子沟通，告诉他们，后果是短期的，但雷打不动。只有如此，孩子才能明白，你是认真的。

在现实世界中为孩子建立遵守规则的脚手架

当你要叫孩子来吃饭的时候，请用不带情绪的语调说："请过来吃饭。"可以给他第二次机会，一字一句地重复一遍你的指令。如果他还是不听，那么请用同样不带情绪的语调说："如果 3 分钟内你还没有在餐桌前坐好，明天就没收你的手机。"如果还是没用，下一阶段你可以说："你没有在餐桌前坐好。你的手机现在需要被没收了，接下来的 24 小时你都不能碰它。现在，来吃饭吧。"这时他就一定会来了。

再比如，你要求了很多遍，但你处于青春期的孩子还是没有把他的碗碟放进洗碗槽。

你的本能反应可能是生气或烦躁，但如果你发起火来，说："我这一天过得又长又累，我就要求做这一件事而已，**有那么难吗**？"你的这番话可能会引起孩子的**"对抗心理"**，这是一个心理学概念，它的基本含义就是"不需要你告诉我该做什么"。

> 正确的做法是，用不带情绪的语调重复，"请把你的碗碟放进洗碗槽"，直到他照做。
>
> 他照做后，你就要表示感谢，为他树立起感恩的榜样："谢谢。你帮忙做家务的时候，我真的很感谢你。"

不必唱白脸

在儿童心理研究所，我们不喜欢使用"惩罚"这个词。惩罚这个词听起来非常严苛，好像是为了造成伤害一样。育儿的目的永远不该是给孩子带来痛苦和煎熬。可是由于出生于婴儿潮时期和"沉默的一代"[⊖]的父母的观念的影响，当他们的下一代，也就是 X 世代[⊜]和千禧一代成为父母时，他们会认为，如果不通过惩罚让孩子感受到惭愧、内疚、孤独、饥饿，那他们就"不会长记性"。这种传承非常糟糕，"我父母很残忍"。

除非孩子哭了，或者求你放过他，你可能还会怀疑惩罚是否有效，是否起到了作用。如果孩子耸耸肩就让这件事过去了，或者高高兴兴地接受了惩罚，你可能会想："还不够。我是不是应该再加码？再多禁足他一个周末？"

快速的回答是：不要。事情的后果不是一定要带来痛苦才会奏效。

孩子并不需要向你证明他的痛苦，或者给予你肯定，让你觉得你是个合格的管教者。请记得，脚手架教养法的目标是塑造他们的行为，而不是

⊖ 婴儿潮时期（Baby Boom），此处特指第二次世界大战后 1946 ～ 1964 年在美国出现的出生率大幅提升的现象，这 18 年间婴儿潮人口高达 7800 万人。"沉默的一代"（Silent Gen），指出生于 20 世纪 20 年代至 20 世纪 40 年代的美国人，这一代的人口量因经济大萧条和二战造成的低生育率而锐减。——译者注

⊜ X 世代（Gen X），指出生于 20 世纪 60 年代中期至 20 世纪 70 年代末期的一代人。可参考第 5 章有关 Y 世代和 Z 世代的注释。——译者注

让他们痛苦不堪。如果你让他们尝到了承受后果的滋味，例如禁足一个周末，你就已经传达出你的意思了。如果为了看到孩子的反应而变本加厉，就太过分了。

当你向孩子传达事情的后果时，"基本上要表现得像一个机器人或赛博格[⊖]一样，"李博士说，"如果你带上了情绪，你就是在'急他人之难'。比如说，父母看到孩子没在写作业，他们就开始替孩子担心，想着'他这门课过不了了，他进不了好大学了，他这辈子都要靠我养活了'。父母这种替孩子思虑的行为，会让他们对当下的事情产生更强烈的反应，我们不提倡强烈的反应。"青少年产生懈怠的表现，从发展规律上来看是正常的，是一种典型的试探行为。如果父母陷入负面思想的泥潭，他们又怎么能帮助孩子改善状况呢？

"急他人之难，是我们为自己挖的陷阱，"李博士说，"我们想要做的是专注于眼前之事，并冷静地思考如何才能最好地向孩子解释清楚，什么行为会引发后果。"我们鼓励父母保持冷静、情绪中立。如果在事发当时你做不到的话，请暂停片刻，让自己找回自控力。

寻求关注的孩子

孩子破坏规则可能是为了寻求关注，这种行为可能一直持续到成年以后。你肯定马上就能够想到几个 40 岁以上的热衷于这种行为的人。

孩子想要得到大的、夸张的、即时的关注。他们不太在意自己得到的关注是积极的还是消极的。儿童和青少年早就已经发现，获取大的、夸张的、即时的关注的最快捷方式，就是做出坏的行为。

不要只关注孩子为了寻求关注都说了些什么，请关注你自己是如何回应的。

⊖ 赛博格是一种人与电子机械的混合体，是被机械拓展了身体性能的人。——译者注

你是在孩子身边还是离他很远？

你们之间的对话是有来有往地说了一会儿，还是很快就结束了？

你的语气如何？

音量呢？

请用"觉察"这块横板，觉知自己可能以何种方式关注，从而强化了孩子的消极行为，即使是消极的关注。在寻求关注的游戏中，你的反应越大声、越密切、越夸大、越紧张，他们就越有成就感。所以，在孩子做了正确的事时，请以更强烈的方式来表扬他；而当他做了错事时，请调低你的音量。也就是说，如果你以 10 级的强度批评孩子，那么你最好能够保证以 11 级或 12 级的强度来表扬他。他因消极行为而收获的关注，其音量和强度不应高于因积极行为而收获的关注。

终身禁止吗

我一个朋友的女儿梅拉妮 15 岁时，曾在她父母入睡之后找到车钥匙出去开车兜风，结果开了 3 个街区就撞上了消防栓。她的父母在午夜时分接到了警方的电话。他们火速赶到车祸现场，看到女儿坐在警察巡逻车后座哭，而他们自己的车的前保险杠撞得变了形，消防栓汩汩地喷着水。"那个场面就像车险广告一样，"梅拉妮的妈妈气坏了，"但我们的女儿并不在保险范围之内。"罚款和修理费用加起来，梅拉妮这次"少女叛逆之旅"花掉了她父母几千美元。

他们**大发雷霆**！"可能出人命啊！她可能撞死人或者把自己撞死！"她妈妈说，"我们停掉了她的驾驶课。她别想考驾照或者买车了。我不可能再允许她开车了！"

梅拉妮做得确实不对，把人身和财物都置于危险中，但她的父母把开车列为"终身禁止事项"的策略是无效的。

"我们并不希望长期没收某个东西,久到孩子都把这个东西忘记了,或者久到这种强化手段失去其效能,"李博士说,梅拉妮因为鲁莽的驾驶事件而被终身禁止开车,她可能会因此烦恼一阵,但如果她想明白了自己以后再也不能开车了,她就会搭朋友的车或叫网约车,从而适应这种状况。最后,她就不在意考不了驾照这件事了。只有孩子在意,强化才有用。

"在我很小的时候,我的哥哥和弟弟们都有双节棍,我们总是用这些双节棍互相打闹,"李博士说,"有一天,我爸妈终于受不了了。他们把双节棍全部放在冰箱上面我们够不到的地方,告诉我们再也不能玩双节棍了。10年后它们依然放在那儿。没收并不是个非常好的育儿手段。我和我的哥哥弟弟们想'好吧,以后都没有双节棍了。那我们就找点别的东西来互相打吧'。如果我的父母说的是'双节棍要在冰箱上面放3天。如果你们好好表现,就可以还给你们',我们就会听话的,但实际上呢,我们很快就把双节棍忘记了。"

行为后果的效能不应该与时长挂钩。如果孩子觉得他们无论如何都不可能通过好的行为表现来赢回某个物件或某种权利,那么他们就不会想要做些什么来弥补了。终身禁止,或者永久地把双节棍放在冰箱上,教会孩子的是不必努力改善状况。

在家里不要这样做

不要打孩子。

比如,孩子用双节棍打了他的妹妹,因此你想要强化和示范非暴力行为。你是要在短期内没收孩子的武器,还是自己拿起双节棍打孩子呢?

我从来不赞同以任何理由给孩子造成痛苦。脚手架教养法中没有任何一个部分是要在身体或情绪上伤害孩子。如果你打孩子,你就在身体和情绪上都伤害了孩子。美国儿科学会的最新研究也得出了相同的结论。[⊖]另外一项研究发现，与控制组相比，在体罚的环境下长大的孩子的大脑更小，智商更低。[⊜]2018 年 12 月，儿童心理研究所的心理学家大卫·安德森博士接受《华盛顿邮报》(*Washington Post*)采访时表示："打孩子可能会让他们暂时停止你所针对的行为，但是与这个暂时的收益相比，其消极影响是更大的。你可以找到其他不会对孩子造成这么大心理创伤的惩罚方式，比如收回某种权利，这样的方式也能够减少他们的问题行为。如果你想要教会孩子以更好的人际技能或更尊重的态度去应对具体情境，唯一的方法就是和孩子共同面对这些情境，在情境中教他们，提升他们，并对你希望他们多加练习的技能进行强化。"

监控潜在原因

11 岁的贾斯珀总是赶不上校车，这让他父亲戈登感到越来越烦躁。"无论他起得多早，我催他多少遍，他都会错过校车，然后我就得开车送他去学校，"戈登说，"还不只是校车的问题。他吃饭、参加活动也总是迟到。我增加了他的家务量，让他在家里能帮上些忙，因为他迟到成性这一点对所有人来说都是个麻烦。他完成了家务，没问题，没反抗，但是没起到作用。第二天早上，我们还是会照老样子重来一遍。"

我叫戈登在家里做一些调查。我要求他不再在楼梯下面对儿子大喊"快

⊖　Abbasi, J. "American Academy of Pediatrics Says No More Spanking or Harsh Verbal Discipline." *JAMA*, 2019.

⊜　Tomoda, A., Suzuki, H., Rabi, K., Sheu, Y. S., Polcari, A., and Teicher, M. H. "Reduced Prefrontal Cortical Gray Matter Volume in Young Adults Exposed to Harsh Corporal Punishment." *NeuroImage*, 2009.

点",而是观察记录他的儿子准备上学时都做了什么,以更好地了解他为什么会迟到。

"看见他做的事,我的心都要碎了,"戈登说,"贾斯珀并不是在房间里磨蹭,而是在门和床之间来来回回地踱步。我问他在做什么,他说'我数丢了,又要重新数了'。然后他再次开始踱步,同时数着自己的步数。一定要走出偶数步、偶数圈,他才能安稳地走出卧室。"

贾斯珀并不是有意错过校车的。他有强迫障碍(obsessive-compulsive disorder,OCD),这种障碍有其脑基础,表现为产生非出自自愿的、令人紧张的想法和恐惧,而且这些想法和恐惧只能通过强迫性的仪式来缓解。贾斯珀告诉他的医生,他头脑中有一个十分可怕的念头,那就是如果他没有在房间里走够30次、每一圈走6步就离开了房间,那么校车就会出车祸,或者他父母会在开车去上班的路上遭遇意外。他没有解释自己的做法,因为困惑和尴尬。"我这样做是为了妈妈和爸爸,保护他们不受伤害,"他说,"我觉得我非这么做不可,但如果我告诉爸爸的话,他肯定不等我走完就把我拖出房间了,这样就会发生坏事了。"

我们和贾斯珀及其父母一起努力,以药物和认知行为疗法结合的方式治疗他的OCD,几个月后,他成功地停止了踱步,也能够赶上校车了。如果戈登没有改变他的习惯,观察他儿子迟到的原因,那么他可能还在用惩罚纠正孩子的坏行为,而贾斯珀则可能还在沉默的羞耻感中倍受煎熬。

当后果没有对行为产生改变时,作为临床医师,我们会更加仔细地查看实际发生的状况。或许真正的问题比你所发现的更为严重。

孩子的强迫行为,依严重程度可分为"正常""问题""障碍"三种(见表9-1)。

表 9-1　是不是 OCD

正　常	问　题	障　碍
你的孩子害怕的事情与现实状况相符，在与你讨论后，其恐惧有所缓解	你的孩子对病菌、疾病、意外等坏事的发生感到夸张的焦虑。他每周会对你表达几次他的害怕情绪	你的孩子对病菌、污染或他的物品变得凌乱的情况感到夸张的、不切实际的恐惧
他会重复一些行为或任务，例如用积木反复摆出同一种样式，但他最终会熟练掌握该技能，并继续去玩其他游戏	他喜欢自己房间里的东西"就这样摆放"，如果他认为有人收拾过他的东西，他会感到非常烦躁	他不得不反复做某些仪式，如洗手、数数、摸东西、囤积、打扫，这些行为能够暂时给他一种"刚刚好"的感觉 他有某种"魔法思维"，如果他做了某件事，例如挠他的手臂，他就能够阻止坏事发生
他会提问和追问，在得到满意的回答后就会继续说新的话题或做新的活动 他不怕病菌，需要有人提醒才会在饭前便后洗手	有迹象表明，他对于在路的某一边走或者按照正确的顺序做事有着迷信式的执着，但是如果有什么事要完成，或在父母的注视之下，他们可以改变自己的行为方式，而不会感到不安	对于任何焦虑，他都会向父母寻求宽慰；他重复地问同样的问题 他不能正常学习和生活，因为他的仪式让他在课堂上分心，并对友谊造成了负面影响

罪罚相当

所有关注都是强化。要强化相反的（好的）行为，就请在孩子做出坏的行为时拿走他们最想要的东西（关注）。面壁思过是恰当且有效的方式，并得到了美国儿科学会和美国儿童和青少年精神病学学会（American Academy of Child and Adolescent Psychiatry）的支持，[一]就连患有 ADHD 和 ODD 的孩子也不例外。[二]一些父母和专家对于这种让孩子离开人群的方式没有把握，他们担心孤立，哪怕只是一两分钟的孤立，都可能会导致焦虑或抑郁。一项以 1400 个家庭、3 ～ 12 岁的孩子为被试的追踪研究显示，使用面壁思过的方法来强化积极行为是没有害处的。[三]

一些小提示：送孩子坐上面壁椅之前，要说出他是因为什么行为受罚，例如，"如果你打了小朋友，你就要面壁思过"。选择一个固定的，没有玩具、电视、电话、电脑的地方，孩子几岁，就面壁思过几分钟（5 岁的孩子就罚他面壁思过 5 分钟）。在此期间请无视他，面壁思过结束后，表扬他的好行为，"你表现得很好，真棒"。

对于 10 岁以上的孩子来说，用强迫他们坐在椅子上的方法来强化和塑造行为，既不现实也不符合他们的年龄特征。在我们那个年代，你还可以叫一个青少年待在他自己的房间，逼他安静地反省自己的行为。然而今天，青少年就会说"好啊。反正我正要回房间"。

对青少年，面壁思过的方法就要用在他最喜欢的物件上。他们的 iPad、手机或车会被送去"面壁"，而他们需要通过目标行为和适应能力来赢回这些东西。如果一个青少年没能在宵禁前回家，那么如果他想要拿回自己的手机，就必须在接下来的 3 天或 4 天里每天按时回家，以证明他是可以让

[一] "How to Give a Time-Out," American Academy of Pediatrics via healthychildren.org

[二] "Oppositional Defiance Disorder." American Academy of Child and Adolescent Psychiatry, 2019.

[三] Knight, R., et al. "Longitudinal Relationship Between Time-Out and Child Emotional and Behavioral Functioning." *Journal of Development & Behavioral Pediatrics*, 2019.

人信任的。如果他再次错过了宵禁时间，你就要重申后果，保持行为后果的一致性和可预测性。情况可能看起来像是陷入了僵局，每 4 天他都会错过一次宵禁，然后你没收他的手机，但是不要放弃。最后他会发现，还是听话容易一些。

我小时候，父母会这样惩罚他们的孩子，"一周都没有甜点吃了"，蛋糕被送去"面壁"了。家长会让孩子不吃晚饭直接睡觉。

剥夺孩子的食物是不恰当的、完全错误的惩罚方式。我们又不是在演《雾都孤儿》[⊖]！任何孩子都不该把父母的反对同饥饿联系在一起。这可能会导致终身的进食问题，有时还会发展成严重的进食障碍。我发现，如果小时候被父母这样惩罚过，孩子长大后为人父母，很难不用同样的方法惩罚他们自己的孩子。作为脚手架型的父母，你要走的路是更善良的，这条路上有表扬，也有甜点。允许孩子吃蛋糕（有节制地吃）并不会毁了他们，即使是在他们做错了事的时候也没关系。

丽塔发现她的女儿埃琳偷她的钱。如果丽塔的手机放在吧台上而且没有上锁，埃琳就会迅速用支付软件给她自己转 20 美元。因为丽塔很少使用那个软件，所以她一直被蒙在鼓里……直到她收到一封附有当月转账记录的电子邮件，她才明白发生了什么事。

如果可能的话，为了使惩罚与行为相当，你可以先和孩子就其"罪行"讨论一番，在这个例子里，就是就偷钱的问题进行讨论。我建议埃琳的父母和她坐下来谈谈，问她（不是质问）几个问题：

"你为什么觉得需要偷钱？"

"你拿那些钱做了什么？"

"对此你感觉如何？"

⊖ 《雾都孤儿》(*Oliver Twist*)，英国作家狄更斯的现实主义长篇小说，曾多次被改编为电影、电视和舞台剧。——译者注

"你明白偷窃是错的吗？"

丽塔报告："一开始她不承认，但我给她看了我的账户记录，有 5 笔 20 美元的转账转到了她的账号。除了她还有谁会这样做呢？转账精灵吗？看我拿出证据后，她就彻底闭嘴了，直勾勾地盯着墙壁。她不仅偷钱，还说了谎，我们现在要惩罚她吗？"

要做的第一件事就是把埃琳的手机没收，因为它是"作案工具"。她的父母删掉了她的支付软件账号。

因为埃琳不愿意讨论这件事，我建议她的父母给她机会想一想自己做的事，并推迟对她说谎的惩罚。推迟的这段时间也让丽塔和她丈夫有机会商量出最合适的做法，而不是冲动地做出过重或过轻的处理。因为埃琳试图不劳而获，所以他们想要教会她的适应性技能是，要想得到自己想要的东西，你必须为之付出努力。"我递给她一双橡胶手套、一只水桶和一块抹布，叫她去打扫地下室，"丽塔说，"我感觉自己有点像灰姑娘的可恶后妈，但是，话说回来，灰姑娘可不偷钱。"至于说谎的问题，虽然说谎是错的，但如果为了她这种自我保护的做法再对她施加其他惩罚，就有点过分了。

显而易见，坏行为是有不同等级的。没人会认为把牛奶落在吧台上和趁你不在家在家里办大聚会留宿客人是同样等级的坏行为。你需要做出适当的反应，或者在一些情况下，不做反应。把最严重的后果留给大的冒犯行为。

如果孩子说了有关他人的谎话，请要求他收回自己的话，去对可能受到他谎言伤害的所有人说出真相。如果是在网上说谎，那么后果将是短期禁用社交媒体。

如果孩子作弊，首先你要弄清楚原因。是因为他无法理解阅读材料，认为作弊是通过考核的唯一方法吗？如果是这样的话，那么他需要一个辅导老师，**以及惩罚**。

如果孩子在宵禁时间后才回家，还喝了酒，请在一个周末的时间里切断他和朋友的联系，以限制他的自由。如果他再犯，就限制两个周末。

如果孩子努力备考却没考好，后果是什么呢？限制娱乐时间，把看电视、玩游戏、见朋友的时间通通用来学习？

不。建立脚手架的原则是奖励好的行为，纠正坏的行为。努力学习是应该得到奖赏的。所有成功都来自努力。将努力与成功联系在一起，最终会带来更好的表现。至于结果（考试成绩不好）则并不重要。要为努力但失败了的孩子建立脚手架，你可以和老师沟通以寻求更多帮助，找一个家教，或为孩子做一些教育测验。

执行策略

脚手架型父母在执行后果、实施惩罚时总是扮演好警察的角色，递过一杯饮料，轻柔地说话。

如果孩子不接受你的惩罚，你可能就会想要变成坏警察，但这只会让情况变得更差。

"我儿子整晚玩手机，快考试了也不学习，所以我们没收了他的手机，"一位采用了我们的方法的父亲对我们说，"我们说如果他好好准备下一次考试，就可以拿回手机，他也哭着同意了。我们把他的手机放进了厨房的抽屉。我当时完全相信他会按照计划行事。第二天晚上，他按照约定备考学习。出于好奇，我打开厨房抽屉确认手机还在不在。在。然而我拿起手机，却发现它是热的。我叫我儿子解锁手机，查看了使用记录，发现他一整天都在断断续续地使用手机。"

如果手机或电脑本该被关掉，但青少年还是偷偷地使用它们，你可以循序渐进地延长禁止时间。你还可以使用应用程序来追踪孩子的手机使用和移动情况。如果孩子不在他该在的地方，就延长他的禁足或没收时间。

当你面对他的时候，请记得要以机器人一般的冷静表情和语调讲话。后果的执行并不是一件情绪化或个人化的事情。你只是为了维持订立好的家规，不得已而为之罢了。

为青少年搭建行为后果的脚手架

结构。订立家规，同时讲明你将对孩子的行为做出怎样的反应，将它设定为一个固定的模式。行为后果永远不该是意外，他们应该很清楚，第一次、第二次、第三次破坏规则，将导致什么结果。

支持。确保罪罚相当，以支持他们学习适应性技能。请注意区分破坏规则与正常的、符合发展规律的试探行为（后者有利于成长）之间的区别。

鼓励。要想鼓励孩子遵守规则，请当个好警察，保持不带情绪的机器人语调，避免陷入"谁声音大或吵得久谁就赢了"的强制恶性循环，并且坚持你的规则，即使孩子使出浑身解数激怒你。

当我妻子和我得知我们的儿子萨姆偷偷带伏特加回家，跟一帮朋友一起在家里喝酒又聚会时，我用尽浑身解数才忍住了我因这一状况而感受到的不适。我的本能反应是想要大吼："你这辈子也别想出去了！"但如果我这样做的话，我就做出了冲动的示范，而冲动恰恰是使他惹出这些乱子的原因。

我们三个商定，先各自思考，第二天再决定萨姆要受到什么惩罚。随后，我们夫妻俩出席了朋友的一场聚会，但我们的心情都不怎么样。我们知道自己马上就要做出一个非常艰难的决定，还要和其他两个曾在我们家喝酒的男孩的父母尴尬地谈话。

顺便说一句，其中一个男孩的妈妈对我说："他们又喝酒啦？"在此之前她从未和我说过她所了解的情况，她的态度令我恼火无比。"这有什么呀，哈罗德？"她又说道，"孩子不都这样吗。"没错。所以孩子才需要大人啊！

　　虽然很艰难，但琳达和我决定允许萨姆按照原计划去参加滑雪旅行。一方面，钱已经付了；另一方面，如果他不去的话，不光他自己会感到失望，我们的朋友一家也会很失望。然而在他回来之后的1个月里，我们禁止他在放学后和周末与朋友们一起玩。对于一个热爱社交、享受成为朋友圈子里的主要人物的孩子来说，这个惩罚是非常严重的，但他没有被锁在房间里。在周末时，琳达、萨姆和我，会三个人一起出去吃晚餐、看电影。当然，一个14岁的孩子可能不会觉得星期六和爸妈出去放松有什么好玩的，但这也算是惩罚的目的。惩罚不一定要让人如坐针毡，但是要有效果，必须让被惩罚者体会到一种牺牲感。

　　我们做到了。萨姆没有再带酒回家（我认为）。如果他又带酒回家，我们发现了的话，会用一样的方式惩罚他。实际上，萨姆十分坚定地遵守了不吸大麻的约定，他的朋友们也知道这件事，所以他们聚在一起吸的时候，根本就没有叫上萨姆。

　　最终的结果是，我们教给了他有价值的一课，他也从中学到了教训。这一课的主旨是，如果他不遵守规则，就要付出代价。代价并不恐怖，也并没有给他带来过分的伤害，但他的行为造成了后果，而行动总是会带来某种结果的。

钉牢横板

　　做孩子的纪律管理者，不一定是一件杀敌一千自损八百的事情，只要你轻柔而坚定地踩在我们的横板上。

耐心

▫ 当孩子一次又一次地破坏规则时，就算你坚持采用固定的模式应对，你的耐心还是会遭受考验，但请坚持住。只要你保持冷静，这场持久战的胜者就是你。

温暖

▫ 记住,要做个好警察,好警察会说:"要喝瓶可乐吗?你感觉舒服吗?好,我知道这很难,但我们来说说昨晚发生了什么事吧。"我们的目标是教会他遵守规则,如果你友好而慈悲,那么你们就可以化敌为友了。

觉察

▫ 宣布惩罚时,请时刻注意自己的语调、音量和姿态。

▫ 请留意你的惩罚方式是不是你自己童年的历史遗留,请做出一些改变,友好一些,慈悲一些,让你的惩罚与脚手架教养技术更加一致。

冷静

▫ 设置和执行惩罚时,尽量让自己的态度像个机器人。

监督

▫ 不要指望孩子听话。监督他的手机使用情况、他的位置和行踪、他的家务完成情况,以确保他照你说的做了。

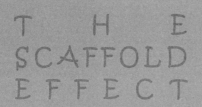

T H E
SCAFFOLD
EFFECT

"建筑"有其风格

让孩子成为自己的主人

孩子这座拔地而起的建筑可能并不符合你的喜好。你可能喜欢傲然矗立的联邦大楼，或一目了然的殖民时期建筑风格，但你的孩子正在成长为一栋豪华公寓。

你的个人喜好并不重要。重要的是孩子这座建筑稳定而坚固，而你的脚手架为其提供结构，并能够接住坠落的碎片。如果你试图将他的公寓改造成古怪的维多利亚样式的建筑（你就是喜欢塔楼、老虎窗那些东西），或骗自己相信有一天他会奇迹般地变成你梦想中的房子，那么你的脚手架就不适合他这座建筑，也提供不了必要的支持。即使他这座建筑在你看来非常奇怪，也请接受它。建筑落成之时，住在里面的人是他，而不是你。

芭芭拉在她女儿利娅 9 岁时，在利娅的四年级老师的建议下第一次来到儿童心理研究所。"他们开了个会专门讨论我女儿的问题，然后叫我过去，告知了我他们的决定。我感觉自己好像中了埋伏一样，"芭芭拉说，"罪魁祸首是那个数学老师，他代表所有参会的老师跟我谈。我一直不喜欢这个人。他从一开始就对利娅充满敌意。他告诉我，学校在**没有通知我**的情况下请了学习与行为专家来观察我女儿的课堂表现！我气坏了。他们这么做合法吗？他们有什么权利监视我的女儿？"

的确，如果学校提前告知芭芭拉有人在观察她的孩子，会是更合适的做法，但很多学校都会请专家来做类似的事情，或者为此设有专门的职位。这是学校应该做的工作，而不是在监视孩子。其目的是对可能有学习或行为障碍的学生尽早开展预防工作。父母和教育者干预得越早，孩子学会技能、战胜障碍的可能性就越大。不过我也理解，有人在观察你的孩子、在孩子身上找问题，感觉上这可能会有点冒犯和独裁。芭芭拉的第一直觉是要保护她的女儿。

"专家怎么说呢？"我问。

"他们觉得利娅焦虑，有注意力障碍，以及 OCD，"她气冲冲地回答，"胡说八道！"

"他们为什么觉得她有 OCD？"

芭芭拉摆了摆手。"她有个烦人的习惯，就是会拔自己的睫毛。小动作而已，有什么好担心的。"

"会拔下来吗？"

芭芭拉摇头，但是她说："会，但还会再长出来啊。"

听起来利娅可能患有拔毛症，也称"拔毛障碍"，这种障碍确实属于OCD 的范畴，在美国人口中大约有 1% 的发病率，[⊖]且往往与焦虑并发。患者有种强迫性的冲动，想要拔掉头上或身体任意部位的毛发。这种障碍可以通过认知行为疗法、药物治疗或二者的结合来治疗，但这种习惯非常顽固，

⊖　Huynh, M., Gavino, A. C., and Magid, M. "Trichotillomania." *Seminars in Cutaneous Medicine and Surgery*, 2013.

需要干预。指望利娅自己某一天突然不拔睫毛了,是不现实的。

然而芭芭拉似乎拒绝承认她女儿的精神健康有任何问题,更不要提配合治疗了。我说服她带利娅来做一次评估,并就结果进一步讨论。利娅来到研究所时,我立刻注意到她的两只眼睛几乎都没有睫毛了,眉毛也参差不齐。她很沉默,也很焦虑。在两个小时的评估期间,她经常走神,我们得委婉地提醒她回到正在进行的任务上来。

我同意利娅学校专家的意见,利娅有 ADHD、焦虑障碍,以及 OCD,并与芭芭拉分享了我的诊断结果。我解释说,虽然利娅有这些问题,但她依然能够拥有正常、幸福的人生(以及长好的睫毛),如果我们尽快开始治疗的话。

芭芭拉看我的眼神就好像我疯了一样,她说:"你不能这样诊断我女儿。"

"我不能?"

"如果她哪天想当总统怎么办?"

"我们是不是想得太超前了。"我说。

芭芭拉带着利娅离开了研究所。我不知道我会不会再次见到她们。

这个案例里发生了两件事。首先是父母的期望。其次是有关精神健康障碍的羞耻感。芭芭拉必须战胜这两个障碍,才能做到无条件支持她的女儿。

期待与现实之间的鸿沟

大多数人不会真的认为自己的孩子长大会成为总统,但我们确实对他们怀有一些梦想。承认孩子的缺点很难,承认他们的优点也很难,如果这些优点没有你想象中那么突出的话。在情景喜剧中,孩子会在吵架后拥抱父母并且说"我爱你",而你的孩子没有这样做,你可能会感到失望。你希望你的孩子是个运动健将,结果他四肢不协调。你以为你的孩子会是一个轻松拿 A 的学生,结果他有阅读障碍。他不像你一样热衷于交际。或许你只是觉得你的孩子本来应该更听话。不管在什么方面,你的期望都可能与现实发生冲突。

很多父母对自己孩子的天然缺陷熟视无睹。芭芭拉对受过训练、试图帮助她女儿的专业人士感到愤怒，就是一个例子。我还想到我认识的一位父亲，他的儿子在读书期间一直不擅长理科，即便如此，他还是执意把儿子送进了工程学研究生院。只过了一个学期，他就退学了。父亲拒绝调和期望与现实，结果把儿子推向了失败的境地，让他自我感觉很差，并为他的恋爱关系带来了紧张和压力。

在我向父母提出的建议中，有一条至关重要，却也不易理解，那就是"你决定不了你的孩子是谁"。你的孩子属于他自己，他有自己的道路，有自己的旅程。他的道路可能并不如你所愿，但对你而言，替他决定他的旅程说明你缺乏共情力。

脚手架教养法，意味着无论孩子的现实状况如何，你都要为他提供支持与鼓励。或许在你小时候，父母就是皇帝，是善良的独裁者，他们说的话就是法律。如果你老爸说你长大要当个医生，那么即使你晕血，也得申请医学院。然而研究表明，如果孩子参与了对他们自己的未来的决策，他们会做出更好的决定，也会收获更好的结果。给孩子自由去自己做决定，并为坏的决定感到后悔，这样的父母实际上是在帮助孩子学习如何做出更明智的决定。⊖要想不再做皇帝，让你的孩子成为自己的主人，就请退后一步，让他自己做决定。

对于孩子来说，童年应该是一个相信一切皆有可能的时期。一个爱唱歌的小女孩应该被允许梦想在卡内基音乐厅演出，就算她唱不到高音 C 也没关系。随着年龄的增长，孩子逐渐面对现实世界，他们会学着调整自己的梦想。有了父母的支持，孩子从幻想着"我要当影星"到对现实感到快乐满足的转变会发生得更容易一些。

⊖　O'Connor, E., et al., "Do Children Who Experience Regret Make Better Decisions? A Developmental Study of the Behavioral Consequences of Regret." *Child Development*, 2014.

"我在伊利诺伊州的一个富人区给 200 位父母做过一次演讲,"儿童心理研究所旧金山湾区临床主任赖内克博士说,"我说'我们要教给孩子们的是,即使你不去常青藤大学,你也可以过幸福而成功的一生'。房间里一半的人起立鼓掌,而另一半的人吓坏了。被吓到的那一半说了些类似这样的话,'我念的是哈佛,我儿子也会去哈佛'。我问'为什么',为什么孩子要走父母走过的路?没有这个必要,而且也不应该这样。每个孩子都应该找到自己的路,找到自己擅长的领域,找到让他感到兴奋、能够投入的事情,但这样的事情会不同于他父母的期待。"

如果你抓住自己的期待不放,你们的亲子关系就会遭到破坏,孩子独立应对状况的能力也会受到严重的损害。"有个年轻人找我治疗,他感到上大学很吃力,"赖内克博士说,"他不得不休学回家。他的父母为他失败的大学学业感到无比羞耻,他们不许他白天出门,因为害怕邻居看到他,知道他从学校回来了。在家附近停车时,他们要求他戴上帽子和墨镜。"

在家试试这样做

让孩子说了算。

让孩子在不同年龄阶段做符合该年龄段的决定,这样可以培养他们的决策能力。告诉他们你仍有一票否决权。和平常一样,你要做出果断的表率,并以表扬的方式强化孩子做决策的能力。

学步婴儿。提供有限的几个选择,让孩子理解决策的概念。要吃蔬菜,这是无须讨论的,但是请让他们自己决定,胡萝卜要切成条状还是圆形。着装要根据天气而定,但学步婴儿可以在两条裤子之间做出选择。

儿童。把选项的数量从二选一扩展到三选一乃至五选一。让他明白,一旦做了选择(饼干、糖果或水果),他们就必须坚持到底。下次他们可以做出不同的选择,但他们必须要等待机会。给他们一个短暂停歇的时间

（"好好想想"），避免他们拍拍脑袋就做出决定。

前青春期（约8～13岁）。 任务升级，请提供给他们更大的选择权，如活动和特权。依旧，如果他们选择了空手道而放弃了芭蕾，他们就必须在整个学习周期中坚持下来。请允许他们做出几个坏的决定，并以事后的评估和学习为脚手架，帮助他们在未来做出更明智的决定。

青少年（13岁及以上）。 让他们理解决策与后果之间的联系，以及他们的选择会对他人产生影响。例如，当他们醉酒驾驶的时候，他们是在做一个会牵涉到路上每一个人的决定。当他们决定在宵禁时间后回家时，家里疲惫而焦心的父母会受到影响。如果你教会了青少年为他人着想，那么请相信，他们在多数情况下会做出正确的决定。

我们送孩子上大学，是因为在大学里他们能够受到教育，学会独立生活。这件事的讽刺之处在于，这对父母的羞耻感如此之强，他们把自己的儿子孤立起来，让他没有机会成为一个独立的人。他19岁了，却不能自己去三明治店买午餐。"我问他'你想待在家里吗'，他回答'不想'。"赖内克博士说。

父母和退学的孩子之间形成的这种紧张气氛，是由于他们对孩子有着过高的期望，孩子自己也期望过高。"他告诉我，他感觉自己好像必须要得一次诺贝尔文学奖，得不了的话他就会觉得自己一无是处，"赖内克博士说，"我对他说，'你还不到20岁！大多数人都是60多岁才得诺贝尔文学奖的'。"真正使他从大学的铁路上脱轨的，是更高一级的完美主义。这种完美主义是来自他的父母还是来自他的内心，几乎不重要了。问题已经出现，必须要解决。"我们谈了合理期待的问题，我还告诉他要提醒自己想一想过去成功做到的事。他无法相信自己能做好，"赖内克博士说，"如果他学不会相信自己，那他就要被父母锁在家里很久了。"

最后，这个年轻人去了另外一所大学重新开始，他在那里适应得很好。那所学校离家更远，在这个案例里这是件好事。他成功的关键，是不再因无法满足不切实际的期望而感到羞耻，脚踏实地地生活。

为什么父母会期待或希望他们的孩子走和他们一样的道路？是因为他们在人生中的每一刻都感到幸福而充实，所以希望孩子和自己一样吗？我还没见过能说出这样的话的人。人们有在熟悉之处求安心的心理倾向，即使熟悉之物并不让人安心。让孩子去自己以前的学校和宿营，看到孩子和自己有共同的爱好，做一样的运动，这种连贯性让父母感到舒服。当孩子取得成功的时候，他们自己过去的经历也得到了肯定。每当我听到父母在孩子进了球或得了奖后说"这才是我儿子嘛"或"她跟我是一个模子刻出来的"之类的话，我心里都很不是滋味。他们还不如直接自吹自擂，"我的基因太优秀了"。

如果孩子在父母的老路上跌倒，父母这种想法的阴暗面就浮现出来了。即使未能在你选定的领域取得成功，你的孩子依然是"你儿子""跟你一个模子刻出来的"。即使他们不和你一模一样，他们依然值得被爱。如果你想证明你是无条件支持他们的，就请允许他们离开你的老路，去寻找他们自己的路。

强调积极的方面

当然了，你想要孩子成为最好的自己，长长久久地过着幸福的生活，但这个目标究竟意味着什么，是值得探索的。孩子在未来长久地获得幸福的一种方式，是成长为能够自如地同世界打交道、独立地生活、追寻自己的幸福、知道自己的长处的成年人。

为了以脚手架法引导孩子追求幸福，请教会他看到自己的优点，并养成习惯。"白纸黑字地把它们写下来，重点标注出来，一直想着自己的这些优点，"儿童心理研究所的心理学家斯蒂芬妮·李博士说，"最近，我对一位母亲说，'你跟我说过你的儿子非常有趣，非常幽默。下周，我希望你可以写下他讲给你的 3 个笑话，带给我来看，这样我们就能够关注好的方面了'。我们不仅要让父母提醒孩子他们能做好哪些事，还要帮助父母在孩子身上看到更多积极的东西。"她说。

这里有一个陷阱，就是你以为孩子有某些优点，但实际上没有。

有对硅谷夫妇是我的朋友。爸爸蒂姆 50 岁了，但看起来只有 25 岁，他非常爱运动，总是待在户外。他的妻子也和他一样。他们就是"加州式健美"的那类人。我们一起去登山，我几乎跟不上他们。

然而他们的儿子伊桑是个四肢不甚发达，更喜欢待在室内的孩子，他的性格像钉子一样尖锐。伊桑是独生子，他和他的父母相互打趣，活像个小大人。

有个周末我和他们一家在一起，我惊讶地发现伊桑的时间表里有大量的时间被分配给了运动，包括长曲棍球和棒球练习。

我说："我以前没发现，原来他这么爱运动。"

蒂姆说："嗯，我们在努力找到适合他的运动。"

我看向伊桑，他耸了耸肩。我看得出来，他只是在跟着大家一起训练，穿上队服，进入"比赛状态"。这也不错，就目前而言。然而到了某个时刻，运动就成了一件竞争性极强的事情。孩子们会变得十分狂热，也可能会对能力没那么突出的队友做出非常残忍的事情。父母在赛场边大喊，有时孩子失了分，他们也会大发雷霆。蒂姆想让他的儿子经历这一切吗？蒂姆夫妇都是聪明、体贴的人，但蒂姆也有盲点。他的儿子永远不会成为他所期望的运动健将。

脚手架教养法意味着你既要看到孩子的优势，也要看到孩子的不足。然后，当你弄清楚孩子的真实状况后，你就可以设法将不足重塑为优势。举例来说，焦虑在得到保护的情况下可以被重塑为高效率。我跟一些来访父母开玩笑说，如果我不焦虑的话，我就搞不起来这个研究团体了。

固执可以被重塑为坚韧的品质。固执己见的孩子，长大后可能会在非常需要这种坚韧的品质的领域取得成功，例如法律领域和科学研究领域。

12岁的梅茜因社交焦虑来到儿童心理研究所。她的母亲苏珊很担心她的女儿永远都交不到朋友，因为她总是一个人坐着，在笔记本上画素描。我们叫梅茜带着她的笔记本来参与治疗。她创造了一组卡通人物，一群人身猫脸的形象，故事背景是一间教室，就像连环漫画一样。从艺术的角度来讲，她的作品让人印象深刻，但真正让我们的医师感兴趣的，是她把人画成了动物的样子，为这些人物设定了性格特征，并画出了非常有趣的漫画。她的社交焦虑或许使她很难开口和同学们讲话，但她依然在观察他们、学习社交。我们的医师对苏珊说，梅茜有绘画和观察人性的天赋，未来她可以把这种天赋应用于许多职业领域，包括心理学。而且，只要梅茜学会如何克服社交焦虑，她就能把卓越的观察能力用在人际关系的处理上。这位母亲豁然开朗，不再为女儿感到忧虑，而开始为她的缺点感到自豪。苏珊态度的转变立刻为她们的母女关系带来了重大的改变。所有这些积极的改变，都只是通过换个角度、意义重组来完成的。

你的自我强化

要为孩子建起脚手架，你自己也有功课要做。你想要强迫孩子做你曾经成功做到的事情，或者让他做好你曾经失败的事情，你也可能想要和孩子分享你的兴趣爱好，这些都是很自然的。然而有一点很重要，你要意识到你自己的偏见，主动检视它们是否合理，并及时纠正你的行为。

加里是个对电视上的职业运动比赛节目毫无兴趣的青春期男孩。他的父亲埃德则一辈子都是纽约巨人队和纽约大都会队[⊖]的球迷，他有许多跟父

⊖ 纽约巨人队（New York Giants）和纽约大都会队（New York Mets），均为纽约的橄榄球队。——译者注

亲一起去看球赛和参加超级碗[⊖]派对的美好回忆。对埃德来说，要接受加里生来就不喜欢对自己而言如此重要和特殊的东西，并非易事。所以每当电视上有重大赛事的时候，埃德总是坚持叫加里来坐着一起看。加里小时候会按照父亲的要求去做，但是他无法在巨人队和大都会队获胜时装出很兴奋的样子，也做不到如埃德所期望的那样去记住运动员的名字，理解运动战略的精妙之处。父子二人都因自己令对方失望而烦恼不已。到了青春期，可以想见，加里开始叛逆了，他要么拒绝观赛，要么在比赛期间目光不离手机。埃德的态度是："他这是怎么了？"直到我们的医师指出，问题出在他自己的期望。医师建议埃德，不必因为加里不和他一起看比赛而感到烦躁，只需自己看，或和像他一样重视这些比赛的朋友一起看就可以了。

也请用奖励的方式强化你自己的行为矫正。如果你给自己一些甜头，你就有更大的可能性继续向积极的方向改变自己的行为。热爱运动的父亲埃德在放过儿子加里、不再要求他和自己一起看比赛后，应该这样对自己说："我今天没有对儿子施加压力，也没有在我们之间制造紧张的气氛。我做得真好！我要奖励自己一瓶冰汽水！"持续用冰汽水来强化你自己的改变吧。（拿汽水当育儿工具？你在别处可没见过这样的说法吧。）

这就好像在你想要保持好身材时，你和自己说好，如果你在一周之内锻炼了三次，你就可以挥霍一次，买一件新外套或享用一顿美味的甜点。这个策略听起来可能有点耳熟，因为在这本书里我已经谈过了如何把外部强化的方法用在孩子身上。用来改变你孩子行为的策略，也可以用来改变你自己的行为。

如果孩子的抚养者不止一个，那么行为的强化就要简单许多了。你们可以合作起来，互相帮助。举例来说，埃德的妻子莱斯利可以安抚加里，告诉他星期日下午可以做他自己的事，并且对埃德放下期望的行为加以强化，表扬他，并和他一起喝瓶汽水。当所有人都在为了同一个目标而努力

⊖　超级碗（Super Bowl），美国国家橄榄球联盟的年度冠军赛。——译者注

的时候（在这个案例中，这个目标就是一个和谐、包容的父子关系）这个目标就触手可及了。一旦你开始行动，并发现你的伴侣在往常会唠叨或批评孩子的事情上控制住了自己，请为此表扬他。请你这样说，"我注意到你没有大题小做，谢谢"，或"你没纠结那件事，做得好"。我们越多地表扬自己、孩子和我们的伴侣，乃至辐射开去的整个家庭和朋友圈子，就会变得越充满爱，越彼此支持、彼此鼓励。

陪他去

当你放弃对孩子的期望，并探索孩子的兴趣时，你往往会发现，你和孩子之间的共同之处比你以为的要多。的确，你可能不够风雅，你的孩子可能不爱运动，但或许你们的共同爱好是音乐。你们都喜欢经典摇滚或音乐剧。一旦你找到了这个共同点，就找到了将你们紧密联结起来的纽带，这对你们彼此而言都意义重大。

"在寻找你和孩子共同之处的过程中，你必须要有开放包容的心态，愿意做一些你可能不大喜欢的事，"斯蒂芬妮·李博士说，"你还得愿意和孩子沟通，敞开心胸去听你可能不想听的东西。无条件地支持他们，就意味着要接纳他们喜欢的事物、他们的想法和他们的感受，即使这些东西让你怒火中烧。和孩子一起参与和尝试新事物，寻找你们的共同兴趣和联结的机会，通过这个过程，你可以教会孩子如何探索。父母的心态开放、意愿敞开，哪怕只有一点点，都会产生深远的影响。"

李博士提到了她的一个来访家庭，她要设法使那位吹毛求疵的父亲变得开放一些。"康纳 15 岁了，他喜欢玩滑板和电子游戏。他的姐姐莱拉喜欢打篮球。他们的父亲保罗和莱拉一样喜欢打篮球，她的每场比赛他都会去，他还非常积极地和她一起选择未来的大学。结果，康纳觉得自己被冷落了，"她说，"我强调说，保罗要去滑板公园看康纳一次，**一次就好**，我还教他要如何表现，例如不可以翻白眼，也不能说些刻薄的话。"保罗去了，没有说难听的话，并且在 20 分钟后（他真的忍不住要翻白眼时）离开了，但哪怕是这样一个小小的举动，对康纳而言都意义非凡。"这件事情已经过去好几个月了，但康纳一直在治疗中提起它，他告诉父亲，当他抬起头看见父亲在那里时，他有多么开心。他们的关系并未因此完全得到治愈，也没有变得多么好，但保罗那次的出现是一个开始。"

保罗之所以对滑板和电子游戏有这么大的负面意见，是因为他认为康纳的这些爱好无法成为一项职业。"我说'你认为你的女儿会进入美国国家女子篮球联盟（WNBA）吗'，"李博士说，"我可以和这位父亲讨论，甚至辩论，职业运动和职业电竞，哪一个是更可行的职业道路。我会说概率都差不多，但我想对他解释的是，他不允许他的儿子去做他所重视的事，这种做法已经对他们的关系造成了损害，让他们无法产生联结。"

如果你能够在孩子还小的时候"陪他去"探索他喜欢的事，你就会在你们之间建立起一种长久的亲密联结，它会一直保持到孩子成年以后。"孩子并没有义务去走近你。你却有责任走近他们。找到他们真正喜欢的事物，并在他们想要你在场的时候加入他们吧。"李博士说。

为儿童搭建接纳的脚手架

结构。自信地做决定的能力，是一项宝贵的人生技能。从学步时期起，就让孩子在一些事情上说了算，从而让他拥有一种能动感，并让他理解，即使你并不总是同意他的看法，你也接纳他的意见和想法。你拥有一票否决权，但是也请给他们一些自由。

支持。尽你所能肯定孩子的情绪，而不要绞尽脑汁让他们变得更像你。参与到他们感兴趣的事物中去。努力寻找你们的共同爱好，这样你们就可以一起做一些事了。

> **鼓励**。要想帮助孩子成为最好的自己，就请留意孩子身上的积极特质并予以表扬，但同时也要实事求是地对待他的缺点。接纳你自己的缺点，并提醒孩子注意，为孩子做出表率。

羞耻是真的

在这一章的前面，我说过，让父母无法无条件支持孩子的因素有两个。其一与期望有关。其二呢，是父母为他们孩子的精神健康问题感到的羞耻、恐惧和惭愧。

随着时代的变迁，精神疾患所带来的耻辱感已经消减很多，但它依然存在。诊断对于治疗而言非常重要，而父母往往为一些永恒的概念感到担忧，比如"他永远也不会好起来了""她下半辈子要一直吃药了""她会永远被打上这个标签"，等等。许多父母因为害怕过度诊断和过度用药而拒绝诊断。

"我现在手头上就有一个家庭，那位母亲无法承认自己的孩子患有自闭症，"李博士说，"他快 17 岁了。他毫无疑问有自闭症。他母亲知道他有问题，但她就是不肯用'自闭症'这个词。我对她说过，无论在诊断前还是诊断后，孩子都是那个孩子。我们需要诊断，因为诊断可以告诉我们孩子及其父母需要接受何种关怀，但是诊断并不能定义一个孩子。孩子并不是由一堆打了钩的选项组成的。如果孩子的父母陷入'自闭症'这个词里出不来，或陷入任何一种诊断中，我们会从一开始就说，'我们不要说它了。我们来说说这个孩子能做好什么，不能做好什么。我们来说说你为他设定了哪些目标，这些目标是否切合实际'。我们往往会发现，当父母致力于支持孩子达成切合实际的目标时，他们对诊断的接纳程度就会更高。"

没有临床问题的孩子的父母也可以做同样的事：从你的脚手架上，你能够清晰地、无死角地看到你孩子建筑的全貌。你能看到他可以继续建造的强项，以及可重塑为强项的弱项。每个人都有他真正擅长的东西。每个人也都有需要努力才能做好的事情。有问题并不可耻，无论问题是什么。不必纠结于标签（焦虑、抑郁、强迫），请将你的能量集中在如何解决问题上。

至于有精神健康障碍的孩子，干预能够推动他们进步。忽视或否认问题则会使他们倒退。对于成年人来说也是如此。你的缺陷可能在于，你陷入孩子的问题之中无法自拔，这使你看不到他身上的闪光之处。

解决问题

乔舒亚 2 岁的时候，我带他去参与他的一些活动，那时我惊奇地发现，一些和他一样大的小女孩有着惊人的表达能力。她们能够说出完整的句子，比如"妈妈，我可以要一个涂花生酱和果酱、面包去掉硬皮的三明治吗？"那个时候，乔舒亚只会用手指着东西，口中咕咕哝哝。我记得我对琳达说："我们的孩子怎么发育得这么慢？谢天谢地他长得还挺好看！"他的语言发展完全符合平均水平，但与那些超乎寻常的女孩相比，他看起来就很可怜了。他不是个天才，这让我感到惊讶。

到了乔舒亚上幼儿园的时候，我的观点发生了转变。他并非不聪明，只是沉默寡言、心事重重、重视细节。他的幼儿园老师们曾叫他"教授"，因为如果他们的哪项日常事务做错了顺序，他就会说："不，不是那样做的。你搞错了顺序。"除此之外，他基本上不怎么说话。

乔舒亚的一个舅舅在社交场合就是缄默不语的。在我外甥的一次生日聚会上，我看到我的小舅子和乔舒亚手拉着手一起走，我发现他们之间有着强烈的相似性，他们都有着略显尴尬的步态和一对招风耳。我想"他有社交焦虑基因"。就像我的同事马克·赖内克在发现他女儿的问题后对他妻子宣布"我们要培养出一个勇敢的孩子"那样，我在那场生日聚会当天发誓，"我要培养出一个有社交能力的孩子"。我并不是想要让乔舒亚变成另外一个人。他永远也不会成为一个话匣子，但我们可以给他一些必要的工具，让他能够更充分地参与到这个世界中去。请学会接纳你孩子本来的样子，客观地认识到他的缺点和不足，并支持他以正确的方式解决问题，从而在切合实际的期望下帮助他步上正轨。

我妻子和我开始以脚手架教养法帮助乔舒亚学习如何同人们打交道，教他练习有力地握手，还有要看着对方的眼睛，直到你能看清他的眼睛是什么颜色。我们还源源不断地提出了无数个关于"你"的问题。人们喜欢说跟自己有关的事，如果他能够让他们说起来，自己就不必说太多话了。

乔舒亚二年级时，他班上一名同学的母亲是一个筹款修缮中央公园的非营利组织的领导。通过这位母亲，我们家受邀出席了一项在公园里湖岸边船屋附近的慈善活动。纽约市公园与游乐部前专员亨利·斯特恩（Henry Stern）也参与了这次活动，他过来和我打招呼。于是我将亨利介绍给了乔舒亚。乔舒亚和他握了手（注意，这是坚定不移的一次握手）。

我说："乔舒亚，斯特恩先生是负责公园的专员。"

乔舒亚知道他应该问一些带有"你"的问题，于是他问道："您的工作是做什么的呢？"

"我要确保湖里有满满的水，马吃得饱饱的，草养得绿绿的。"

他们聊起来了！我妻子和我喜出望外！乔舒亚表现得太好了。

"这份工作很有趣呢，"他说，"怎么样才能找到这样一份工作呢？"

亨利这个古怪的家伙说："明天上学的时候，好好打量打量你的同学们，看看谁以后能当上市长，跟他搞好关系。"

琳达和我都笑了。乔舒亚没有听懂这个玩笑，但这并无大碍。亨利告别时，乔舒亚再次和他握了手。乔舒亚身体前倾，把脸凑近亨利的脸，好像在做眼科检查一样。

亨利走后，乔舒亚说："他的眼睛是棕色的。"

琳达小声对我说："他需要再多彩排一下。"

或许确实需要，但我们已经把不善言辞的乔舒亚变成了一个能够在大人的聚会上自信地同VIP客人交谈的孩子。我将这件事记为脚手架教养法的一次胜利。

接纳是件吃力不讨好的事

父母在学习接纳的路上会遇到的一个大挑战是：你会历尽千辛万苦调整自己以期为孩子建好脚手架，但你未必就能够与孩子变得更亲近。不要太指望孩子会感谢你。我经常听父母说，该花的钱他们都花了，该带孩子去的地方也都带孩子去了，他们咬着牙坚持给孩子无限的支持，哪怕孩子表现得很过分，做出一看就不对的决定，他们也都忍了下来。

如果你的孩子有精神健康障碍，那么育儿的过程甚至更会有种"肉包子打狗，有去无回"的感觉，但孩子毕竟不是自愿出生的。他们也不是自愿焦虑或患上学习障碍的。他们当然也不会自愿成为抑郁症患者。

"有一天，我女儿上了床就不想再下来了，"一名患有抑郁症的14岁女孩的母亲说，"我一直试图让她做些我知道她喜欢做的事，比如和我一起去逛街，或者出去吃午餐，但只要我叫她做什么事情，她马上就钻到床上。这真的让我感到很挫败。有几次我对她大喊大叫，想要让她听懂我的话。也没有用。她就是不肯正常一点，我说什么、做什么也没用。"这位母亲想尽办法让她的女儿"正常起来"，她的做法显然既没有让她的女儿好起来，也没有改善她们母女俩的关系。

孩子的悲伤情绪，依严重程度可分为"正常""问题""障碍"三种（见表10-1）。

表 10-1　是悲伤还是抑郁

正　常	问　题	障　碍
你的孩子因为某次具体的经历或事件而感到悲伤。他可以说出"我感到悲伤是因为……"并清晰地说出他的感受的原因	你的孩子会感受到与具体经历或事件无关的悲伤。他说不出自己到底因为什么而情绪低落，但就是很低落 "有情绪"的时候，他无精打采，缺乏动力，但心情好些的时候，他的精力和动力又会恢复	在两周的时间内，你的孩子在一天中的多数时候、一周中的多数日子里都很悲伤或易怒
哭泣和发泄能够缓解他的悲伤	哭泣和倾诉并不会让他感到轻松	他对曾非常喜欢的事物失去了兴趣；他的饮食或睡眠习惯发生了改变；他对做任何事情都缺乏能量、动力和专注力；他因一些责任不在他的事情而感到无价值、无助或愧疚；他的成绩有所下降
过了几分钟、几小时或一天，你孩子的悲伤就会过去，或者减弱	他的负面感受会在两天后消失	他有自杀的念头。如果有此情况，请立刻联系精神健康专家，并前往急诊室

　　如果你孩子的建筑崩塌了，你不该站在脚手架上大喊："嘿！别塌了。"在这个案例中，这位母亲一直告诉她的女儿说："你不是什么价值都没有

啊！别再那样说了！"充满爱的关切，说出来也可能变成批评。对待一个患有抑郁症的青少年，请拿出你的同理心和共情力。问问他的感受，不加评判地倾听。肯定他的感受，你可以这样说："我听懂了，我明白，你经历的这一切一定非常艰难。"

要对你认为是非理性的感受给予肯定，对你来说可能很荒唐，但你实际上是在表达你无条件的接纳。对于孩子来说，这比任何"矫正"都更有意义，也更有好处。

无论抑郁与否，都没有几个孩子能够捕捉到你的无条件支持并表达感谢。所以在孩子取得突破或获得成功时，请自己感谢自己。这些胜利是你教导的结果，是你给予他的礼物结出的果实。当你患抑郁症的孩子足够信任你，能够对你倾诉而不感到羞耻或愧疚时，你可以拍拍自己的肩膀。或者在你青春期的女儿患有焦虑障碍，每次考试前都无比紧张，但她巧妙地利用这种焦虑获得了全 A 的时候。或者在你的儿子痛恨运动却酷爱漫画，你忍住要命的尴尬，把他扮成蜘蛛侠，带他去参加漫展，最终他得到了一份漫威公司工作的时候。在这些时候，你可以在内心里小小地自满一下，因为你为了帮助他做好面对未来的准备而做了这么多大大小小的事情。

> ## 为青少年搭建接纳的脚手架
>
> **结构**。无论是好的还是坏的决策，都要与相应的结果联系起来，而且其结果涉及的不仅是做决策的青少年本身，还要涉及其他人。这样可以培养他们的决策能力。
>
> **支持**。出现在青春期孩子需要你的地方，参与他们的兴趣活动，即使你认为那些活动奇怪又愚蠢。永远不要停止寻找你和孩子的共同爱好和建立联结的机会。寻找在切合实际的期望之下解决孩子问题的方法。
>
> **鼓励**。以奖励的方式激励你自己的接纳行为。鼓励正值青春期的孩子去探索亲社会的、积极向上的、健康的作乐途径。

第一次见到我们时，芭芭拉没有准备好接纳她女儿利娅的种种问题——学校的专家们发现的那些问题。即使是在我们为她的女儿做了评估后，芭芭拉还是坚持认为，利娅只是假装出这些症状以博取关注。随后便发生了"地铁事件"。

"我们站在站台上等车，准备去郊区看望利娅的外婆，我们经常这样去看她，"芭芭拉说，"利娅烦躁起来，开始拉我的胳膊。她说她必须离开这个地方。我告诉她放松点，车马上就来了。她说她感到胸口发闷，需要呼吸新鲜空气。我不停地叫她冷静下来，但她越来越不安，后来直接在站台上惊恐发作。她脸上的表情非常可怕。她非常吃力地拼命呼吸，开始流汗，并且死死抓住我不放，好像出了什么生死攸关的问题。在此之前我从未见过惊恐发作，但这次是真的。她不可能是装的。没人能故意做出这些事来。"

芭芭拉最终成功地把利娅带到地面上，并马上叫了一辆出租车回家。"这是我这辈子最悲哀的一次乘车经历，"她说，"我意识到我一直以来都对我女儿非常刻薄。我对她的问题也好，对那些警告我说她有问题的老师也好，都没有一点儿耐心。我以为他们在攻击我，但他们是想帮助我们。"

现在，利娅已经接受了1年的治疗，芭芭拉也在接受我们的父母管理训练。"利娅因为一些很小的事情而变得焦虑的时候，我还是会进入'克服一下吧'的模式，"芭芭拉告诉我，"比如她拔睫毛这件事，我会说'别拔了不行吗'，然后她就会哭，我就后悔得不行。她不会一夜之间就彻底改变，我也不会，但我们都在努力。"

突然之间对一切策略都敞开了心胸的芭芭拉，购置了一条电子手环，每当利娅抬起手来要拔睫毛的时候，手环就会蜂鸣并震动。当她感觉到手环的震动时，就知道要把手放下来，做点别的事情，比如深呼吸或走几步。"这个手环真的很有效，利娅现在又有睫毛了。她有了更多自信去面对这个世界。我觉得我比她更欣慰。"芭芭拉说。

　　从忽视利娅的问题，到接纳问题并和女儿共同解决问题，芭芭拉经历的一切可谓艰辛而漫长，但是从她转变态度的那一刻起，利娅的症状和她们的母女关系，都立刻有了好转。

钉牢横板

　　请接纳孩子本来的样子，用爱和关注去建立脚手架，这样你们的关系和孩子的未来都会有好事发生。

耐心

▫ 要对自己有耐心！要把你的全部期望和恐惧都放下，放弃在熟悉的地方寻找安慰，是很难的。

温暖

▫ 对自己好一点！当你能够接受孩子选择他自己的道路的时候，你会为他没有选择你的路而感到悲伤。你可以感到悲伤，这是很正常的。

觉察

▫ 永远记得问自己，"目标是什么""怎样才能解决孩子的问题"，请关注你能为解决问题做些什么，而不要纠结于出了什么问题。

冷静

▫ 在孩子做决定、探索他自己的快乐源泉时，你可能会想要做一些评论或问一些问题。请使用你的机器人语气，不带情绪，不加评判。

监督

▫ 陪孩子一起参加活动或接受治疗时，多看多听，敞开心胸，这样才能更好地理解他是个怎样的人。请监督你自己的想法和判断可能以何种方式阻碍理解的进程。

11

第 11 章

检查、修复并尽量减少裂缝

直面问题，遵守家庭规则和价值观

随着建筑越建越高，工程队须不断查找裂缝。不是所有裂缝都显而易见。有些只是表面的裂痕，只需稍作修补。然而还有一些需要整个工程队停下其他一切工作，专门去修复。在检查建筑裂缝的同时，你也要查看脚手架是否有裂缝。如果脚手架折断了，它就不能为建筑提供结构和支持了。对于整个工程来说，确保脚手架状态良好的重要性和检查建筑本身是否有裂缝是一样的。

44 岁的塔尼娅有 4 个孩子，其中最大的是儿子约翰。约翰初中时一直是一名运动员，而到了高中，球队里都是比他大的孩子，于是他被划进了替补队员名单。"他非常上火，"塔尼娅告诉我，"我用脚手架的方法鼓励他无论如何都要坚持下去，我还建议他加强锻炼，向教练证明他的体格够强壮。我说'他们不是针对你，只是你块头小了点，这一点随着时间推移是会改变的。没什么好担心的'。他看起来开心了一些，也行动起来，开始锻炼了。我在心里对自己说'你真是个脚手架天才'。"

时间过了 6 个月，塔尼娅注意到约翰好像把全部时间都拿来锻炼了，但她并未因此感到忧虑。"他和朋友一起锻炼，看上去气色也很好，"她说，"他的成绩也没有下滑。他爸爸也和他一起锻炼，他们开始在车库里一起举重。一切看起来都很积极向上。"

然而终于有一天，事情不那么积极向上了。约翰开始对食物非常挑剔。碳水化合物是绝对不摄入的，而且每天都要冲两大杯蛋白粉喝。他执拗地坚持他的饮食和锻炼计划，于是全家人只能根据他的时间表来安排共同出行计划。"过了 8 个月的时间我才意识到，出问题了。"塔尼娅说，"我把东西拿去车库存放，看到约翰在那里举重，同时看着镜子（他自己搞来放在车库的）里的自己。我有一阵子没看到他不穿上衣的样子了，他的身体完全变了样。肌肉变大了，大得夸张，好像每一根肌肉纤维都被刻画得非常明显。他身上一点脂肪都没有。我被这个场面吓到了。他以前是正常的运动员身材，而现在这样对于一个 16 岁的孩子来说太过了。我倒吸了一口冷气，他听到后自觉地把衣服穿上了。"

塔尼娅和她的丈夫忽视了约翰的问题，原因之一是其他 3 个孩子已经够他们忙的了（其中一个孩子患有焦虑障碍），另外一个原因是他们以为（像很多人一样以为）男孩不会患上进食障碍。事实上，虽然男孩患进食障碍的可能性比女孩低，但进食障碍患者中有 25% ～ 33% 是男性，而且这个数字还在迅速攀升。[○]塔尼娅知道要对女儿们拒绝食物、饭后跑去卫生间等行为多加留意，但没有给儿子同样的留意。她没有听说过肌肉畸形症，或"健身过度症"（bigorexia），这种障碍是指男孩或男人（健身过度症患者大多数为男性）对于线条分明的肌肉产生了强迫倾向。和患有厌食症（anorexia）的人

○ Lavender, J. M., et al. "Men, Muscles, and Eating Disorders: An Overview of Traditional and Muscularity-Oriented Disordered Eating." *Current Psychiatry Reports*, 2017.

一样，他们养成了强迫性的饮食和锻炼习惯，但二者的目标是相反的。他们的目标是让自己变得更壮实，而厌食症患者则想要变得更瘦弱。

"我非常非常自责，因为我没能早点发现，"塔尼娅说，"我没有好好监控他的状况。脚手架计划失败。"

我安慰塔尼娅说她不该自责。她确实错过了一些值得注意的信号，她注意到了其他信号，例如成绩下滑或社交上的孤立，这些指标都没有出现问题。

就算你尽了全力，有时候还是会出问题。你可能不会注意到，你女儿和她最好的闺密渐行渐远了。你可能也不知道你儿子历史考试没及格（直到你看到成绩单）。脚手架的裂缝可能是你滑落回了唠叨、发火的状态，也可能是你对"行为-后果"规矩的执行有所松懈。

当你感到无力——"哦不，我怎么睁眼瞎地错过了这么多"的时候，不要把时间和能量浪费在自责上。我的一个朋友（不是心理学家，但我的这个朋友有个操控欲很强的母亲）称之为"无用的情绪"。确实如此。自责对谁都没有好处。最有好处的做法是，打开你的应对技能工具箱，动手修理你的脚手架。

直面问题

脚手架裂缝之一——拖延，是指有意地把问题搁置一旁，留待事情过后处理，或者索性不处理了。你手头有很多事，不可能同时做所有事，但有一些事是拖不得的，比如为孩子寻求专业帮助，像请家教、看医生等。在这种事情上请不要犹豫。平均来讲，从孩子首次出现学习或情绪障碍的症状，到父母寻求帮助，中间会经过两年的时间。两年实在是太久了。孩子开始接受治疗并有所好转时，你就可能会为自己的拖延感到无比自责。然而，在多数情况下，你要提醒自己，你当初并不知道要关注哪些行为信号。当你发现的时候，你就做出了反应。患有学习障碍、谱系障碍、OCD、

ADHD、焦虑症、抑郁症的孩子接受治疗的时间越早，干预结果就会越好。

无视这些障碍，并不会让障碍消失，但对于治疗，父母往往缺乏紧迫感（即使是那些不怕被贴标签、不拒绝障碍诊断的父母也不例外）。可诊断为 ADHD 的孩子里，有 40% 没有接受治疗。患抑郁症的孩子，没有接受治疗的有 60%，焦虑症则有 80%。我并不想危言耸听，但在每年 6000 多名自杀的青少年中，90% 患有精神健康障碍。在 2007 ~ 2015 年，因自杀的念头和行为而被送往急诊室的儿童和青少年的数量增加了一倍，在 2015 年达到了 120 万之多。这意味着，在美国，每 1 分钟就有两个想自杀的青少年被送往急诊室。[⊖]

就拿焦虑来说，在你拖延治疗期间，可以预见的是，孩子会回避任何加剧他焦虑的场合。回避给人的感觉很好，它暂时拿走了你的担忧，但是对搞清楚背后的状况毫无帮助。如果一个孩子几年间一直处于逃避模式，他就会错过关键的发展节点。他可能不再交朋友，或失去原有的朋友。他不再在课上举手。他会放弃课后活动，那些曾帮他提升自尊的活动如今只让他感到尴尬。不要等到孩子把自己完全孤立起来，表现出明显的障碍以后再寻求帮助。除了这些令人难过的行为症状外，各种焦虑障碍还会在神经生物学层面上产生影响，改变大脑的工作方式。这些改变会提高未来患抑郁症的风险。换句话说，焦虑障碍不仅会限制你孩子的活动，还会真正地危害他的大脑。

我明白，第一反应可能会是不作为。如果你感冒了，你不会马上跑去找医生。你会等它自己好起来，而对孩子的精神疾病，你不一定会注意到相应的症状。美国的医疗系统十分复杂，让人眼花缭乱。从你的保险计划单上为孩子找一位医生，请假出来带孩子去见治疗师，可能非常困难。父母也会因孩子的疾病而找到很多理由埋怨自己（离婚、他们自己的焦虑或抑

⊖ Burstein, Brett, et al. " Suicide Attempts and Ideation Among Children and Adolescents in US Emergency Departments." *JAMA Pediatrics*, 2019.

郁、经济压力等），这种自责的感觉强烈到让他们选择无视问题。精神疾病不是任何人的错，但现实是，如果你推迟了干预的时间，可能会让情况变得更糟。想要为孩子建起脚手架，就从一次和医生的预约开始做起吧。

"你不能逼我"

拖延并不是父母的专属。孩子，特别是青少年，往往也会抗拒治疗。去见治疗师意味着他们得跟一个陌生人一起坐在屋子里，把他们最深刻、最黑暗的秘密、感受和脆弱统统揭开。除此之外，青少年担心被贴标签，自己有问题这件事让他们感到尴尬，或者他们害怕被同龄人看作"疯子"。由于事先存在的偏见（他们从朋友、媒体或过去的经历中听来的事），他们可能会认为治疗或药物是没有用的。

你已经知道了，让青少年去做他不想做的小事（例如丢垃圾）是很难的。如果你说"我希望你去见见治疗师"（另一种意义上的丢"垃圾"），这对于一个正在试探自己的自主领地（这个阶段确实应该如此）的青少年来说，可是个重大的要求。

请试着用意义重组的脚手架策略，轻轻推动遇到困难的青少年去接受帮助。

治疗师只是医生而已。如果你的孩子胃痛，你会带他去检查症状。这里也是一样的。对孩子说："你看起来非常不开心。作为你的父母，搞清楚哪里出了问题是我们的职责，这样你才能动起来、开心起来。你出现了症状，它们让你痛苦，我们希望你可以去见的人，可以让你的痛苦消失。我们不能解决你的痛苦，你也不能。所以，我们去找有办法的人帮忙吧。"

治疗的焦点不是问题，而是要厘清优先级。不要把治疗说成是一个要青少年谈自己问题的场合，请告诉孩子，治疗是他们能够谈论自己想要的东西、自己价值体系中最为优先的事物的机会——是他们想要的东西，而不是你想要的。现阶段他在追求什么？在学业和社交方面，他想改善什么？如果他看到的是治疗过程中对他有帮助的部分，是切中他的关切的部分，那么他就会更加敞开自己，与专家合作，进行治疗。

到今天为止，我的二儿子亚当一直坚持认为我妻子和我的拖延耽搁了对他阅读障碍的治疗。

最初的端倪出现在他 4 岁的时候。我的岳母和我们一起在佛罗里达度假，和亚当共处了 1 天之后，她在临别时对我们说："我很爱听亚当说话，但我听不懂他在说什么。"

我说："嗯，他的语言表达还不是很成熟。"

"不，我觉得不是这个问题，"她说，"他讲起故事来顺序都是混乱的，让听的人很难跟上。他去参加一个聚会，好像有小丑和游泳池？全都混在一起，我搞不明白是怎么回事，而且我觉得他应该也没记住我的名字。他称我为'梅尔的妻子'。"

在回家的飞机上，我对琳达说："你妈妈从来没有说过极端积极或极端消极的话。所以她对这件事做出的评论我们必须引起重视。"

我妻子打电话给幼儿园，问他们是否注意到了同样的问题。院长说："我不确定每个人都能听懂他说的话，但即便如此他还是很爱说。他是个男孩嘛，别担心。"

然而我确实很担心。我找到了一位言语与语言治疗师对亚当进行评估。在几个小时的测验之后，她带他来到等候室，对我们说："他很聪明！他会在 ERB 考试（私立学校的入学考试）中取得优异成绩的！"

"他记不住他外婆的名字这件事怎么说？"琳达问。

词语检索是阅读障碍症状的一个方面，但她向我们保证，亚当没有问题。我再次向幼儿园提出这个问题，他们也联系到了另一位言语与语言治疗师。亚当的症状明显好转，而且，正如第一位治疗师预测的那样，他在 ERB 考试中考进了前 1%。

他就这样上完了幼儿园、小学一年级和二年级。他每周接受两次语言治疗，还有一位阅读家教，我们以为我们已经做到万无一失了。可是到了亚当三年级时，他打了另一个男孩的鼻子，我们被叫到学校。我知道他并不是一个攻击性强的孩子，他这个举动一定是有原因的。我们在家里坐下来跟亚当谈。他打的那个男孩说他"笨"，其他人也跟着附和。在整个小学期间，亚当说他的数学领先别人两步，阅读却落后别人三步。那一周，在数学课上，他们开始做需要读文字的题目，例如，"如果珍妮有 2 美元，她想要买 50 美分一个的苹果"，他就被难住了。他泪流满面，对我们说："我在'麻雀'阅读小组，那些聪明的同学在'老鹰'阅读小组，老鹰是吃麻雀的！"

我想："不，你不笨。起这些小组名的老师才是笨蛋。"

我们请了一位特别棒的神经心理学家——丽塔·哈格蒂博士（Rita Haggerty），为亚当又做了一次测验，她说："他的理解能力非常好。如果你读给他听的话，他能够回答问题，但他不知道如何解码语言。他已经记住了几千个词，但他的'电脑'已经满了。当他看见'萨莉''苏珊'和'萨拉'的时候，他知道这是女孩的名字，但他只是在猜。如果你给他看一个胡编的无意义词语，他也看不出来。"

这对我们来讲是个坏消息。我们已经和很多专家共同努力过了，亚当也一直全力以赴，结果现在我们被告知，全部这些努力其实收效甚微。我们有了一个迫在眉睫的问题。

是学习障碍吗

"正常"的学习速度和能力，是一个非常宽泛的范围，每个孩子的情况千差万别。有些孩子总是在拼写、理解、词汇等方面比别人学得更快、更好，但如果一个孩子到了 8 岁还不会解码、拼写和记笔记，那么他很可能患有阅读障碍。在这里我想强调的是，请一定要明白，阅读障碍与智力无关。正如萨莉·施威兹（Sally Shaywitz）博士和乔纳森·施威兹（Jonathan Shaywitz）博士在他们的著作《战胜阅读障碍：一个完全基于科学研究的、应对不同程度阅读困难的新项目》（*Overcoming Dyslexia: A New and Complete Science-Based Program for Reading Problems at Any Level*）中描述的那样，阅读障碍患者往往有着高于常人的智力、表达能力、好奇心、想象力和创造力。⊖这种障碍源自大脑，而非智力。它是一个可解决的问题，而不是仅因一纸诊断就无法摆脱的终身困扰。如果你的孩子有阅读障碍，他会有以下表现：

- 学习简单的律诗时有困难。
- 讲话比较晚。
- 跟不上指导。
- 使用短词有困难：重复或省略 "和""但""这个""那个"。
- 区分左右有困难。
- 在新词的阅读和朗读以及数音节的学习上，有明显的困难。
- 8 岁以后依然会读反字母和数字。
- 很难做笔记、抄下黑板上的词。
- 难以把字音和字形联系起来，难以对声音进行排序和组织。
- 即使是熟悉的词语，也很难拼出来。
- 阅读缺乏流畅性，在其他孩子的阅读速度越来越快时依然读得很慢。
- 逃避朗读。
- 阅读时显得较为疲惫。
- 难以理解标识和符号。

⊖　Shaywitz, Sally. *Overcoming Dyslexia: A New and Complete Science-Based Program for Reading Problems at Any Level.* Vintage, 2008.

- 难以理解游戏规则。
- 记不住分很多步骤的指导。
- 难以从钟表上读出时间。
- 学习一门新语言时尤其困难。
- 因挫败感而情绪爆发。

我们找到了一个高强度（每天4小时，为期1个月）的阅读训练营，名为"琳达穆德–贝尔"（Lindamood-Bell），那里提供专业化的一对一指导，可以教我们的儿子如何解码，进而阅读。彼时该机构位于马萨诸塞州贝尔蒙特市。琳达和亚当在工作日期间待在贝尔蒙特，周末回家。我去上班时，我的父母帮忙照看乔舒亚和萨姆。在4周的训练后，亚当回到纽约，和一名家教一起做了1小时作业，巩固练习他学到的技能。他动力十足，非常配合，当他发现一对一指导真的有用时尤其如此。

我们也采用了外部强化的方法，确保亚当在该阅读训练营中收获尽可能多的东西。我对他说："如果你好好配合的话，我就每天给你1美元。如果你不配合，就只给你50美分。"

他说："配合是什么意思？"

我说："如果你给老师脸色看，你就只能拿到50美分。"

"哦，"他说，"我今天就给她脸色了。"

到了暑假结束时，他已经可以解码四年级水平的文字了。我们以为已经大功告成，但开学后，在上学期间，他需要更多干预。他每天去学校上4个小时学，然后下午和一位琳达穆德–贝尔家教一起学4个小时。这是笔不小的开销，但我们的儿子一定要学会阅读才行。

为了让亚当很好地接受治疗，我们全家重整了我们的生活。回望那段时间，我对我们处理问题的方式感到自豪。在他4岁到8岁之间，我们没有找到正确的解决方案，但当我们终于找到确实有效的方法时，他还很小。

亚当认为我们应该早点引起重视的，但他本来就是个很紧张的人。

施威兹博士是耶鲁阅读障碍与创意中心的联席董事。据他说，每 5 个孩子里就有 1 个患有阅读障碍，阅读障碍是最常见的学习障碍。它影响着 20% 的人口，⊖而且占全部学习障碍的 80%～90%。儿童心理研究所发起了旨在消除精神健康和学习障碍羞耻感的“年轻时的我”（My YoungerSelf）运动，我在这场运动中见到并采访了许多患有阅读障碍的名人。有一次，我和演员奥兰多·布鲁姆（Orlando Bloom）就阅读障碍的话题讨论了很久。亚当见到奥兰多的时候说：“你真的跟我爸爸说阅读障碍是老天给的礼物吗？如果真的是礼物的话，你能告诉我在哪里退货吗？”亚当现在依然阅读很慢，写作业需要别人一起协作。我很确定，他的阅读障碍对他的初高中经历也有影响，所以他不想听到我、奥兰多·布鲁姆或任何人说什么把弱点变成优点之类的话。

然而他确实学会了阅读。学会阅读的过程中激发出的毅力与努力，帮助他进入了布朗大学（Brown University），后来又去了哥伦比亚商学院（Columbia Business School）。他在他的领域内非常成功。这样的发展对一个直到 8 岁都有阅读障碍的孩子来说相当不错了。（你得允许我吹嘘几句，这是脚手架式父母的特权。）

我们也要看到事情的另外一面，有些孩子到了十一年级都还没学会阅读。他们从体系的裂缝中滑落下去了。或许他们的朋友帮助他们度过了困难的时光，但他们的父母没有给予足够的关注，或者把注意力集中在了孩子的表现上，想着“只要考试及格，就没问题”。然而当他们进入大学时，就大事不妙了。

我想强调的是，父母需要努力克服以外在表现为准的原则。你必须付出足够多的努力，才能知道你的孩子是平房，而不是摩天大楼。请努力倾

⊖　http://dyslexia.yale.edu/dyslexia/dyslexia-faq/

听他，并且像亚当的外婆一样，捕捉线索。努力为他找到能教他阅读的专家。你为他付出的努力，会在他的成功中得到回报。

锁定重点

布赖恩 10 岁的儿子迈克尔患有 ADHD。他的状况已经对学习造成了干扰，但还没严重到需要学校对其学业特殊调整（例如考试加时）的程度。可是布赖恩却教迈克尔故意在学习评估中做得很差，以获取特殊调整的资格，这样他在学业上就会取得一些优势。

对于这种做法，只有一句话可说：这是错的！教唆一个正无比想要讨好大人的 10 岁孩子去故意搞砸某件事，这完完全全是错的。在脚手架教养法中，你要表扬和奖励的是努力，而不是结果。努力学习结果考了 C 的孩子，应该得到比聪明却偷懒，结果拿了 A 的孩子更多的表扬。布赖恩的做法比只在意结果更恶劣。他教儿子钻体系的空子。

永远告诉孩子，要尽最大努力。永远不要对他们说不应该全力以赴。无论状况如何，父母都需要始终如一地向孩子输送一个信息：他们应该奋力去做好，即使做得很差，努力的过程也会在某种程度上使他们获益。

我尽量保持态度和蔼，但我不得不批评布赖恩指挥迈克尔偷懒、作弊的行为。"下次迈克尔有冰球比赛的时候，你会叫他走上冰场然后放弃比赛吗？"我问道。他似乎听懂了。他一度认为，糟糕的考试成绩会在未来对他的儿子有所帮助，但如果把眼光放得足够长远的话，教孩子作弊的后果可比收益来得大得多。孩子们不会充分认识到欺骗他人有多危险。他们可能会以为自己很精明（实则不然），并招致严重的麻烦。

在 10 岁这个年纪，孩子可能会了解到：人们有时会说一些话，这些话别人不会用真假去加以评判（这就是善意的谎言），而这种能力让你能够友善地对待他人。了解这个道理，对于他们的发展阶段而言是合适的。然而，绝不能告诉孩子，他们可以欺骗他人。

哪怕是真正有困难的孩子，也应该在自己能力范围之内付出最大的努力。社会互动已经够复杂了，为什么还要画蛇添足地给他们设限？说真的，诚实就是上策。请时常与孩子进行良性的对话，聊聊社交境况，以及诚实和努力的诸多益处，这样的对话是无可替代的。

保持灵活

即使原来的行动或"最后决定"是错的，你可能也觉得必须要坚持到底。不要这样。没有人要求你一定要坚持每一个决定。可以重来。不是每件事都有商量的余地，但很多决定和选择是能够且应该被重新考虑的。

除此之外，根据孩子的不同年龄，他应该以不同的程度参与到做决定的过程之中。如果你能够坐下来说，"我错了，我意识到我做了一个坏的决定。所以我们来讨论一下现在该怎么办吧"，你就是在向孩子示范妥协与让步、细腻的心思、活络的思维和孰能无过的人性。你承认自己错了，这一行为告诉孩子什么才是真正重要的，也就是说，不必一直"正确"。在孩子很小的时候（5～7岁）就可以进行这样的对话了，从而为孩子建立起适应性的脚手架，随时准备好应对变化，于此他们将受益一生。

比如，父母中一方同意了孩子的某个要求，而另一方不同意。父母事先没有商量好，现在麻烦了。其实这是一个很好的机会，让孩子看到父母也是人。我们都会犯错，孩子也和你一样，所以该道歉的时候就请道歉，弥补错误，然后继续往前走。

几年前，我的同事蕾切尔·巴斯曼博士不得不为会议季离家太久而向她的儿子道歉。"9月我离开了三四天，10月又有两个会议，"她说，"第二次出差前的晚上，我对我的儿子道晚安，我说'我明天要去圣迭戈了'。他不开心了，说'妈妈，你刚去过芝加哥，现在又要去圣迭戈。你出差太多了'。真是令人心碎啊，但我又不能不去参加会议。我说'杰克逊，你说得对。太多了。对你来说太多了，对我也一样'。"

出差这件事让她心如刀割。"我回到自己的房间就哭了，我想着'我真是个浑蛋'。我对自己发誓，而且第二天早上也对杰克逊说了，只要我把手头上已经答应要做的事忙完，我就绝不会再如此频繁地出差了，"她说，"这件事我一直念念不忘，因为我承认了我的错误，我说了'我听懂你的意思了，对不起'，而且这件事涉及工作与母亲身份之间的平衡。我本来也可以说'你和爸爸有机会单独待在家了，不是很好玩吗'或者'你知道，我每次出差都会给你带礼物的'，但那样的话，我只是在自我安慰。那样讲话只是在放烟幕弹，是在否认孩子的感受。承认他的感受，以及我自己的感受，向他道歉，并努力寻找未来可以做出的改变，是更好的做法。"

有时候，脚手架也会打滑，你会发脾气。辛迪是7岁的贾马尔的妈妈，她对我说："啊，我犯了个大错误。我这次真的没控制住。"我做好心理准备听最坏的消息，结果她讲的其实是她把一个棘手的情况处理得很好的故事。没错，她当时确实很生气。贾马尔在她打工作电话的时候，一口气问了她35次相同的问题，这对任何人来讲都够烦的。"我对他大叫，叫他闭嘴，"她说，"他哭了，我很难受。我拥抱了他，说'好吧，我发火了。对不起，我对你大喊大叫了，但是在我和别人讲话的时候你不能那样做啊。否则我就没办法说话啦'。"

我安慰她，告诉辛迪她做得非常好，毕竟她也是个有血有肉有感受的人。她发脾气这件事，对他们母子双方来说都是一个学习的机会。贾马尔学会了不要在妈妈打电话的时候给她添乱。辛迪学会的则是，她以为她在育儿中犯的错误，其实是很好的做法。

我们大多数人都是带着最好的意图去和孩子互动的。只是在表达的过程中，我们会失去控制。这没什么，只要你能够承认你的错误，并且说一句："对不起。"

限制看电视的时间和节目的风格

有一条育儿提醒可谓人尽皆知，那就是你要限制孩子的屏幕使用时间。多数家长都看到过这条提醒，并深以为然，但很多父母没有坚持脚手架策略，和孩子**一起**看他们的电视节目。即使你做到了，并且密切监督了孩子在家里都看了什么，你依然需要注意他们在朋友家和其他地方看了些什么。

"我女儿在一年级时过得很纠结，因为她班上的同学看了一个节目，"儿童心理研究所的儿童神经心理学家马修·克鲁格说，"那个节目里的社会交往简直可以说是尖酸刻薄、惹是生非。孩子在电视上看到的那些对话，比多数社交状况都要粗俗。在我们家，我们是不会那样说话的，但我女儿的朋友们学着节目里的样子说类似'如果你跟那个女孩玩，我就杀了你'这样的话。这种语气让她感到困惑和烦恼。"

当你听到孩子用某种特定的语气说话，或者说了一些你认为不该说的词句时，你需要跟他聊聊这个新的信息从何而来，以及你是否喜欢听到这样的说法。"在那个节目里，"克鲁格博士说，"最终想要传达的信息其实是人们应该彼此友爱，但是剧中人物之间交流的语言风格实在是太让人恼火了。核心信息完全被模糊掉了，整个节目风格都是刻薄的幽默。所以孩子们没有学到彼此友爱，反而在交流对话中变得刻薄了起来。"

许多学校都在努力转型，不再只关注学习，而要在教室里为孩子营造一个以社交情绪上的成功为导向的早期环境，但即使这样的转型某一天成功了，你也应该是那个为社交情绪环境设定价值观标准的人，而不是把这些责任甩给学校或电视。

这并不是在责怪你！毫无疑问，孩子吵着要看电视，你还要为许多其他事情负起责任，你一定已经不堪重负了。要你抓住每次机会去对孩子进行价值观疏导，是不现实的。有时候，向他妥协，"好吧，去看电视吧"，真的方便多了。

然而，如果你想要做价值观设定者，你真的一定要坐下来和孩子一起看电视，并且在电视上出现恶意的言语时做出评论，比如你可以说："这句话并没有说出这个人物的真实想法。她并不是真的想杀掉她的朋友。"

我知道这样做浪费时间，但是真的没有其他做法能够替代这个方法，你和孩子面对面交流，告诉他们不同的社交表达中的那些细微的差别。

儿童脚手架维护

结构。日常检查家庭规则和价值观的遵守情况。

支持。请你的伴侣、朋友或其他家庭成员和你一起实践脚手架教养法。问问他们："我最近有没有对孩子唠叨、叫喊、不耐心、不灵活？"正如你希望你的孩子接受纠正性的反馈一样，你自己也是一样。

鼓励。请赞赏自己为脚手架教养付出的努力，即使你错过了一些信息也没关系。不可能成为完美父母的，所以不要在犯错的时候不停自责。

不要忘记你的基础训练

还记得我在第4章中曾经说过的，父母管理训练、依恋仪式和不做评判的高质量家庭时间吗？随着孩子年龄的增长，他们会想要花更多的时间跟朋友待在一起，我们应用上述策略的难度就增大了。自初中时期起，孩子们会把视线从家庭生活转向他们的课余社会生活。也是在这个时期，你开始尝试允许他们有自己的社交媒体账号，理想状况是，他们的这些账号在你的监督和指导之下使用。无论如何，孩子在家的时间会变少，就算在家，他们也一直在看手机，或者在房间里关起门来用电脑。

10岁以上的孩子比小学生需要更多的时间独处，这是毫无疑问的，但你依然可以期望和要求他们拿出一些时间待在家中的公共区域，哪怕在那里使用他们的电脑也可以。八年级之前，请要求孩子在家庭成员共用的开放空间做作业。如果这个要求使你们陷入了争执或辩论，你可以借此机会教会孩子协商，而不是固执地要求孩子按你说的做。

即便如此，无论青春期的孩子多么善于协商，他的独处时间和家人共处的时间总还是需要平衡的。我做了几十年家庭治疗，在我们关于儿童和青少年心理学的全部知识之中，家人共同吃饭的重要性都是绝不能被低估的。生活并不总是允许最理想的情况发生，所以如果你们家达不到每周一起吃三次晚饭的黄金数字，也请不要苛责自己，这条古老的标准和传统是值得追求的。如果你能够维持每周一次家庭依恋仪式，那也好过一次都没有呀。

省略唠叨

一个趣闻：唠叨的行为，重犯率很高。你必须要像我们提醒各位父母一样提醒自己，唠叨并不能有效地起到激励作用。当停止唠叨时，你能在孩子的行为中看到好的结果。可是如果孩子随后松懈了一点，你可能马上又恢复到了唠叨模式。如果你无法信任孩子会好好做作业，那么你将需要超人的自控力来控制住自己不去巡查他们的情况，并丢下一句"赶紧做作业吧"。如果孩子说"赶紧让我一个人静静吧"，那么场面可就要不受控制了。

孩子非常不愿意和你吵架，特别是为了作业吵架。唠叨意味着你对孩子完成作业的负责程度及完成作业的能力缺乏信心，所以为了避免再次唠叨，请将注意力放在信任和尊重上。先叫他列出今晚的作业清单，对他说："我知道你一定有一份计划，可以把这些作业都完成。如果你不这样觉得，我可以帮你计划。"如果孩子说他可以自己做，你可以偶尔探出头来问问他想不想喝点什么，但其他时候，就请回避吧。

如果孩子没有完成作业，你可以伸出援手，帮助他列出时间表以独立完成作业，但是不要大喊大叫，也不要唠叨。对他的努力予以表扬和强化，对坚持到底的行为加以奖赏。不一定是金钱上的奖赏。可以让他决定全家人周五晚上去哪个餐厅吃饭，既对他的行为进行了积极强化，又解决了家庭依恋仪式，可谓一石二鸟。

青少年脚手架维护

结构。无论你和孩子有多忙，一定要腾出时间来共处，做些你们都喜欢的事。家庭聚餐是一项稳妥且有效的传统，你可以借此亲近孩子，并了解他的近况。

支持。听听你自己的声音。如果你听到自己在唠叨或叫喊，你要知道，此刻孩子已经在无视你了。

鼓励。想要启发青少年做最好的自己，最好的方式就是你先成为最好的自己。想要示范和强化你想要看到的那些行为，最好的方式就是你自己先做到。

在这一章的开头，我们说到 16 岁的约翰患上了健身过度症，出现了饮食和锻炼方面的障碍。他的母亲塔尼娅在此之前已经将一个孩子送来我们研究所治疗，所以这次她为约翰寻求帮助时已经轻车熟路：她给儿童心理研究所打来了电话，但她的经历并不具有代表性，在为自己的孩子找到优质的帮助、匹配合适的医生的过程中，父母往往会遇到困难。一个经验是：你往往在同两到三名临床医生谈过之后，才决定和其中一名建立合作关系。

在约翰的第一次治疗中，他的治疗师了解到，约翰想要让自己的体格强壮起来，让教练和足球队的其他队员看到，这带给他很大的压力。他不是唯一一个走了极端而患上强迫症的孩子。塔尼娅为她的儿子提供的脚手架支持，让他们周围的人看到了这一风险，人们得到了必要的提醒和警告。这件事告诉我们，当你对你自己的孩子采取脚手架教养方式时，其影响会传递给其他家庭，大家都会受益。这真的会为善一方。

约翰的治疗进行得很好。"他现在饮食正常了，但他依然很爱锻炼，"塔尼娅说，"我们和约翰商量好，把球队运动以外的锻炼时间控制在每天30分钟以内。我每天晚上也会尽量自然地问问他一天过得怎么样。他会翻白眼，好像我很烦似的，但我能感觉到，他其实很高兴，因为我在他身边，我关心他。到头来，脚手架教养不就是这么回事吗？我们都在尽最大努力成为和养育出好人。"

你在他身边，你关心他。

塔尼娅用寥寥数语总结出了脚手架教养的精要。

钉牢横板

稳稳地站在横板上。要为孩子建好脚手架，没有比这更好的方法了。

耐心

▫ 无论孩子让你多么"抓狂"，请你深呼吸，告诉自己，虽然育儿之路仿佛看不到尽头而且十分艰难，但是这一切很快就会过去。曾经让你抓狂的事情，或许会在孩子离开你去过他们自己的成年生活后，成为你怀念的东西。如果你能够在脚手架教养中一直持有这样的观念，你可能就能够让自己停顿两秒钟，找回耐心，避免做出其他反应了。

温暖

▫ 没有一个父母在回顾自己的脚手架教养岁月时说："我真希望我在他幼小脆弱的时候对他冷酷一些、残忍一些。"你是他的第一个温暖与爱之源。请在心中留存这一份感受，即使是在他对你"反目成仇"的时候。

监督

▫ 如果没有自我反省的习惯，你就不可能知道自己做错了。所以每个月，在你做某件例行之事时，比如还贷款或付房租的时候，问问自己："我的脚手架还坚固吗？"然后做出必要的修补。

何时拆除脚手架

脚手架的功能并不是把建筑支撑起来。它提供的是结构、支持和引导，但并不实际承重。所以，如果承建者过早地拆掉了脚手架，尚未完成的建筑或许能够自行矗立，但人住进去未必安全，图谋不轨的人将有机可乘；如果暴风雨来了，或者一股外力使一面墙倒了下去，人可能会受伤。接下来职业安全与健康管理局就会介入，过早拆除脚手架的承建者会遭到起诉。

如果你过早地拆除了育儿脚手架，当然没人会打电话到职业安全与健康管理局投诉你，但这样的行为依然过于草率。你得确保你孩子的建筑既能自行矗立，又是安全的居所。所以，问题在于……

孩子准备好了吗

青少年或儿童说"我可以自己来，我不需要你"的时候，从技术上来讲，这句话可能是真的。他可以自己系好鞋带，或自己开车去商场买舞会礼服，但他的建筑工程可不一定完成了。他还没有能力搬出去、找到一份工作、成为纳税人、独自生活。

一个很恰当的例子是，孩子开车去商场为舞会买礼服，但车开到一半没有油了。他抛锚在高速路上，乱了阵脚；或者，他到了商场，结果钱包被偷了。如果拆除脚手架的时机已经成熟，那么孩子就应该能用大人的方式处理这些状况。找警察，报案，有效地自我宽慰。

我们用脚手架法帮助孩子建立"我能行"的自我效能感，这是一种积极感受，感到自己拥有能力和独立性。我们想要让他们远离与此相反的"我不行"的念头，也就是认为自己没有能力、需要依赖他人的消极感受。你要渗透给他们一种积极乐观的观念，相信好事会发生，但同时也要培养起"无论发生什么，我都能够处理"的观念。

对自己能力的感知，来自不断从错误中学习、独立做事以及战胜困难——所有你示范、强化并引导孩子发展的适应性技能。当你鼓励孩子，对他们说"我知道很难，但我认为你能做到，你没问题"的时候，你就在强化他们对自己能力的感知。不要说"你是全世界最棒的"或者"你差得不能再差了"，而要基于他们自己过往的经历与成功，对他们进行鼓励。

当孩子已经培养起这样的观念，相信自己能够应对压力源的时候，脚手架就可以被拆掉一部分了。

真正的成熟有一个标志性的表现：钱包在商场被偷，孩子会第一时间打电话报警，然后才打给你。搬到新的城市后，他自己找医生、找公寓、找招聘信息。如果孩子总是第一个打给你，说"我需要找个管道修理工"，那么他就没有做到自我支持，或者说建起自我脚手架。

成熟的另一个标志，是斯坦福大学的心理学教授卡罗尔·德韦克（Carol Dweck）提出的"成长型思维"，也就是"我可以学会"。比如，他试着自己找了一个管道修理工，结果被敲了竹杠，如果他具有成长型思维，他会说"好吧，这次没成功，但下次我就能做好了。我被坑了钱，只能说明我没有做足功课"。成长型思维不会把失败当作很严重的事，而是把它看成一个需要解决的问题，并且相信自己最终能够解决它。

当孩子遇到他解决不了的问题时，如果他的反应是"我不够聪明"或"我不够好"，那就大事不妙了。这样你就需要做更多的脚手架工作，鼓励、支持并引导他获得成长型思维、应对策略和自我效能感。

如果他能够面对挑战，并相信他能学着解决问题（而且确实做到了），那么脚手架就又可以拆掉一部分了。

你可能更想要对孩子的成熟度有一个更加数学化的测量。在治疗中，我们对进程进行结构化的评估。在每次治疗后，医生都要回答："与上一次相比，这个孩子的情况是严重变差、变差、轻微变差、轻微变好、变好，还是显著变好？"连续三次在治疗后"变好"或"显著变好"，就可以从每周一次治疗改为每两周或每个月一次。可以用类似的问题检验你的脚手架是否可以拆除。问一问"我的孩子学会自我支持了吗"。自我支持的技能就是你一直以来用脚手架在培养的：做明智的决定，解决问题，制订和达成目标，自我觉察，具有情绪智力，维护自己的立场，自主完成事情或自行寻求相应的帮助。

如果在 85% 的时间里答案都是肯定的，那么这个领域内的脚手架就可以拆掉了。

埃里克曾患有焦虑障碍，我们花了几年的时间帮助他处理焦虑。到了他申请大学的时候，他焦虑的表现就是不作为。然而，在他父母的引导和支持下，埃里克全力以赴，为最让他感到焦虑的部分（录取面试）做好了准备。

每次面试前，他都练习回答可能被问到的问题，这对他症状的缓解起到了非常大的作用。面试官随机问到埃里克对某个话题的看法时，如果他没有事先准备过答案，他的心脏就会开始狂跳，他的手也会出汗。这可能会导致灾难性后果，但是埃里克的父母的脚手架建立得非常牢固，他已经可以做自己的脚手架了。他马上就知道要采取对策，例如做腹式深呼吸以及复述问题，为自己争取时间冷静下来，思考如何回答。埃里克被他的首选学校录取了，他为自己的毅力和适应力感到无比自豪。如果他的父母没有在他的童年时期给予他结构、支持和鼓励，他或许就无法在面试中表现优异，也就不能进入他最想去的学校了。他的父母没有惧怕或无视他的诊断，也没有将其视作坏消息。他们允许他尝试和失败，为他提供纠正性的反馈，对他进行标签化表扬，教他命名自己的情绪，从错误中学习，并从失败的阴影中走出来。

当孩子熟练掌握了这些人生技能，并且能够在没有你指导的情况下把它们用出来时，脚手架就可以拆除了。

当孩子能够自我驱动，并拥有来自内在的成就感与肯定感时，脚手架就可以拆除了。

当孩子能够维护自己的需求时……

当孩子能够表达情绪，并借此更好地了解自己时……

当他不害怕走向他的老师、老板、朋友、伴侣，告诉他们他需要什么时……

也有一种可能是，你会对情况做出错误的判断，过早地拆掉了脚手架，即使孩子看起来已经在很好地自我支持了。好消息是，你随时可以再捡起脚手架来。我的一位朋友很好地用脚手架法养育了他的女儿珍妮，把她送去大学时，他对珍妮怀有很高的期待，认为她一定会成功。没理由担心她会过得不顺利，但是在大学里待了一周后，珍妮就开始每晚给家里打电话，每晚都会报告新的问题。她没有交朋友，忘记了加入科学实验室，压力巨大，茶饭不思。

珍妮适应大学生活时遇到的困难，并不意味着她的父母在她的成长中没有给予她足够的支持和鼓励。只意味着她的脚手架需要被重新建起来，再帮她进行一些必要的修补而已。

这是脚手架的一个美好之处。可以拆掉它，必要时还可以再搭回来。可以全部搭回来，也可以只搭部分。

我建议珍妮的母亲控制住越俎代庖解决一切的冲动，而是继续使用女儿童年时她一直采用的脚手架策略：提供情绪支持，表扬积极的亲社会、积极主动的行为，如有需要，帮她找一名医生或家教，肯定她的感受，鼓励她使用应对技能。珍妮最后适应了大学生活，而所有成就都是她自己完成的，她感到很自豪。

然后她的父母就开始抱怨她给家里打电话打得太少了。

他们很想她，但这就是脚手架成功后的甜中带苦的成就感。我们都希望自己的孩子自信且有能力。用上我在本书中讨论的十种策略，你就会提供给他们一切所需，去成为他们自己和你都希望他们成为的人。

你准备好了吗

你的自然反应就是要保护孩子，但你不可能让他们远离人生中的每次逆境。你能做的是帮助孩子学会独立应对困难。否则，你就是在强化依赖，让他们觉得自己一个人应付不了自己的生活。这样做，传达出来的信息是错的。当孩子准备好脱离脚手架的时候，你也得准备好。

你可能会由于谨慎而不愿拆除脚手架，你会想："万一我的孩子需要我，而我不在怎么办？"

然而请提醒自己，其实你在。你站在建筑外，欣赏着眼前的风景。你只是不再环绕着它了而已。

作为父母，我们生活的主题就是照顾和引导孩子。然而当他们在高中时期开始独立，到了大学变得更加独立，找到工作搬出去住的时候，我们的生活会出现一个大洞。我们建造起了什么，然后它突然消失了。我们得找到一些东西来填补这个空缺。

然而，如果父母说"我会**永远**照顾你"，这可不是爱的故事，而是恐怖故事！你必须要给孩子光明和空间，让他们去成长。

"我的桌子上有一张我女儿刚刚学会走路时的照片，"赖内克博士说，"格雷西那时候大约 14 个月大。我们在伊利诺伊州埃文斯顿的一座玫瑰园里。她扶着花园外围的矮砖墙走，当时我和我妻子在看别的东西。突然间，格雷西转身离开围墙，朝我们走来。我妻子迅速掏出相机抓拍到了这一刻。格雷西已经从围墙走出了三步，双手在空中挥动。她在发光。她脸上那种因放开了支持物而闪烁的激动表情，每天提醒着我，这就是我们努力的目标。她第一次走路是向我们走来，而她学会的技能终将带她离开我们。"

从孩子建筑的第一块砖开始，从你脚手架的第一块横板开始，你和孩子就在一同建造，一同成长，你们之间的联结和交流从未间断。脚手架是建筑工程中至关重要的一部分。脚手架引导、支撑，提供安全网，接住落下的碎片。到了最后，建筑完成之日，脚手架就变得多余了。

请记住，并在此提醒自己：脚手架本来就不是要永久存在的东西。它的目的是提供结构与支持，其必要性随着时间的推移变得越来越低，直至变得完全多余。拆除脚手架可能会让你感到紧张，但是当孩子准备好的时候，脚手架就不得不被拆掉。否则，它只会挡住视野。

脚手架的拆除将会成为你的光荣时刻。你可以满怀自豪与喜悦，退后几步欣赏你建造出的美丽、稳固的建筑。然后你就可以去建造些其他东西了，完全属于你自己的东西。

致谢

要感谢的人太多了，不仅为了《爱的脚手架》这本书，还为了儿童心理研究所的工作。

首先，我要感谢我的出版经纪人 Michael Carlisle。他在过去的几年间一直督促着我写这本书。如果不是因为他的坚持，这个项目就不会启动。感谢 Eliza Rothstein 以密切的关注和关爱帮助这本书顺利诞生。

Marnie Cochran 是我们的完美编辑。她的评论和专业知识将本书提升到了最高水平。对我而言，不可能有比她还聪明的出版搭档了。

非常感谢 Valerie Frankel，她是一位才华横溢的作家，与我密切合作，把我的那些故事和策略变成书本上的文字，帮助我把一份只有一页的提纲扩充成了一本好书。感谢 Dana Points 介绍我认识了 Valerie。

儿童心理研究所的任务是，通过提供最高标准的关怀，改变饱受精神健康障碍和学习障碍之苦的孩子的生活。每当我带别人来我们的研究所时，我都会扪心自问，我是否对研究所里的这些人有足够的信心，能够把自己的孩子交给他们。是他们成就了独一无二的儿童心理研究所。他们中的每一个人都对《爱的脚手架》中核心概念的形成做出了贡献，但我想要特别感谢以下几位医生，他们把自己的心声和故事放进了本书之中：David Anderson、Jerry Bubrick、Rachel Busman、Matthew M. Cruger、Jill Emanuele、Jamie M. Howard、Stephanie Lee、Paul Mitrani 及 Mark Reinecke。

我们的科研团队无私、高尚、实事求是地与我们分享了他们尚未发表的数据，让我们使用了前沿的科研成果。感谢科研副主席 Michael Milham 和他的优秀团队。

特别感谢我们的科研顾问团队，该团队由来自全美第一流学术医学中心的研究者和科学家组成，感谢他们的智慧与支持。

感谢我们的常务董事 Mimi Corcoran，以及我们的领导团队，包括 Amie Clancy、Brett Dakin、Julia Burns，他们维持了一切工作的日常秩序，并帮助我把眼光放回现实之中。

Blythe Gillespie 起到了不可或缺的作用，将一个难以驾驭的项目（以及我不羁放纵的人生）管理得井井有条。

我们的通信部在 childmind.org 网站上向公众普及脚手架教养法。对我们的任务而言，他们和我们的科研人员及医师一样重要。非常感谢编辑主任 Caroline Miller 和我们的新闻发布官 Haleigh Breest 的奉献精神和辛勤工作。

特别感谢通信部特殊项目主任 Harry Kimball，他总是把我包装成一个聪慧的形象，并且也为本书做了一些研究工作。

我想感谢儿童心理研究所的董事会，在多数人认为做这样一个独立的全美非营利机构根本不可能的情况下，他们依然给予我的设想和梦想以无限的支持与信任。特别感谢：共同创始人兼联合主席 Brooke Garber Neidich、联合主席 Ram Sundaram 和共同创始人兼副主席 Debra G. Perelman。我们的董事会成员慷慨地提供了时间、创意、智力和经济支持：Arthur G. Altschul, Jr.、Devon Briger、Lisa Domenico Brooke、Phyllis Green 和 Randolph Cōwen、Mark Dowley、Elizabeth 和 Michael Fascitelli 夫妇、Margaret Grieve、Jonathan Harris、Joseph Healey、Ellen 和 Howard Katz 夫妇、Preethi Krishna、Christine 和 Richard Mack 夫妇、Anne Welsh McNulty、Julie Minskoff、Daniel Neidich、Zibby Owens、Josh Resnick、Linnea Roberts、Jane Rosenthal、Jordan Schaps、Linda Schaps、David Shapiro 和 Emma Stone。

感谢捐赠者 Helen 和 Chuck Schwab 夫妇、Linnea 和 George Roberts 夫妇、Devon 和 Pete Briger 夫妇，以及旧金山湾区的支持者兼友人们，以 West Coast Advisory Council 为首，包括 Megan 和 Harris Barton 夫妇、Cori Bates、Ashlie Beringer、Suzanne Crandall、Stacy Denman、Abby Durban、Eve 和 Ross Jaffe 夫妇、Liz Laffont、Andrea McTamaney、Karen 和 Ronnie Lott 夫妇、Jen Sills、Christine Tanona 和 Angelique Wilson。谢谢你们让儿童心理研究所的工作在美国东西两岸都发展了起来。

感谢我们的首家赞助企业 Bloomingdale's，当时还没有任何一家全美性的大品牌将儿童精神健康作为自己的一项事业。我想要感谢 Anne Keating 坚定不移的支持，感谢前执行总裁 Michael Gould 听取了她的意见，还要感谢我的朋友们，Frank Berman 和执行总裁 Tony Spring，他们使双方的合作上升到了新的高度。

多年来，我们有机会与一些演员、作家、音乐家、记者、企业家、政治家和其他富有创造力的知名人士合作举办公共教育活动，他们付出了许多努力，把我们的理念传播给五湖四海的人。感谢 Reese Witherspoon、Kevin Love、Jesse Eisenberg、Charles Schwab、Lindsey Stirling、Whoopi

Goldberg、Lorraine Bracco、Naomi Judd、Brian Grazer、Trudie Styler、Orlando Bloom、加州州长 Gavin Newsom、Goldie Hawn、Glenn Close、Katie Couric、George Stephanopoulos、Ali Wentworth、Cynthia McFadden、Elizabeth Vargas）、前国务卿 Hillary Rodham Clinton、Jimmy Buffett、Michelle Kydd Lee、Adam Silver、Bill Hader、Kim Kardashian、Jim Gaffigan、Mark Ruffalo、Al Roker、Deborah Roberts、Meredith Vieira、Patrick Kennedy 和 Scott Stossel。

在我的职业生涯中，我有幸遇到了许多造诣甚深、富有智慧的导师，他们与我分享了他们的才思、支持和爱。我感谢他们中的每一位，特别是 Rachel Klein，以及已故的 Don Klein、Robert Cancro、Gaye Carlson、Tom Insel、Bennett Leventhal、Cathy Lord、Kathleen Merikangis、Nora Volkow 和 Ruth Westheimer。

多谢我所有的朋友、同事和支持者，特别是 Virginia "Ginger" Anthony、Ann 和 Fred Axelrod 夫妇、Emary Aronson、June Blum、Alex Briscoe、Kenneth Cole、Geoff 和 Sarah Gund 夫妇、Jenji Kohan、Edi Kornell、Michelle Kydd Lee、Daniel Lurie、Wes Moore、Chris Noxon、Gail 和 Len Saltz 夫妇、Lisa Schultz、Klara 和 Larry Silverstein 夫妇，以及 Ron Steingard。

看着我的儿子 Adam 和儿媳 Zaneta 如此自然地养育我们的孙子 Jackson，我太开心了。也谢谢我的妹妹 Edith Koplewicz，她总是能让我大笑。

有了最好的朋友，人生会变得容易许多。Brian Novick 从我在医学院读书时期起就是我最好的朋友，我对此感到无比幸运。谢谢你，Brian，谢谢你所有的支持，谢谢你为他人的幸福感到如此快乐。

最后，你可能听说过，每个成功男人的背后都有一个强大的女人。我的妻子琳达，并不是站在我身后或任何人身后。她一直站在我身边，不断向我提问，问我什么才是真正重要的，让我全神贯注于我们家庭的目标和我们人生的目标。感谢我们的所有现在、过去和未来，琳达。